国家社科基金项目（批准号：17XTQ007）成果

陕西师范大学优秀著作出版基金资助出版

大数据背景下智库决策支持信息保障协同创新机制研究

赵豪迈　著

科学出版社

北　京

内 容 简 介

本书借鉴世界一流智库和其他行业的大数据决策支持信息保障体系建设经验和运行机制，结合中国特色新型智库建设业务需求，梳理智库研究力量、研究条件和研究资源，探索以社会化云端数据资源为依托，以工程化理论为基础，以开放式集成化技术工具为载体，以具有创造性的研究人员为智力支撑的协同创新机制，构建大数据环境下智库决策支持信息保障协同创新理论、方法及其体系，推动我国智库大数据决策支持信息保障能力提升，为打造具有中国特色和世界影响力的新型智库，有效解决智库发展瓶颈提供方法指南，提升新型智库服务国家重大决策的能力。成果有利于推动新型智库大数据决策支持能力系统建设，服务国家治理体系和治理能力现代化。

本书可供智库管理和公共管理等领域相关专家学者参考。

图书在版编目(CIP)数据

大数据背景下智库决策支持信息保障协同创新机制研究／赵豪迈著. 北京：科学出版社，2024.12. -- ISBN 978-7-03-079757-5

Ⅰ. C932.82

中国国家版本馆 CIP 数据核字第 2024QW9895 号

责任编辑：杨逢渤／责任校对：郝甜甜
责任印制：赵 博／封面设计：无极书装

科 学 出 版 社 出版
北京东黄城根北街 16 号
邮政编码：100717
http://www.sciencep.com
北京华宇信诺印刷有限公司印刷
科学出版社发行 各地新华书店经销

＊

2024 年 12 月第 一 版 开本：787×1092 1/16
2025 年 7 月第二次印刷 印张：15
字数：350 000
定价：150.00 元
（如有印装质量问题，我社负责调换）

前 言

　　大数据技术对当前新型智库建设起着重要的决策支撑作用。随着科研范式变革和方法工具演进，对数据和信息的分析日益受到研究者的高度关注。大数据给智库研究的理念、模式、方法和技术带来巨大的机遇和挑战，也给智库决策支持信息保障能力带来前所未有的压力。随着技术的提升，大数据对知识服务领域的创新产生重要的推动作用，促进传统智库服务水平的提升。大数据背景下智库发展面临新的机遇，但我国智库相对独立的运行状态还没有发生根本转变。大数据技术可以创新智库的研究手段，助力于其发挥重要决策支持作用，对当前新型智库能力建设具有重要意义，基于大数据技术的智库决策支持能力建设成为中国特色新型智库建设的关键举措之一。本课题即是在这样的背景下立项和进行相关研究的。

　　本课题在研究过程中，充分借鉴世界一流智库和其他行业的大数据决策支持信息保障体系建设经验和运行机制，结合中国特色新型智库建设业务需求，梳理智库研究力量、研究条件和研究资源，探索以社会化云端数据资源为依托，以工程化理论为基础，以开放式集成化技术工具为载体，以具有创造性的研究人员为智力支撑的协同创新机制，构建大数据环境下智库决策支持信息保障协同创新理论、方法及其体系，推动我国智库大数据决策支持信息保障能力提升，为打造具有中国特色和世界影响力的新型智库，有效解决智库发展瓶颈提供方法指南，提升新型智库服务国家重大决策的能力。

　　本书作为国家社会科学基金项目"大数据背景下智库决策支持信息保障协同创新机制研究"（批准号：17XTQ007）的结项成果。该项目在 2017 年 6 月获批立项，2021 年 1 月完成结项验收，在项目组黄达远、邓崧、段小虎、高旭等成员的支持下，项目顺利结项，并获"良好"结项评价。在项目研究过程中，马红霞、孙若梦、田玉琼、茹作兵、朱杰等研究生也先后参与，为项目研究圆满完成作了自己力所能及的贡献。

　　本书有利于推动新型智库大数据决策支持能力系统建设，服务国家治理体系和治理能力现代化，希望本书的出版对中国特色新型智库建设有所裨益。

　　本书对智库管理和公共管理领域相关专家学者有较大参考价值，亦可供公共管理专业学生阅览和开阔知识视野。

目　录

|第一章| 绪 论

本章概要： 大数据技术对当前新型智库建设起着重要的决策支撑作用。随着科研范式变革和方法工具演进，对数据和信息的分析日益受到研究者的高度关注。大数据给智库研究的理念、模式、方法和技术带来巨大的机遇和挑战，也给智库决策支持信息保障能力带来前所未有的压力。本章概述智库研究背景、研究路线、研究内容，并对该研究领域的国内外文献进行综述和趋势分析。

第一节 研究背景

智库是当前我国政界和学术界关注的热点和重点。习近平总书记指出："智力资源是一个国家、一个民族最宝贵的资源。我们进行治国理政，必须善于集中各方面智慧、凝聚最广泛力量。改革发展任务越是艰巨繁重，越需要强大的智力支持。"① 智库是以政策研究为目标、学术研究为支撑的专业决策咨询机构，是国家治理体系与治理能力现代化的一个不可或缺的重要组成部分。2015 年 1 月 20 日，中共中央办公厅、国务院办公厅印发了《关于加强中国特色新型智库建设的意见》（简称《意见》），提出要努力建设面向现代化、面向世界、面向未来的中国特色新型智库体系，更好地服务党和国家工作大局，为实现中华民族伟大复兴的中国梦提供智力支持。《意见》明确指出中国特色新型智库建设具有三个重大意义：一是党和政府科学民主依法决策的重要支撑；二是国家治理体系和治理能力现代化的重要内容；三是国家软实力的重要组成部分。随后，《国家高端智库建设试点工作方案》《关于社会智库健康发展的若干意见》等文件相继出台。在党的十九大报告中，国家再次强调要加强中国特色新型智库的建设，将中国特色新型智库的建设作为一项重大任务，上升到国家发展战略的高度，建设具有国际影响力的高端智库。当前中国智库总数已居世界第二位，中国特色新型智库方兴未艾，智库建设出现政府智库、大学智库和社会智库并驾齐驱的新局面，各种智库纷纷进入公众视野。但我国智库仍然存在研究基础比较薄弱、研究成果不丰富、研究深度不足、研究针对性不强、对国家战略的智力支撑作用发挥不够的问题。"思想应走在行动之前"，我国当前在国内经济转型和国际竞争中崛起的任务环境复杂性、艰巨性前所未有，迫切需要健全中国特色决策支撑体系，大力加强中国特色新型智库建设，建立健全决策咨询制度，以智库研究支撑政府科学决策，以科学决策引领国家科学发展。

智库是公共政策的研究分析和参与机构，它们针对国际、国内问题开展政策导向性的

---

① 习近平：运用法治思维和法治方式推进改革 ［EB/OL］．［2014-10-28］. http://cpc. people. cn/n/2014/1028/c64094-25919445. html.

研究、分析和咨询，使得政策制定者和公众能够依据可靠的信息进行决策①。其主要作用是为决策制定者提供及时、全面、准确的支持信息，支持信息的范围、数量、质量、服务内容、服务方式等都将直接影响到决策制定的效果②，因此，拥有完善的信息支持机制是智库产生高质量决策咨询成果的重要保障③。《关于加强中国特色新型智库建设的意见》中就强调要"统筹整合现有智库优质资源""鼓励智库与实际部门开展合作研究""搭建互联互通的信息共享平台"等内容。从实践来看，我国智库建设存在智库独立性不够强、信息封闭和沟通不畅、研究力量存在结构性矛盾、平台条块分割、理论与实践结合不够、成果转化率不高等问题，因此亟须突破各类智库之间、智库与政府机构之间、智库与情报机构之间的"壁垒"，整合各方智库机构的资源优势和服务能力，形成"集群效应"，实现跨学科、跨领域、跨机构的协同创新研究，以服务于智库决策支持。尤其是在大数据时代，人们面临的最大问题不再是信息匮乏，而是如何从海量信息中发现、提取有价值的数据信息为自己所用。随着信息技术的快速发展及非结构化数据的大量产生，数据范围由传统的结构化数据延伸至非结构化数据。以结构化数据为对象的信息分析方法与技术开始面临挑战，大数据引起世界各国的关注。大数据技术作为一种新技术和新架构，能够对繁杂类型的海量数据进行高效地捕捉、发现、分析，从中挖掘数据的价值。随着近年来大数据处理系统、基础支持平台和并行化的机器学习和数据挖掘算法等大数据处理分析技术的迅速发展，大数据技术已逐渐被广泛应用于不同的行业和领域。发达国家对智库大数据决策支持信息保障体系非常重视，其多元化的信息资源建设理念、多样化的信息服务内容、灵活的信息服务策略④对大数据环境下中国特色新型智库决策支持信息保障体系构建具有极强的借鉴作用。随着大数据技术的发展，如何快速响应环境需求和变化、从海量数据中挖掘蕴含的巨大价值是摆在全世界知识创新领域研究者面前的重大挑战。对于新型智库而言，若不能及时从传统的信息搜集策略中转变，将无法适应体量巨大、形式繁多、更新速度快、价值密度低的大数据特征⑤，进而影响智库政策研究过程及产出的效率。英美日等发达国家近年来高度重视大数据研究与发展。这些国家将大数据列为国家战略并予以大力支持，把重点放在开放数据、加大资金投入、推动大数据应用等方面。大数据被提升到前所未有的高度，这为智库的进一步成熟和发展带来重要契机。

以大数据为特征的智库决策支持是智库现代化建设的重点。应对大数据环境下智库工作所面临的挑战，应将工程化思维、规范化流程设计、处理自动化、功能集成化等工程学要素融入智库信息保障能力之中，进而形成新型智库的大数据决策支持信息保障体系。当前，我国智库协同创新的信息保障能力严重不足，与国际知名智库相比仍然有一定的差距，智库的信息资源建设、信息服务内容与策略仍然有待提高。在大数据时代，我国智库信息支撑应向集成化、标准化、协同化、流程化的方向发展，推动新型智库信息保障能力规范化建设。

---

① McGann J G. Global Go To Think Tank Index Report［EB/OL］．［2016-08-10］．http://repository.upenn.edu/think_tanks/10/.

② 吴育良. 国外智库决策信息支持研究及启示［J］. 图书馆理论与实践，2015（10）：31-35.

③ 安楠，祝忠明. 国外智库数据搜集策略及其在大数据环境下的挑战［J］. 图书与情报，2017（3）：134-140.

④ 吴育良. 国外智库信息服务的分析与启示［J］. 情报杂志，2015，34（2）：188-193.

⑤ 廖球，严扬帆，莫崇菊. 大数据时代机构自建学术数据库研究［J］. 图书馆学刊，2014（4）：34-36.

与此同时，我国智库当前面临前所未有的复杂性和动态性问题，决策难度加大，对智库的数据综合处理能力、信息鉴别和情报分析能力都提出更高的要求。但当前我国智库决策支持信息保障体系仍很不健全，基于大数据技术的智库决策支持信息保障体系几乎为空白。信息是智库开展政策研究和决策咨询的基础性资源，《关于加强中国特色新型智库建设的意见》中关于智库决策支持信息保障体系建设也明确提出："功能完备的信息采集分析系统"是中国特色新型智库的基本标准之一，但我国目前智库决策支持信息保障体系仍是中国特色新型智库建设的主要瓶颈。

大数据技术对当前新型智库建设起着重要的决策支撑作用。随着科研范式变革和方法工具演进，数据和信息的分析受到研究者的高度关注，大数据给智库研究及服务的理念、模式、方法和技术带来巨大的机遇和挑战，也对智库决策支持信息保障能力带来前所未有的压力。中国特色新型智库必须紧跟大数据时代的新形势，突出与大数据时代发展要求相适应的新功能，创新与大数据时代发展要求相匹配的方法论和研究工具，只有这样，才能以大数据技术支撑智库政策咨询研究，充分发挥智库资政作用。《中共中央关于制定国民经济和社会发展第十三个五年规划的建议》中提出，要"实施国家大数据战略，推进数据资源开放共享"，"提高决策科学化水平，完善党委研究经济社会发展战略、定期分析经济形势、研究重大方针政策的工作机制，健全决策咨询机制"，基于大数据技术的智库决策支持信息保障体系作为中国特色新型智库建设的关键举措之一，可以充分发挥大数据技术在智库建设中的支撑作用，大数据背景下的智库决策支持信息保障协同创新机制研究正逢其时。大数据决策支持信息保障是中国特色新型智库建设的关键问题之一，研究当前环境下的智库决策支持信息保障协同创新机制问题，必须充分关注大数据技术。但国内智库对大数据决策支持信息保障体系建设仍处于初级阶段，没有形成相对系统完整的理论与方法体系，在理论性、应用性和实践性方面均存在不足和缺位。目前我国新型智库急需围绕国家战略需求，采用大数据技术，开发大数据分析工具，开展数据挖掘和应用服务，积极推进大数据在智库领域的创新应用，为中国特色新型智库建设提供基础性、公共性、共享性的决策支持信息保障服务体系。

同时，我国当前智库大数据决策支持信息保障协同创新理论与方法体系研究仍处于初级阶段。智库信息资源保障体系、技术方法体系、研究团队与专家智慧体系等基于大数据技术的决策支持信息保障协同创新是提升智库服务效能的关键，目前正成为智库和知识创新领域的研究潮流和前沿，但其研究仍不充分，亟须形成系统的理论与方法体系。

第二节　研究路线

本研究针对大数据环境下中国特色新型智库建设，并以智库大数据决策支持信息保障协同创新相关要素及机理为研究对象。借鉴世界一流智库和其他行业的建设经验和运行机制，结合中国特色新型智库建设前瞻性需求，梳理智库决策支持信息保障协同创新的理论体系、组织体系、情报体系、技术体系、服务体系、保障体系，结合大数据技术，探索以社会化云端数据资源为依托，以工程化理论为基础，以开放式集成化技术工具为载体，以具有创造性的研究人员为智力支撑，以有利于智库发挥协同作用的体制机制为保障的智库协同创新机制，构建大数据环境下智库决策支持信息保障协同创新理论、方法及其体系。

本研究采用的研究方法如下。

（1）文献法。通过文献研究来了解大数据环境下智库决策支持信息保障体系的现状和前沿、世界著名智库大数据决策支持信息保障体系建设案例、大数据技术前沿，以及可资借鉴的其他行业如情报服务业、商业、公共事业等大数据信息支持服务体系建设经验，掌握智库决策支持信息保障协同创新的第一手资料。

（2）比较法。通过国内外智库大数据决策支持信息保障体系的比较，智库行业和其他行业的数据分析支撑手段的比较，智库传统决策支持信息保障体系和基于大数据技术的决策支持信息保障体系的比较，结合中国特色新型智库建设需求，探讨具有前瞻性和创新性的智库大数据决策支持信息保障体系理论依据、构建思路和建设模式。

（3）调查法。针对新型智库建设的发展现状和国内外大数据信息服务实践，结合大数据技术和信息资源管理领域技术前沿，广泛考察国内外智库和情报服务机构，理解智库信息服务需求，探讨新型智库大数据决策支持信息保障体系理论模式及建设思路，使研究成果既有理论价值，又具应用意义。

第三节　研究内容

本研究以大数据背景下智库决策支持信息保障协同创新机制为研究视角，以中国特色新型智库业务需求和能力创新为导向，探索基于大数据技术的智库决策支持信息保障协同创新理论、方法与技术体系，为打造具有中国特色和世界影响力的新型智库，有效解决智库发展瓶颈提供方法指南，提升新型智库服务国家重大决策的能力。具体内容包括：绪论；大数据背景下智库决策支持基本理论；大数据背景下智库决策支持信息保障体系建设；智库决策支持信息保障协同创新体系概述；智库决策支持信息保障协同创新组织服务体系；智库决策支持信息保障协同创新情报服务体系；智库决策支持信息保障协同创新技术服务体系；智库决策支持信息保障协同创新保障服务体系；结语。研究框架如图1-1所示。

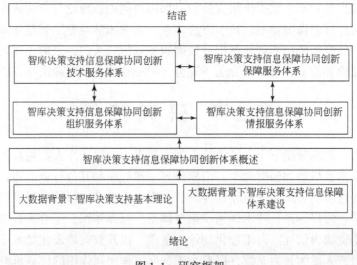

图1-1　研究框架

第四节　研究综述

一、国内研究综述

鉴于大数据技术给智库及情报学研究的理念、模式、方法和技术带来巨大的机遇和挑战，国内专家学者近年来对智库及情报机构在大数据环境下面临的新环境、新趋势及新问题积极跟进和探讨。朱旭峰认为中国智库在跨学科政策分析方法的融合方面缺少应有的发展，智库研究主要依赖于各类文献资料和外部统计数据，缺少对专题数据的长期积累和开发。政策分析方法和信息支持的制约限制了中国智库的整体水平提高，降低了中国智库政策思想观点的质量和影响力，也使得中国智库在国际话语权的竞争中缺乏对话基础①。李纲和李阳认为应建立和健全信息支持政策，充分利用大数据技术，实现智库的政策研究和决策咨询服务的进步是大势所趋。为适应建设中国特色新型智库的要求，应积极完善相应的决策支持信息保障服务体系②。王飞跃描述了面向开源信息和大数据的科技态势解析与服务系统，重点强调"数据说话"的论点，期望在大数据环境下每个人都能依赖特定的深度精准的情报系统来了解外部世界并与之互动③。李广建和杨林将大数据下的情报工作发展趋势概括为单一领域的情报研究转向全领域的情报研究、综合利用多种数据源、注重新型信息资源的分析、强调情报研究的严谨性和情报研究的智能化五个方面，探讨了可视化分析、数据挖掘、语义处理三个方面的技术问题④。

协同创新是优化配置资源的有效途径，也是当前全球科技创新的主要发展方向和创新理论的重点研究对象⑤。党的十八大提出要实施创新驱动发展战略，要"提高原始创新、集成创新和引进消化吸收再创新能力，更加注重协同创新"。李纲和李阳提出要通过协同创新来推进新型智库建设，为了提升智库情报服务的思路和基点，消除智库建设过程中的"情报软肋"，有必要在协同创新视野下构建智库情报服务体系，并提出协同创新视角下智库情报服务的三大功能定位：立足大数据背景下的智库情报服务内容与形式；重视智库协同化情报服务的新"人文价值"；实现工程化思维下智库情报服务模式的基本目标⑥。吴育良认为在情报工程实践方面，国外智库情报服务在多元化的信息资源建设、多样化的信息服务内容以及灵活的信息策略三个层面已经取得了显著进步，而中国特色新型智库信息

① 朱旭峰. 构建中国特色新型智库研究的理论框架 [J]. 中国行政管理，2014 (5)：29-33.
② 李纲，李阳. 情报视角下的智库建设研究 [J]. 图书情报工作，2015，59 (11)：36-41，61.
③ 王飞跃. 知识产生方式和科技决策支撑的重大变革——面向大数据和开源信息的科技态势解析与决策服务 [J]. 中国科学院院刊，2012，27 (5)：527-537.
④ 李广建，杨林. 大数据视角下的情报研究与情报研究技术 [J]. 图书与情报，2012 (6)：1-8.
⑤ 杨景光. 图书馆联盟协同创新机制研究 [J]. 图书馆工作与研究，2015 (4)：41-45.
⑥ 李纲，李阳. 面向决策的智库协同创新情报服务：功能定位与体系构建 [J]. 图书与情报，2016 (1)：36-43.

服务也应以此为目标，实现智库决策支持信息协同创新，打造高端新型智库[①]。廉立军认为高端智库需要高质量的决策信息支持，以当前智慧城市建设为契机，强化协同创新，通过相关资源和要素的有效汇聚与深度合作，构建全方位高品质的特色智库决策支持信息保障是中国特色新型智库高效能作用发挥及智慧城市信息化建设核心竞争力凝聚的重要基础。同时他认为协同创新是智库决策支持信息保障的重要实施途径，并从决策支持信息服务集成运行机制、优化决策支持信息服务建设协同创新保障环境、建立高水平专家遴选及高效能作用发挥长效机制、发挥地方高校特色智库决策支持信息保障引导带动作用、引入科学方法提升决策支持信息保障建设成效五大方面，构建了特色智库决策支持信息保障协同创新机制[②]。王玉法还利用假设模型对这样的机制进行了更进一步的研究和探讨[③]。孙鸿飞等提出新型高校智库决策机制建设应构建基于协同合作的决策咨询系统[④]。林坚指出实现首都新型智库定位，需要充分整合首都的各方面智力资源，加强协同创新[⑤]。张静和储节旺以智库知识联盟系统为核心，从内部知识源和外部知识源、知识获取、知识整理与分析、知识服务这 4 个方面尝试构建了特色新型智库知识联盟，并提出要想保障智库知识联盟系统的良好运行，必须从人员和管理机制这两方面加以约束[⑥]。中国科学技术信息研究所相关专家提出了综合集成"事实数据+工具方法+专家智慧"[⑦] 的科技情报研究方法，进而提出"情报工程学"的实施模式，以全面支撑科技创新型社会的情报分析服务体系，试图从工程化角度完善情报运行机制和能力体系建设，实现大数据化、自动化、集成化、协同化的情报研究模式，以应对大数据时代对于情报服务和决策支持的挑战，对智库决策支持信息保障协同创新极具启发。此后，在贺德方、唐晓波、李阳、朱礼军、马费成等一批专家学者的努力下，情报工程学理论与方法体系逐步完善，系统化、工程化情报工程体系设计成为诸多专家的共识。从服务决策视角来看，智库与情报研究具有密切的相关性，两者都是为决策者提供决策支持和服务，两者的知识内核、理论内核甚至技术内核是一致的，情报领域的研究前沿为智库大数据决策支持信息保障体系及机制协同创新研究提供了重要参考。

协同创新在科技合作领域的研究成果为本研究提供了很多启发。于芳从信息资源配置出发，提出了信息生态系统视角下的图书馆联盟协同发展模式[⑧]。付丙海和谢富纪则提出了基于中国情境的产学研协同创新模型，并通过案例分析从理论上证实了"2011 计划"协同创新中心是一种基于中国情境的创新模式[⑨]。刘建昌等以国防科技重大工程为对象，

① 吴育良. 国外智库信息服务的分析与启示 [J]. 情报杂志, 2015, 34 (2): 188-193.

② 廉立军. 特色智库决策支持信息保障协同创新机制研究 [J]. 图书馆学研究, 2014 (7): 62-65.

③ 王玉法. 我国智库决策研究的信息保障协同创新机制研究 [J]. 学术论坛, 2016 (12): 163-166.

④ 孙鸿飞, 彭丽, 武慧娟, 等. 基于协同创新理念的新型高校智库决策机制建设研究 [J]. 教育理论与实践, 2017, 37 (33): 7-9.

⑤ 林坚. 以协同创新助推首都新型智库建设 [N]. 北京日报, 2016-02-26 (3).

⑥ 张静, 储节旺. 特色新型智库知识联盟建设研究 [J]. 大学图书情报学刊, 2016, 34 (6): 5-10, 26.

⑦ 李阳, 李纲, 张家年. 工程化思维下的智库情报机能研究 [J]. 情报杂志, 2016, 35 (3): 36-41, 48.

⑧ 于芳. 信息生态视角下图书馆联盟协同创新模式研究 [J]. 图书馆研究, 2017, 47 (1): 39-44.

⑨ 付丙海, 谢富纪. 基于情境性和过程性的产学研协同创新模式研究 [J]. 科技进步与对策, 2016, 33 (2): 70-74.

在定义协同创新联盟的基础上，提出了基于任务分解的"$N+X$"协同创新模式①。江海和资智洪以高校在广东建设的新型科研机构为样本，探索了科技成果转化的协同创新模式②。秦磊在剖析基于"互联网+"思维的图书馆联盟协同创新特点之后，构建了基于"互联网+"思维的图书馆联盟协同创新模式③。毕颖和杨小渝指出斯坦福大学 Bio-X 计划作为大学跨学科研究组织协同创新的典范，在协同创新的管理体制和运行机制方面进行了前瞻性的探索和实践④。夏太寿等以我国 6 家新型研发机构为例，对我国新型研发机构协同创新模式进行了研究，包括合作建设模式、组织管理模式、合作研发模式和合作服务模式⑤。对于信息协同行为的研究，主要是由科技创新的国际协同发展演变而来。赵蓉英和温芳芳指出科研人员理性地选择了协同科研手段，可以优化资源配置，最大化实现科研成果，协同科研是科研创新发展的需要，能实现资源互补，配合资源政策应对学科需要⑥。而李鹏和韩毅基于传统文献检索模型的扩展与改善提出了协同信息查找的构建方式⑦。

　　上述研究领域涉及的相关文献主要集中在智库协同创新的必要性、建设模式、情报服务、机制与保障措施、绩效评价、区域实践等方面。具体表现在以下几个方面：①在智库协同创新的必要性方面，研究认为中国智库建设最大的问题是孤立性⑧；智库提供高质量的决策咨询服务不仅需要对国内外知识、人才和技术等资源的有效整合与深度汇聚，更需要跨学科和跨机构的协同研究⑨。②在建设模式方面，研究认为美国独特的"董事连锁现象"能够为智库积累丰富的社会资源，英国智库建设所采取的旋转门与传带机制促进了人才与政界的交流互动，德国智库建设更侧重研究的独立性、资金来源的多样性和研究人员的高标准。③在情报服务方面，研究认为政府信息资源的有效整合将为智库研究提供政府方面的信息保障⑩；学者们从情报学视角提出了智库决策支持信息保障协同创新机制，并构建了情报服务体系基本架构⑪⑫。④在机制与保障措施方面，研究认为地方智库协同创新须建立"民生导向型"目标协同机制、"利益共荣型"的资源协同机制和"功能耦合

　　① 刘建昌，石秀，杨阳 . 面向国防科技重大工程的协同创新模式研究［J］. 科技进步与对策，2015，32（1）：119-122.

　　② 江海，资智洪 . 高校科技成果转化协同创新模式的广东探索与实践［J］. 科技管理研究，2015，35（16）：94-99.

　　③ 秦磊 . 基于"互联网+"思维的图书馆联盟协同创新模式研究［J］. 图书馆学刊，2017，39（1）：42-45.

　　④ 毕颖，杨小渝 . 面向科技前沿的大学跨学科研究组织协同创新模式研究——以斯坦福大学 Bio-X 计划为例［J］. 华中师范大学学报（人文社会科学版），2017，56（1）：165-173.

　　⑤ 夏太寿，张玉赋，高冉晖，等 . 我国新型研发机构协同创新模式与机制研究——以苏粤陕 6 家新型研发机构为例［J］. 科技进步与对策，2014，31（14）：13-18.

　　⑥ 赵蓉英，温芳芳 . 科研合作与知识交流［J］. 图书情报工作，2011，55（20）：6-10，27.

　　⑦ 李鹏，韩毅 . 社会合作信息查寻与检索：机制、模型与特征［J］. 情报杂志，2012，31（1）：151-155，165.

　　⑧ TTCSP. A Q&A with Dr. Mc Gann On the 2012 Go to Report and Chinese Think Tanks［EB/OL］.［2017-02-28］. http://goto-thinktank. com/a-qa-with-dr-mcgann-on-the-2012-go-to-report-and-chinese-think-tanks.

　　⑨ 耿瑞利，申静 . 基于开放式创新的智库知识管理模型构建及应用［J］. 图书情报工作，2017，61（2）：121-127.

　　⑩ 尹春梅 . 面向智库整合政府信息资源［J］. 山东图书馆学刊，2016（3）：59-61.

　　⑪ 廉立军 . 特色智库决策支持信息保障协同创新机制研究［J］. 图书馆学研究，2014（7）：62-65.

　　⑫ 李纲，李阳 . 面向决策的智库协同创新情报服务：功能定位与体系构建［J］. 图书与情报，2016（1）：36-43.

型"的组织协同机制①；完善成果报送和发布机制，建立智库的合作与交流机制，以提升地方智库的综合水平②。⑤在绩效评价方面，张旭认为要谨防智库评价沦为官僚主义产物或被商业利益裹挟，将智库评价打造为利益相关者之间持续沟通和价值共建的互动过程③。⑥在区域实践方面，学术界认为须加强地方智库专业化建设，完善地方新型智库服务公共决策的体制机制④；地方智库要建立大型信息数据库和数据过滤系统、筹建全国性或区域性智库协会等⑤。

除了学术界，智库实践界关于协同创新也进行了一些积极探索。沿边九省区特色新型智库战略联盟推动了内部的深入合作，如东北、西南、西北地区社会科学院智库多层次的合作研究⑥；黑龙江省社会科学院与吉林和内蒙古等省区社会科学院紧密配合，连续承办多届中俄智库高端论坛，推进与国内外高端智库的资源共享；吉林省社会科学院在多次承办东北亚智库论坛的基础上，积极举办中日韩人文交流论坛，通过与俄罗斯、美国、日本、韩国等学者的学术交流来构建对外合作平台。

温州市政府主导型的智库协同创新的经验也值得借鉴。一是初步形成了温州的领导导向型"目标协同"机制，即智库的工作目标由领导定调，智库为党政机关决策进行可行性和可操作性论证。二是温州地方智库已形成了党政机关主导的"资源协同"模式。温州市决策咨询委员会所立项的各类课题、各类内参建议文章等，大部分转化为领导讲话、政府决策和制度文件。三是温州地方智库形成了政府主导型的组织协同，但其实是一种外部压力型的协同⑦。

珠三角地区党校智库合作联盟积极开展智库协同创新。一是"珠三角"与"长三角"地方党校智库合作联盟以珠海市委党校为核心制定了合作联盟章程，引领联盟创新发展；二是搭建了"珠三角"地区与"长三角"地区开放合作的党校智库平台；三是依托上述合作平台建设推动了党校智库专家交流、资源配置；四是利用上述合作平台推动了党校智库的工作交流和智库思想成果的互通互享⑧。

非洲研究智库协同创新也形成了有益经验。浙江师范大学非洲研究院率先尝试建立"非洲研究与中非合作协同创新中心"，并成为浙江省第二批协同创新中心之一。该智库以学校非洲研究和各学科为核心，汇聚外交部、商务部、教育部、国家开发银行、新华社非洲总分社、中国与非洲多个著名智库、浙江地方政府与民间资本等综合性资源与要素，集非学术研究、人才培养、政策咨询、汉语推广、社会服务、国际交流诸功能于一体，打造

---

① 钟裕民，曹国平. 地方智库有效协同：理论框架与实现机制——以温州地方智库为例［J］. 理论与改革，2017（2）：28-35.

② 陈昌智，于建玮. 加强中国特色新型智库建设的对策研究——以四川省为例［J］. 四川大学学报（哲学社会科学版），2019（1）：86-92.

③ 张旭. 中国智库评价体系的困境与建构反思［J］. 情报杂志，2018，37（9）：15-20，57.

④ 陈振明，黄元灿. 推进地方新型智库建设的思考［J］. 中国行政管理，2017（11）：43-49.

⑤ 刁乃莉，戴鸿绪. 关于建设新型地方智库的若干思考［J］. 黑龙江社会科学，2017（6）：166-170.

⑥ 田侃，吴田. 发挥新型智库联盟优势推动沿边经济社会发展［J］. 经济纵横，2017（8）：1-21.

⑦ 钟裕民，曹国平. 地方智库有效协同：理论框架与实现机制——以温州地方智库为例［J］. 理论与改革，2017（2）：28-35.

⑧ 珠海市行政学院学报编辑部. "珠三角"与"长三角"城市党校智库合作联盟论坛暨"创新驱动——传统产业转型升级之路"理论研讨会会议综述［J］. 中共珠海市委党校珠海市行政学院学报，2017（12）：78-79.

以学术研究和人才培养成果服务国家外交重大战略需求、推进新时期中非在政治、安全、贸易、投资、教育、农业、文化、科技等领域的全方位合作为目标宗旨的协同创新平台①。

二、国外研究综述

辅助决策是智库的关键职能，国外有关智库辅助决策能力的理论研究非常丰富。例如，Daniel 基于美国经济萧条的现状，参考竞争情报的理论，指出提高自身对美国政府或国会决策的辅助支持能力才是智库在激烈的竞争环境中的立身之本②。Krymskaya 通过对苏联科学院专家的调查，得出了苏联科学院在当时国家对外经济决策中能够扮演重要角色必须依靠本身情报系统的支持的结论③。Messnarz 等试图通过一个欧洲创新和提高战略，使用欧洲认证资格协会（ECQA）认证的术语管理员资格认证方法，创建了一个包含所有与创业资格相关联的本体论，进而形成欧洲创业智库和知识联盟④。Zullig 等认为解决药物依从性问题，需要构建多领域专家智库联盟，其成员包括消费者保护组织、社区卫生服务提供者、非营利组织、学术界、政府决策官员和工业界的代表⑤，他们意识到了智库联盟和协同的重要作用。Stone 构建了由全球发展网（Global Development Network，GDN）和研究人员发展联盟（Researchers Auiance for Development，RAD）组成的智库网络⑥。Picot 等认为中东和东欧狂犬病专家局（The Middle East and Eastern Europe Rabies Expert Bureau，MEEREB）作为来自北非、欧洲、中东和中亚的跨国智库网络，可以共享数据、信息、经验和最佳实践，共同应对狂犬病控制和预防方面的挑战⑦。Smith 等展示了烟草业与美国智库的合作关系，并分析了智库联盟如何促进烟草业对公共卫生政策的影响⑧。Jong 和 Ping 考察了通过东亚智库联盟将中国社会化为东亚社区的一些条件⑨。Mei S 和 Mei Q 认为实现媒体机构、社会组织和专家智库之间的全面信息管理合作，将会大大提高网络新媒体环境

---

①　王珩，王学军. 中非智库协同创新机制探索［J］. 非洲研究，2015，6（1）：255-266，289-290.

②　Daniel W D. American Think Tanks in the twenty-first century［J］. International Journal，2015，70（4）：637-644.

③　Krymskaya A S. Information and analysis making［J］. Herald of the Russian Academy of Centers in the System of State-Level Decision Sciences，2016，86（6）：527-533.

④　Messnarz R，Riel A，Sauberer G，et al. Forming a European innovation cluster as a think tank and knowledge pool［C］. European Conference on Software Process Improvement. Springer International Publishing，2016：293-301.

⑤　Zullig L L，Granger B B，Bosworth H B. A renewed Medication Adherence Alliance call to action：harnessing momentum to address medication nonadherence in the United States［J］. Patient Preference & Adherence，2016，10（Issue1）：1189-1195.

⑥　Stone D. "Shades of grey"：the World Bank，knowledge networks and linked ecologies of academic engagement［J］. Global Networks，2013，13（2）：241-260.

⑦　Picot V，Rasuli A，Abella-Rider A，et al. The Middle East and Eastern Europe Rabies Expert Bureau（MEEREB）third meeting：Lyon-France（7-8 April，2015）［J］. Journal of Infection and Public Health，2017，10（6）：695-701.

⑧　Smith J，Thompson S，Lee K. The atlas network：a "strategic ally" of the tobacco industry［J］. International Journal of Health Planning & Management，2016，32（4）：433-448.

⑨　Jong K H，Ping L P. China and the network of East Asian Think Tanks：socializing China into an East Asian Community?［J］. Asian Survey，2017，57（3）：571-593.

下政府社会管理的科学性和有效性①。Stone 评估了协助二十国集团全球经济治理进程的 G20 智库联盟②。Roberts 考察了外交政策智库的运作情况，以及智库间联系模式的变化情况③。Lu 指出经济社会的可持续发展需要参与者的协同④，而信息协同作为参与者重要的信息交流手段，对推进社会的发展有着重要的意义。同时，有学者认为关于信息协同行为的研究主要集中于查找协同信息，Fidel 等就认为协同信息是团队活动，主要以群体为单位进行，主要手段是利用计算机媒介进行信息检索和交流⑤。Saleh 指出科研合作中协同信息行为是一种动态过程，在团队研究项目的不同阶段由不同的动机引发，因此确立合适的智库决策需要信息保障协同创新机制的建立健全⑥。Zhang 等则指出随着全球化的进程加速，国家之间合作日益紧密，适合国际环境的知识产权保护机制也应该得到重视，这样才不会阻碍经济全球化的进程，从而促进各国的发展⑦。面对大数据时代，研究者普遍认为人类需要一种全新的信息处理模式，以应对大数据时代的挑战。

在大数据决策支持领域，产业界走在了前列。英特尔、SAP、IBM、Teradata 等 IT 巨头也给出破题关键，纷纷构建大数据实时分析平台，如 Twitter 开发了开源实时分析计算工具 Storm，英特尔公司与大数据实时分析处理领先企业 SAP 共同打造大数据实时分析平台。国外有很多报告专门针对大数据的相关技术展开调查研究。美国麦肯锡全球研究院在 2011 年 5 月发布了研究报告，在报告的第二部分中讨论了大数据技术，分别就大数据分析技术、大数据技术和可视化三方面进行了阐述，其中针对大数据分析技术就列举出 26 项。在数据仓库研究所（The Data Warehouse Institute，TDWI）与 IBM 公司 2011 年针对大数据分析技术和工具联合发起的一项调查中，也列举出 33 项分析技术和工具。Mike Barlow 在其编写的《实时大数据分析：新兴架构》（*Real-Time Big Data Analytics：Emerging Architecture*）白皮书中指出，数据科学向下一个逻辑前沿——决策科学的转移，是大数据领域的新兴趋势。数据的收集最终还是要指向决策功能的实现。很多大数据信息分析技术与工具在智库建设中也已经得到不断应用，如 Hadoop、Splunk、HPCC、Apache Drill、PentahoBI 等，它们拓展了智库信息机能的宽度与深度，提高了智库信息分析与研究的水平与效率。

---

① Mei S, Mei Q. A study on government emergency disposal system of network emergencies [C] . International Conference on Computer Engineering, Information Science & Application Technology, 2016.

② Stone D. The Group of 20 transnational policy community: governance networks, policy analysis and think tanks [J] . International Review of Administrative Sciences, 2015, 81 (4): 793-811.

③ Roberts P. A century of international affairs think tanks in historical perspective [J] . International Journal, 2015, 70 (4): 535-555.

④ Lu C J. Integrating independent component analysis-based denoising scheme with neural network for stockprice prediction [J]. Expert Systems with Applications, 2010, 37 (10): 7056-7064.

⑤ Fidel R, Bruce H, Dumais S, et al. Collaborative Information Retrieval: A Proposal Submitted to National Science Foundation Computation and Social Systems [EB/OL] . [2015-12-24] . http://projects. ischool. washington. edu/cir/CIR-prop18. doc.

⑥ Saleh N. Collaborative Information Behaviour of Engineering Students [EB/OL] . [2013-10-29] . https://journals. library. ualberta. ca/ojs. cais-acsi. ca/index. php/cais-asci/article/view/662.

⑦ Zhang G H, Jiang J N, Wang C. International standards for intellectual property rights protection: a reflection on climate-friendly technology transfer [J] . Revista de Direito Internacional, Brasília, 2014, 12 (2): 106-122.

在智库合作领域，西方智库为我国提供了很好的借鉴经验。美国基于合作研究的协同创新有其独到之处。美国部分智库除独立研究外，一是积极与多国各类智库、科研院所、大型企业等开展频繁的合作研究；二是与高校、研究院所等开展合作研究（如美国布鲁金斯公共政策研究中心与中国清华大学开展的合作研究）；三是与政府、企业联合举办各种开放性论坛，如研讨会、网络研讨会、学术演讲等；四是通过内外部专家评审系统开展严谨的研究质量控制和成果管理；五是面向公众提供数据及统计分析结果。

英国智库也开展了以各种交流活动为基础的协同创新。一是举办各种交流活动，如英国的查塔姆研究所，每年举办论坛、圆桌会议等，主要邀请政府、私人组织、社会部门等参加；二是举办学术研讨会，如英国伦敦国际战略研究所与多国大学联合举办系列主题学术研讨会，提倡共建知识，支持开放和共享信息；三是提供开放知识和数字服务。"知识学习与利用社区"与知识服务商、研究机构、智库、非政府组织、研究项目等开展交流活动，促进研究成果利用[1]。

日本也非常重视以大数据和专家网络为基础的协同创新。一是重视情报活动和信息产业，如日本科学技术与学术政策研究所建立的内部知识库，其包含大量数据并面向其他机构提供网络检索服务；二是建立专家网络，如日本科学技术与学术政策研究所、政策研究机构和大学合作举办研讨会，并建立了包含世界各地的科技专家网络，动态掌握科技专家的最新研究进展及观点；三是鼓励人员交流互动，如智库派驻研究人员到政府、高校、企业等机构学习锻炼[2]。

美国宾夕法尼亚大学智库研究项目（Think Tanks and Civil Societies Program，TTCSP）发布的《全球智库报告2016》中指出，目前智库的主要发展趋势是全球化，各国智库和跨国智库联盟的作用不断凸显，智库如何实现独立信息分析、如何适应大数据环境实现再发展等问题受到密切关注[3]。哈佛大学戴维斯俄罗斯与欧亚研究中心（The Davis Center for Russian and Eurasian Studies）早期专门在其内部图书馆设立"智库馆员"职位来实现资源的高效利用，"智库馆员"成为机构分析人员的智慧引导者[4]。这是因为图书资料人员能够以网络技术、学科知识、实验设备为支撑，并使用各种分析技术手段，采用各种服务方式为决策者提供文献信息支持[5]。在此过程中，专家依托已加工的信息服务有效提高了智力工作效率。研究显示国外高校图书馆数据馆员多采取融入科研环境、嵌入科研团队的服务等方式，较重视跨部门人员间的合作，将计算机技术人员、数据馆员、学科馆员等相结合，从而更好地满足科研人员的多样化需求[6]。

① 耿瑞利，申静. 基于开放式创新的智库知识管理模型构建及应用 [J]. 图书情报工作，2017，61（2）：121-127.

② 王志章. 日本智库发展经验及其对我国打造高端新型智库的启示 [J]. 思想战线，2014，40（2）：144-151.

③ Mc Gann J G. 2016 Global Go To Think Tank Index Report [R/OL]. [2017-09-30]. https://repository. upenn. edu/cgi/viewcontent. cgi? article = 1011&context = think_tanks.

④ 梁宵萌. 基于案例分析的美国顶级高校智库图书馆服务研究 [J]. 图书馆论坛，2018（1）：1-7.

⑤ 黄晓斌，王尧. 地方文献与地方特色新型智库建设 [J]. 图书情报知识，2016（1）：35-41.

⑥ 钱鹏. 高校科学数据管理研究 [D]. 南京：南京大学，2012.

三、研究现状分析

通过对上述材料的分析梳理，本研究发现国内外专家学者近年来对智库大数据决策支持信息保障协同创新领域给予了充分关注，并从智库政策分析、智库决策支持信息保障服务体系、智库情报服务体系、智库情报工程学、智库协同合作及智库联盟、图书馆联盟协同创新、知识联盟及智库网络、智库大数据实时分析平台建设等多个角度进行了相关研究和探索。理论界已经认同协同创新是一种提高现代组织创新绩效的有效方式[①]，并对智库决策支持信息保障开展协同创新的重要性给予充分认同。产业界对大数据在智库决策支持中的信息分析与研究也在逐步深化。国内外关于智库创新的必要性以及存在问题的研究，表明现代新型智库发展对协同创新的迫切需求，但智库与信息保障协同创新研究鲜有交集，尤其是新时代大数据环境下，亟待有针对性地开展智库信息保障协同创新机制、模式选择与实现路径的研究，以推进中国特色新型智库的现代化建设。

从上述国家和地区智库开展协同创新的经验和做法来看，智库协同创新有着共同的特质：一是多个创新主体共同参与创新要素的整合。智库协同创新以党政、社科院、高校、企业、民间等多主体共同参与，有效整合了不同主体的智库创新要素。二是以地方共性、关键问题研究为导向。协同创新涵盖智库的专业研究、成果应用和决策采纳等多个环节，形成一条完整的知识生产链条，并以知识价值链来衔接各个智库及其他参与主体的利益分配。三是相关智库创新要素资源的配套及流动。通过学术交流、论坛、联盟等创新平台的建立，保证智库创新资源（技术、信息、资金、人才、管理等）的配套及跨区域、跨组织的交互式流动，实现各类智库资源的优势互补，提高智库创新要素资源使用效率。但智库决策支持信息保障协同创新，还需要从基础理论和实施框架、机制建设等方面开展有针对性的研究。

基于以上分析，本研究将从大数据背景下智库决策支持信息保障协同创新的角度讨论新时代智库协同创新的重要意义、机制模式及实现路径，并构建智库协同创新研究的理论框架。

---

① 王燕，刘晗，赵连明，等. 乡村振兴战略下西部地区农业科技协同创新模式选择与实现路径［J］. 管理世界，2018（6）：12-23.

第二章 | 大数据背景下智库决策支持基本理论

本章概要：随着大数据技术的兴起，大数据对知识服务领域的创新产生重要的推动作用，促进传统智库的优化。大数据背景下智库发展面临新的机遇，但我国智库相对独立的运行状态还没有发生根本改变。大数据技术创新智库的研究手段，发挥重要决策支持作用，对当前新型智库能力建设具有重要意义。本章论述大数据的全球浪潮、大数据对智库创新的推动作用、大数据背景下智库发展的机遇与现状以及大数据背景下智库决策支持能力建设。

第一节 大数据的全球浪潮

一、大数据的概念及应用

大数据浪潮在全球风起云涌，"大数据正在改变我们的生活以及理解世界的方式，正在成为新发明和新服务的源泉"①。大数据（Big Data），是指来源众多、类型多样、大而复杂、具有潜在价值，但难以用传统数据库管理技术与方法处理和分析的数据集，也被称作海量数据或巨量数据。与传统海量数据不同，大数据=海量数据+复杂类型的数据，复杂类型数据主要是指半结构化数据和非结构化数据。大数据则由以下三项主要技术趋势汇聚组成：①海量交易数据，传统的企业资源计划（Enterprise Resource Planning，ERP）应用程序和在线交易处理系统（Online Transaction Processing，OLTP）中的关系数据以及非结构化和半结构化信息目前在飞速增长；②海量交互数据，Facebook、Twitter、LinkedIn及其他来源的社交媒体每时每刻产生大量的用户交互数据；③海量数据处理，用于数据密集型处理的架构，如硬件群中运行的 Apache Hadoop，使大数据的处理成为可能。大数据第 462 次香山会议（2013 年 5 月 29～31 日）提出了大数据通俗的定义：大数据是数字化生存时代的新型战略资源，是驱动创新的重要因素，正在改变人类的生产和生活方式。国际数据公司（International Data Corporation，IDC）从技术角度出发，指出仅仅存储量层面的巨大并不是提出大数据概念的目的，大数据实质上应该是为一种新技术的出现而建构出来的基础，即用于处理大数据的某种技术是十分关键的。这种新的技术架构应当可以更快地搜集、分析并处理相关数据，以更低的成本获取有价值的信息。通过将数据与现实联

---

① 迈尔-舍恩伯格 V，库克耶 K. 大数据时代：生活、工作与思维的大变革［M］. 盛杨燕，周涛，译. 杭州：浙江人民出版社，2013.

系，探索现实问题背后的规律和运行机制，以便实现趋势的预测和判定①。换言之，大数据的核心是通过对纷繁复杂的事物和抽象的数据建立一定的联系，以探究数据的趋势及走向。在大数据的背景下，相关关系大放异彩，正如"大数据之父"迈尔-舍恩伯格和库克耶在《大数据时代：生活、工作与思维的大变革》里所言"要相关，不要因果"②。通过数据融通，建立相关关系，可以比以前更容易、更快捷、更清楚地分析事物之间的关系，探究事件的发展规律。

大数据技术是一种新技术和新架构，其前身是商务智能（Business Intelligence，BI），但大数据分析与传统 BI 分析有很大的不同，两者区别如图 2-1 所示。大数据技术能够对繁杂类型的海量数据进行高效地捕捉、发现、分析，从中挖掘出数据的价值。大数据并非仅仅是一项技术，而是一系列信息技术的集合，包括数据采集、数据管理、计算处理、数据分析和数据展现 5 个关键技术环节。其中，数据管理、计算处理和数据分析 3 个环节的变革较大。相对于传统数据、传统数据处理而言，大数据具有四个典型的基本特征③，可以称之为"4V"，即体量大（Volume）、数据类型繁多（Variety）、价值密度低（Value）、处理迅速（Velocity）。

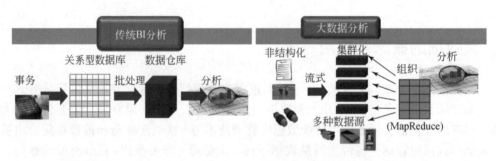

- 结构化数据
- 数据规模一般为太字节(TB)规模
- 集中式，为了分析进行大量数据移动，数据向计算靠近
- 批处理为主

- 结构化/非结构化混合分析的能力
- 数据规模从数十太字节到拍字节(PB)级别
- 分布式，计算向数据靠近
- 支持流式分析

图 2-1 大数据分析与传统 BI 分析差异

首先，数据体量大。这是一个数据的时代，根据相关统计资料，全球产生和存储的数据总量从 2009 年的 0.8ZB ［1ZB（泽字节）$= 1×10^{12}$（吉字节）］增加到 2018 年的 33ZB，并预计在 2025 年达到 175ZB④，并且未来将呈现指数级增长趋势。根据 IDC 调查的研究报

① Barwick H. The 'four vs' of big data. ［EB/OL］. ［2011-08-05］. https://www2. computerworld. com. au/article/ 396198/iiis_four_vs_big_data.

② 迈尔-舍恩伯格 V，库克耶 K. 大数据时代：生活、工作与思维的大变革 ［M］. 盛杨燕，周涛，译. 杭州：浙江人民出版社，2013.

③ 李德伟，顾煜，王海平，等. 大数据改变世界 ［M］. 北京：电子工业出版社，2013.

④ 数字时代的数据与隐私：2025 全球产生和存储的数据总量达到 175ZB ［EB/OL］. ［2021-06-23］. https:// baijiahao. baidu. com/s？ id=1703330272570003953&wfr=spider&for=pc.

告：2012 年全球信息化资料量为 2.8ZB，其中美国约占全球数据量的 32%，西欧占 19%，中国占 13%，印度占 4%，其他市场合占 32%；IDC 报告显示，全球数据量每 18 个月就要翻一番，每年全球产生的数据量已经高达 40EB［1EB（艾字节）= 1024PB（拍字节）］。2020 年全球将产生 4 万 EB 总量的数据，相当于地球上沙滩所有沙粒总和的 47 倍，意味着全球平均每一个人将产生 5200GB 的数据。实际上，在过去的 3 ~ 5 年里，全球数据每年保持 58% 的增速。中国 2022 年数据产量达 8.1ZB，同比增长 22.7%，全球占比 10.5%，位居世界第二[①]。百度搜索每日搜索量达到 100 亿次，是当今中国人获取信息的最主要入口，每天响应来自 138 个国家和地区的百亿次搜索请求，覆盖 95% 以上的中国网民，平均每个中国网民每天使用 10 次百度。百度已收录全世界超过一万亿张网页，相当于 5000 个国家图书馆的信息量总和，年增长率 200%，这些都属于可资利用的大数据资源。大数据经常是 TB（太字节）级，甚至是 PB 级的信息量。这些海量的数据便成为大数据分析处理的基础。在大数据海量的资源中蕴藏着珍贵的信息，这些数据资源可能超越了人类目前的认知水平，只有通过大数据分析技术才能发掘出其内在的价值。另外，大数据的数据量极大、更新速度极快，那些数据背后所隐藏的相关性及事物发展的趋势需要人们创造出新的研究思维和数据分析处理系统，以便真正让大数据与行业紧密相连，成为行业发展的重要助推力量。

其次，数据类型繁多。概括地说大数据主要包含两种数据类型，即结构化数据和非结构化数据，结构化数据主要指的是以文本、数字等符号为主，适合结构化存储的数据，非结构化数据主要包括各种类型的文本、音频、视频、图片、超媒体、键值等多种类型、难以结构化存储的文件数据。除了传统数据之外，从最基本的图片、音视频、网页内容到地理位置服务、应用程序的使用习惯、个性化的社交网络等均属于大数据的范畴。大数据的核心其实是多样化的数据，能从纷繁复杂的社会现象中根据数据分析提炼出事物发展的规律，这才是发挥大数据思维的优势之所在。随着电子商务、移动应用、社交网络等日益活跃，在移动互联网、电子商务、社交网络、物联网、新医疗、基于位置的服务（Location Based Services，LBS）、视频、音乐等领域产生大量的非结构化或半结构化的数据。根据相关统计，目前企业数据中仅 20% 为结构化数据，80% 为非结构化、半结构化数据。未来非结构化数据占有比例将达到互联网整个数据量的 75% 以上。而非结构化数据中 50% ~ 75% 的数据都来源于人与人的互动，都是以人为中心产生的，而随着物联网的推进，社会将实现物物互联，这将产生数倍于人人互动的巨量数据。

再次，价值密度低。为了获取事物的全部细节，大数据多直接采用原始数据，保留数据原貌。价值密度高低与数据总量成反比。以网络视频为例，1 小时的视频，可能其中只有一分钟甚至几秒钟的数据有价值。以视频安全监控为例，连续不断的监控数据流中，有重大价值者可能仅为一两秒的数据流；360 度全方位视频监控的"死角"处，可能会挖掘出最有价值的图像信息。为了保证数据信息的完整性，计算机会将数据的关联内容进行存储，导致很多价值不高的信息被纳入处理范围，直接降低了数据的整体价值，造成数据信息的价值密度降低。由于数据采集不及时、数据样本不全面、数据可能不连续等，数据可

---

① 中国 2022 年数字经济规模达 50.2 万亿元稳居世界第二［EB/OL］.［2023-04-27］. https://baijiahao. baidu. com/s？id=1764311301627650879&wfr=spider&for=pc.

能会失真，只有数据量达到一定规模，才可以通过更多的数据视角达到更真实全面的反馈。也就是说，随着数据总量的增加，有效数据的密度显著下降，价值密度的高低与数据总量的大小成反比。随着互联网以及物联网的广泛应用，信息感知无处不在，信息海量，但价值密度较低，如何结合业务逻辑并通过强大的机器算法来更迅速地完成数据的价值"提纯"，挖掘数据价值，成为目前大数据背景下亟待解决的难题。

最后，数据处理速度快。大数据对时间是敏感的，实时性——实时采集、转换、分析、响应，对数据处理速度的要求很高（图2-2），必须快速识别和快速响应才能适应业务需求，并产生实际的商业价值和利用价值。海量的数据要求采取快速的数据处理方法，大数据对于数据处理速度的要求相当高，处理时间单位多以秒计算，即大数据的秒级定律，因为大数据中所蕴含的价值可能随时间而失去价值。可以说，速度快是大数据与传统数据处理的一个显著特征①。因此传统的数据分析手段将难以适应这种趋势而被淘汰。

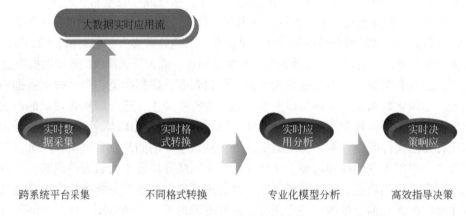

图2-2　大数据的实时性

值得注意的是，对于大数据含义的理解，不能仅仅囿于数据层面。实际上，大数据的数据规模用海量来形容并不准确，即使是海量数据或是超大规模数据集都不能反映大数据的数据规模，还需要从大数据的特性来对其理解。简单地说，相较于以往以 MB 为单位的处理对象，大数据常常达到 TB、PB 级别②。再者，大数据的数据结构十分复杂，种类繁多，结构化、半结构化和非结构化的数据不断涌现③。此外还需明确的是，对于数据的处理，传统方式仅仅只针对数据而言，数据是作为被处理的对象而存在，但是大数据环境下的数据不仅仅是传统意义上的数据，其包含的范畴相当广，可以看作是一种资源的集合。这时就需要有效的工具对大数据加以处理，因此采用何种数据思维就显得十分重要。在以往人类的发展过程中，对于问题的处理和探索依次经历了从描述、归纳和建模的不断飞跃，从研究范式上来说也就是实证、理论和模拟三种研究范式。随着人类社会活动的日趋数据化，数据库专家吉姆·格瑞（Jim Gray）指出大数据时代的第四种科学研究的范

①　柏秋云．大数据的价值与挑战［J］．科技信息，2013（17）：479.
②　王兰成，刘晓亮．网上数字档案大数据分析中的知识挖掘技术研究［J］．浙江档案，2013（10）：14-19.
③　鲍翠梅．面向大数据时代的图书馆知识服务［J］．现代情报，2013（10）：33-37.

式——数据探究，即充分利用网络搜集、整理和分析数据之间的关系，以实现数据与现实社会有机地结合，以预测问题未来的发展走向，而大数据将成为科学研究变革的核心[1]。作为一种处在发展中的新的信息技术，或者一种新的数据样态，大数据与人文社科研究结合的取向和趋势自然毋庸置疑。这场变革无疑给传统社会科学研究以及传统智库的发展带来了重大挑战[2]。

当今时代，大数据作为新的生产要素，给人们的生产生活方式带来了深刻影响，大数据与金融、医疗、生物、零售、电商、农牧、交通、教育、体育、环保等领域融合，会产生新的巨大价值。因此，美国政府在《大数据研究和发展倡议》中称其为"未来社会发展的新石油"。大数据将大量的原始数据汇集在一起，通过智能分析、数据挖掘等技术分析数据中潜在的规律，以预测事物的未来发展趋势，有助于人们作出正确的决策，从而提高各个领域的运行效率，取得更大的收益。在现实生活中，大数据的应用非常广泛。例如，在商业环境中，通过大数据分析，快销行业可以更全面地了解客户的信息，从而准确预测客户的需求，合理安排商品摆放格局；电信行业可以更好地分析用户使用习惯及特征，从而准确预测可能流失的客户，推出更有吸引力的套餐方案；保险行业可以更准确掌握客户健康情况、驾驶水平等相关信息；医疗行业大数据在医疗与生命科学研究过程中广泛应用和不断扩展，医疗信息中心中存储数据的大数据开发也逐渐受到关注，部分科学家可以通过遗传数据预测疾病的早期迹象；制造业开始关注全流程数据的质量和效率，建立以产品为核心的覆盖产品全生命周期的数据结构，用企业级产品生命周期管理（Product Lifecycle Management，PLM）系统来支撑这些数据结构，有效地提高企业满足市场需求的响应速度，更加经济地从多样化的数据源中获得更大价值；在大数据的帮助下，警察可以通过犯罪数据和社会信息来预测犯罪率。其中，大数据发挥作用较为显著的典型领域是互联网行业和金融行业。目前中国大型的商业银行和保险公司的数据量已经超过100TB，中国金融行业已经形成共识——数据是一种重要的资产，经过交叉分享和索引处理，能够得出消费者的个人信用评分，从而推断客户支付意向与支付能力，发现潜在的风险和欺诈。优秀的数据分析能力更成为当今金融市场创新的关键，资本管理、交易执行、安全和反欺诈等相关的数据洞察力，成为金融企业运作和发展的核心竞争力。大数据也为中国中小企业的创新发展带来重大机遇，催生了更多需求。但新的需求同时意味着新的金融风险，如不能有效监控和管理，将给整个金融系统埋下隐患。大数据技术的普遍应用，是破解这些难题的有效方法。大数据能够让企业的信用可以计算。其实，中小企业都是有信用的，只是信用高低不同且无法呈现。那么，通过大数据对企业3～5年，甚至是更长时间的生产经营数据及交易数据进行分析计算，可以确定企业真实的生产经营状况和成长发展状态。这不仅让不可查询的信用变为可计算、可度量的，还能帮助没有信用的企业建立信用，让中小企业可以获得纯信用融资贷款[3]。大数据也给人文社科研究领域带来新的研究方法和

① Hey T，Tansley S，Tolle K. The Fourth Paradigm：Data-Intensive Scientific Discovery［M］. Redmond：Microsoft Research，2009.

② 陈泓茹，赵宁，汪伟. 大数据融入人文社科研究的基本问题［J］. 学术论坛，2015（12）：106-110.

③ 范晓忻. 用大数据打造"一带一路"建设新引擎［J］. 中国科技产业，2016（1）：53.

手段，借助大数据技术、运用量化研究方法，提升了人文社科研究方法与成果的科学性和精确性。大数据的发展、人文社科学科的探索和诸多人文社科学科研究数据库的研究和构建，跨学科合作研究团队的建立，大规模系统化的文献索引和数据分析，甚至具有一定检索功能的数据库的建立等，为人文社科进一步通过大规模量化数据库促进跨学科、跨时段、跨地域全面认识人类社会与自我提供了无限可能[①]。

二、全球大数据发展概况

美国社会思想家托夫勒在《第三次浪潮》中提出，"如果说 IBM 的主机拉开了信息化革命的大幕，那么大数据才是第三次浪潮的华彩乐章。"大数据将为信息产业带来新的增长点。发展大数据产业将推动世界经济的发展方式由粗放型到集约型的转变，这对于提升企业综合竞争力和政府的治理能力具有深远意义。随着大数据技术不断演进和应用持续深化，以数据为核心的大数据产业生态正在加速构建[②]。从实践情况看，大数据产业生态中主要包括大数据解决方案提供商、大数据处理服务提供商和大数据资源提供商 3 个角色，分别向大数据的应用者提供大数据解决方案、分析服务和数据资源。一些传统 IT 巨头也认识到大数据的价值，都纷纷投入到大数据的研究和应用中来。当前大数据产业还处于构建的初期，呈现出规模较小、增速超快的特点。

英美日等发达国家近年来高度重视大数据研究与发展。这些国家将大数据建设列为国家战略予以大力支持。从各国举措来看，政策着力点主要在于三个方面：一是开放数据，给予产业界高质量的数据资源，尤其是开放政府控制的公共数据资源；二是在前沿及共性基础技术上增加研发投入；三是积极推动政府和公共部门应用大数据技术。美国在推动大数据研发和应用上最为迅速和积极，强化顶层设计，力图引领全球大数据发展。作为大数据的发源地，美国同时也是世界上大数据产业最发达的国家。依托美国高科技企业提供的技术支撑，以及当时奥巴马政府对大数据产业的极力推动，美国在数据公开、资源共享及创新驱动方面已经走在世界前列。美国政府为了推动政府大数据开放，创建了 Data. gov 网站，为大数据敞开了大门，也为美国大数据智库的繁荣提供了良好的外部条件。为了从资源丰富的大数据中获得最大的效益，奥巴马政府于 2012 年 3 月 29 日推出了"大数据研究与开发计划"。在此基础上，美国又于 2016 年 5 月发布了《联邦大数据研究与开发战略计划》，其目标是对联邦机构的大数据相关项目和投资进行指导。《联邦大数据研究与开发战略计划》主要围绕代表大数据研发关键领域的七个战略进行，包括促进人类对科学、医学和安全所有分支的认识；确保美国在研发领域继续发挥领导作用；通过研发来提高美国和世界解决紧迫社会和环境问题的能力。企业借助于大数据政策的东风，强化大数据的技术研发和创新应用。英国是大数据的积极拥抱者，无论是政府、研究机构，还是企业，都已经开始行动，抢占"数据革命"先机。其支持大数据发展举措包括：第一，给予研发资金支持；第二，促进政府和公共领域的大数据应用；第三，推动大数据在农业技术领域的创

---

① 梁晨，董浩，李中清. 量化数据库与历史研究 [J]. 历史研究，2015 (2)：113-128, 191-192.
② 谢然. 中国大数据服务商综合服务水平 TOP100 排行榜 [J]. 互联网周刊，2014 (13)：53-55.

新，打造农业信息强国。英国、印度近年来大力开展"数据公开"运动。为抓住大数据发展机遇，促进本国大数据领域的发展，以便在经济社会发展中占据主动权，2013 年 2 月，法国政府发布了《数字化路线图》，宣布将投入 1.5 亿欧元大力支持 5 项战略性高新技术，而"大数据"就是其中一项。2013 年 7 月，法国中小企业、创新和数字经济部发布了《法国政府大数据五项支持计划》，包括引进数据科学家教育项目；设立一个技术中心给予新兴企业各类数据库和网络文档存取权；通过为大数据设立原始扶持资金，促进创新；在交通、医疗卫生等纵向行业领域设立大数据旗舰项目；为大数据应用建立良好的生态环境，如在法国和欧盟层面建立用于交流的各类社会网络等。日本政府也把大数据作为提升日本竞争力的关键。在日本政府公开的大数据战略方向中，关键有这样几个部分：一是开放数据，二是数据流通，三是创新应用。Gartner 公司的调查结果表明，目前全球 64% 的企业看好大数据，已经开始向大数据项目注资。

随着云计算、物联网、大数据以及人工智能等新一代技术的飞速发展，大数据资源和服务需求呈爆炸式增长，在上述各国的推波助澜下，大数据时代已经到来，我国在大数据领域面临难得的发展机遇。而我国计算机用户数量全球第一，互联网用户数量全球第一，移动互联网用户数量全球第一。据统计，现在中国拥有的数据约占全球 16%，在世界范围内名列前茅。我国对大数据的高效采集、有效整合、融合利用可以提高国家宏观调控、市场监管、社会治理和公共服务的精准性和有效性。因此，《中华人民共和国国民经济和社会发展第十三个五年规划纲要》提出要实施国家大数据战略，把大数据作为基础性战略资源，全面实施促进大数据发展行动，加快推动数据资源共享开放和开发应用，助力产业转型升级和社会治理创新。2015 年，国务院印发《促进大数据发展行动纲要》，系统地部署了大数据发展工作，着重强调加快政府数据开放共享，推动数据资源有效整合。党的十八届五中全会又一次提出"实施国家大数据战略，推进数据资源开放共享"。2016 年 4 月，促进大数据发展部际联席会议通过了《促进大数据发展三年工作方案（2016—2018）》《促进大数据发展 2016 年工作要点》等一系列文件。由此可见，大数据已经引起政府部门和学术界的广泛关注，并已成为重要的时代特征。但是，当前我国大数据发展面临政府数据资源开放程度不足、基础创新能力不强、人才队伍亟待建设、投融资环境亟须完善、市场认可度不够、数据资源流通交易机制缺乏、数据安全性低等问题和挑战（图 2-3），必须借助政府力量和产业力量，突破各种体制机制障碍，以促进我国大数据产业发展。

面向未来，我国急需依托政府数据和社会资源建立统一的大数据共享交换平台，加快推进跨部门数据资源共享共用，深化政府数据和社会数据关联分析，建设国家大数据统一开放平台，推动政府信息系统和公共数据互联开放共享；研究制定数据开放、保护等法律法规，制定政府大数据信息资源管理办法；深化大数据在各行业的创新应用，探索与传统产业协同发展的新业态新模式，加快完善大数据产业链；加快海量数据采集、存储、清洗、分析发掘、可视化、安全与隐私保护等领域关键技术攻关；促进大数据软硬件产品发展。完善大数据产业公共服务支撑体系和生态体系，加强标准体系和质量技术基础建设。同时，鼓励智库、科研机构、高校积极开展大数据应用，以此推进我国大数据产业发展，紧跟全球大数据发展浪潮。

图 2-3　我国大数据发展存在的问题和挑战

第二节　大数据对智库创新的推动作用

一、大数据在知识服务领域的创新

大数据技术给知识服务领域带来巨大变革。数据之于信息社会就如同石油之于工业革命，是人们进行创新的力量源泉。没有大量鲜活的数据和健全的服务市场，资源就会浪费，创新就会受阻。大数据时代，信息资源的竞争力已不再是其所占的数量、范围等因素，而是基于信息资源服务的信息化、知识化和信息数据的分析与组织程度，以及基于知识的创新力竞争，产品和服务的最大价值判断标准是其隐藏的信息与知识含量多少，提高产品的信息化和知识化水平，以寻求隐藏在事物表象和海量数据背后的本质成为市场竞争的主要手段。大数据时代的到来，意味着人类进入到一个以密集型数据的相关挖掘、分析、处理来推动社会创新发展的时代，大数据分析等数据处理业务的盛行与成熟，也将为知识服务领域带来新的创新。

（一）大数据为知识服务带来更加丰富的数据资源

大数据时代的到来，意味着大量的非结构化数据、半结构化数据应用将进入人们的视野。依据 IDC 发布的《数据时代 2025》报告，随着 5G、物联网的发展，2010～2021 年数据呈现爆发式增长状态，2020 年全球数据量为 60ZB，预计 2025 年全球数据量将达到 175ZB[①]。

---

① 2022 年全球 IDC 行业市场现状与发展前景分析［EB/OL］.［2022-12-09］. https://zhuanlan.zhihu.com/p/590491944.

另一则统计数据显示，世界结构化数据增长率大约是32%，而非结构化数据增长率则是63%，截至2016年，非结构化数据占互联网整个数据量的比例已达到85%以上。这些数据无不说明大量的社交数据、信息行为数据、交易数据、视频数据等结构化数据、非结构化数据、半结构化数据将被记录、存储、分析与利用，不管是数据的类型，还是数据的数量都将得到极大的丰富。

（二）大数据为知识服务带来更为专业的数据分析技术

信息时代大量信息数据的产生，使得方差分析、判别分析等数据分析理论得到极大的应用与发展，同时知识服务情报机构将其与信息技术如仿真模型、神经网络分析、Web挖掘等有机结合，运用到机构网站链接、学科优势分析、影响力评估、可视化图谱、科技发展态势监测、国家竞争力分析等领域，但具体分析这些技术和理论，会发现它们都是基于大量、有序的结构化数据，并不能从真实发生而又未被记录的数据中发现、挖掘更深、更多的隐含信息，进而得到更能揭示事物发展本质以及发展规律的知识。大数据时代的到来则为这一难题提供了解决方案，通过高速捕捉、发现和分析大容量、多类型的数据，可以有效地从中获取信息价值。大数据技术架构也将为数据分析业务提供更好的支撑，如目前被广泛关注和应用的分布式系统基础架构Hadoop、非关系型数据库技术（NoSQL）等大数据技术。

（三）大数据为知识服务带来新的解决问题思维方式

不管是传统的信息咨询、参考咨询还是知识咨询，一般的服务思维都是出现问题—逻辑分析—找出因果关系—提出解决方案，使用户的问题得以成功解决，可称为逆向思维模式。但根据大数据思维，基于大数据的知识咨询服务流程是收集数据—量化分析—找出相互关系—提出优化方案，使用户的问题得以解决，从成功跃至卓越，可称为正向思维模式。这种解决问题思维方式的变化将为智库的知识服务带来发展机遇，也可引入其他服务。IBM与美国孟菲斯警察局合作的"利用数据历史减少犯罪"项目就是一个很好的例证。这一项目利用软件分析，发现强奸案和户外付费电话之间存在关联。因此，警方决定将付费电话转移至室内，这个举动使得强奸案的发案率降低了30%[1]。

（四）大数据为知识服务提供广阔的合作视野

知识咨询与传统的信息咨询、参考咨询最大的区别就是知识咨询以用户需求为本，寻求解决用户疑问的知识服务。这种服务一方面需要以专业的知识组织、知识发现等素养去完成，另一方面也需要大量的相关信息、数据去支撑，而这些信息、数据的组成很可能是某一专业领域的，也可能是跨专业领域、多专业领域的；既可能是一个信息机构所拥有的，也可能是多个信息机构分别拥有的。这种特征在当前信息时代非常突出，而在大数据时代将更加显现，这就为智库带来了一个巨大的发展机会——整合不同机构的数据资源。

---

[1] 维金. IBM CEO 罗睿兰：技术改变未来企业的3种方式［EB/OL］.［2013-03-11］. https://www.51cto.com/article/384073.html.

因为从微观上看，智库的数据资源随着这种特征的突显而更具优势；从宏观上看，数据的更加开放、多学科的数据分析联系更为紧密；从体制机制看，智库的公益性和公共性可以免除很多数据共享上的不安和顾虑，这将为智库与专业性知识服务机构的多领域、高层次合作注入全新动力。

（五）大数据为知识服务带来巨大收益

大数据具有极为广阔的社会发展前景。在这些竞争激烈的行业，市场领导者企业率先认识到数据蕴含的巨大商业价值。企业在发展、壮大自己版图的过程中，不仅需要强大的团队和源源不断的资金支持，拥有数据并正确运用数据也是不可缺少的成功元素。数据已经成为新的商业生产资料：一种基本上与资本及劳动力同等重要的经济投入。沃尔玛信息主管（Chief Information Officer，CIO）罗林·福特曾经谈道，每一天我醒来都会问自己："我怎样才能让数据更好地流通，怎样更好地管理及分析数据？"[1] 零售行业从关注信息控制到应用大数据，2011年4月沃尔玛更以3亿美元的价格收购了社交媒体平台 Kosmix，Kosmix 将加入新成立的沃尔玛实验室。沃尔玛表示，该实验室将负责制定公司的社交和移动商务战略，把实体店和电子商务整合到一起。沃尔玛实验室专注于三个领域：搜索、推荐和让用户惊喜的小发现。提供个性化的商品提醒，这是沃尔玛自己的产品促销系统。eBay 通过精细数据监控评估，优化广告投放，节约了99%的广告成本。eBay 对互联网广告的投入一直很大，通过购买一些网页搜索的关键字，将潜在客户引入 eBay 网站。为了对这些关键字广告的投入产出进行衡量，eBay 建立了一个完全封闭式的优化系统。通过这个系统，可以精确计算出每一个关键字为 eBay 带来的投资回报。通过对广告投放的优化，自2007年以来，eBay 产品销售的广告费降低了99%，顶级卖家占总销售额的百分比却上升至32%。国内领军电子商务企业已经将大数据的应用分析用到极致。当当网通过同类客户的消费习惯进行关联推荐。淘宝通过最强大的数据源，为客户提供各种精细的准确的搜索以及各种维度的排序使用功能，在信息查找方面带来极大的便利，促进人们购买力提升。大数据具备无限的商业开发价值。对于销售型企业，大数据的有效采集、筛选和灵活应用，可以帮助企业快速适配客户和市场变化，为产业、区域的服务与交易提供更好的满足，建立以满足客户需求为核心的交易优势，提升企业竞争力。对于非销售型企业，大数据可以加强企业在自身研究领域的深度认知、控制和决策，提升企业的营运和管理能力。通过知识服务创新，大数据信息时代可以帮助企业建立智能的危机信息预测和快速发现体系，建立智能化的产品能力控制体系，实现以客户需求为核心的交易满足。

作为典型的知识服务型机构，智库对大数据带来的创新潜力非常关注，也已经在此领域进行了相关探索，以推动智库能力的提升。

---

① Cukier K. Data, data everywhere: a special report on managing information [J]. The Economist, 2010, 394: 3-5.

二、大数据技术推动传统智库提升

智库（Think Tank）又称思想库，主要指以公共政策为研究对象，以影响政府决策和改进政策制定为目标的专业研究机构。智库以专业性、前瞻性、客观性、中立性的决策咨询服务嵌入政策议程之中，已成为政府决策所倚重的重要力量。提供高质量的知识创新产品进而影响决策是智库的目的。智库作为知识服务密集型行业，自然会受到大数据技术的冲击和启示。大数据技术是推动传统智库向新型智库转型的重要手段。新一轮工业革命、知识信息"大爆炸"以及数据挖掘技术的成熟运用，加速孕育了大数据时代。大数据浪潮正席卷全球，并深度影响和改变着人们的思维、工作和生活方式。世界上越来越多的国家和地区正从战略层面认识大数据，并在推动经济发展、完善社会治理、提升政府社会服务和市场监管能力等领域不断融入大数据思维和技术。作为公共政策研究机构的智库也受到这种新现象的深刻影响，部分前沿智库已经开始运用大数据技术开展政策问题研究。

智库产出的是思想和知识，智库产品的影响力决定其核心竞争力，也在一定程度上反映国家的软实力。提高智库的核心竞争力，就要利用大数据的思维方式找准自身定位，明确研究方向，变革组织管理和人才培养机制，提高成果转化率，同时善用新媒体，向世界阐述自己的政策主张，发出自己的声音。大数据与智库都是我国未来的重点发展领域，二者联动将产生事半功倍的效果。数据科学的进步和数据产业的发展能为智库建设和研究提供技术支撑；智库可以成为大数据发展的实体依托，促进大数据研究成果的转化和落地。

大数据给以数据密集型为主的科学研究提供载体，其影响将扩展到各个学科领域，其中必然包括智库研究和其他社会科学研究领域。大数据与智库二者紧密关联、相互影响。大数据的出现，对智库研究的数据意识、信息采集方式、研究思路设计以及科学决策结果等方面产生了深刻影响，因此，可以把大数据时代产生的，能够使用大数据技术进行政策辅助分析决策的智库称为大数据智库。大数据智库采集和管理数量巨大、来源多样化的结构化和非结构化业务、生产和销售数据，通过数据存储、数据模型和统一元数据管理技术，对大数据进行开发、管理和利用，实现传统智库的能力提升（图2-4）。

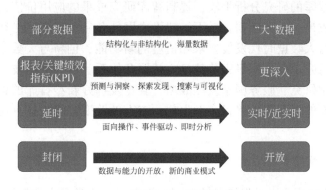

图2-4 大数据能力创新的方向

首先，大数据改变智库研究的数据意识。大数据时代到来之前，传统智库大多存在研究周期长、视野不够开阔等问题，许多前沿性、时效性的问题难以触及，缺乏大数据思维意识。作为信息载体，大数据可以使智库研究者的"数据意识"有所转变，既重视直接数据，也重视关联数据和比较数据，既重视单一数据，也重视多元数据和互动实时数据，从而有效提高决策前定量分析的可靠性。

其次，大数据技术为智库研究提供强有力的工具支撑。大数据海量、非结构化的特点，决定了智库研究者要对数据进行清洗分析，需要清洗工具、分析工具、存储设备等。海量数据的获取和计算机新技术的应用使得通过传统技术手段难以研究的政策议题变得可以进行。在传统智库研究过程中，限于数据获取的高额成本及困难程度，研究者需要通过设计精细的理论框架将变量尽可能地精简，并且需要将收集到的资料整理成结构化的数据进行分析。随着大数据产业的发展，大数据处理技术日新月异，增强了数据的收集、挖掘、清洗和分析能力，为智库研究提供强有力的信息处理手段，使大数据分析成为智库研究的重要工具。

最后，大数据提高智库研究成果的科学性和客观性，极大地增强智库"资政启民"的效率。在社会经济领域，通过传感器、移动终端、感应装置等设备，采用分布式计算架构，依托云计算的分布式数据库、分布式处理、云存储和虚拟化技术，实时不间断地采集并集成海量数据，采取网络地图（the Internet Map）、标签云（Tag Cloud）、历史流图（History Flow）等最新的大数据可视化技术把握过去、现在与未来的发展规律和历史逻辑，使智库预测未来社会发展态势的准确率大为增加，提高智库研究成果的科学性和客观性。同时，基于大数据瞬时、实时、交互的特点，智库获知公众意见的渠道会更加便捷，从而极大地提升智库的决策咨询政策分析研究能力。

大数据技术推动智库能力提升，未来大数据智库会逐步替代传统智库，或者说传统智库通过使用大数据技术向新型智库转型是时代发展的必然趋势。

三、智库大数据未来发展主要趋势

大数据技术应用与智库相结合是技术发展的必然和新型智库的发展需要。大数据技术可以有效提升智库的研究分析手段，提高智库研究成果的应用价值，产生更具前瞻性和针对性的研究成果。在大数据背景下，建设中国特色新型智库，必须紧跟大数据时代的新形势，突出与大数据时代发展要求相适应的新功能，创新与大数据时代发展要求相匹配的方法论和研究工具，积极完善信息支持服务体系，以大数据技术支撑新型智库决策支持与政策问题研究，服务国家发展战略，真正发挥好新型智库的智力支持作用。在大数据时代，智库的运营与发展将会发生前所未有的改变，将会具有与传统智库迥然不同的特征。

（一）具有大数据思维方式

大数据时代的智库要谋求发展和转型，关键在于是否具备大数据思维[①]。科学合理地

---

① 侯丽媛. 大数据及其时代下的教育变革［J］. 内蒙古电大学刊, 2015（1）：65-67.

将大数据思维应用到智库的转型之中，是大数据智库的一个显著特征。从思维内涵的角度分析，大数据思维具有"整体性"、"容错"、"相关性"、"智能化"这四方面特征。在传统技术条件下的社会科学研究，受到技术条件的限制，往往采用"小数据"手段，把抽样、采样作为数据获取的主要手段，人们无法获得总体数据信息，只能获取少量的结构化数据。并且在小数据世界中，人们往往执着于现象背后的因果关系，试图通过有限样本数据来剖析其中的内在机理，思维方式仍属于线性、简单、物理、机械的自然思维，"智能"水平还不尽如人意。在大数据时代，随着数据收集、存储、分析技术的突破性发展，智库的发展与运营也注入了大数据思维，思维方式也实现了从原有的"样本思维、精确思维、因果思维、机械思维"到"总体思维、容错思维、相关思维、智能思维"的转变。

（二）拥有大数据分析平台

大数据分析平台是建设和实施大数据应用所必需的专业基础设施。从大数据技术的角度分析，大数据思维过程包含数据采集、数据处理、数据挖掘、数据分析、数据质量管理、语义搜寻引擎以及可视化分析等。大数据智库在运用大数据思维的过程中环环相扣，遵循数据逻辑。数据挖掘是大数据智库所必备的基本能力，通过数据的深度挖掘为智库预测分析打下坚实的基础。同时，大数据智库在采集、分析数据的过程中，还要能够辨识数据的可靠性和真伪性，通过数据"清洗"，提高数据处理的质量，对数据进行有效的质量管理。此外，对于非结构化数据所采用的语义搜索引擎也是大数据智库必备的技术手段。上述这些都需要大数据平台来承载，"工欲善其事，必先利其器"，大数据平台就是大数据智库的"利器"。大数据思维促使智库从传统思维的枷锁中挣脱出来，作为大数据智库的核心特征，是否拥有大数据分析平台，能否善用大数据思维，以实现智库运作机制的深刻变革，决定大数据智库的成败。

（三）拥有海量的数据信息

是否掌控海量的数据信息，拥有完善的自建数据库和可靠数据源是大数据智库的重要特征。国外智库早已提出要将各种信息资源电子化，以便形成统一的数据资源平台——数据知识库。由于大数据的概念是近几年才提出来，其中智库的数据库可谓是大数据资源库的雏形，是大数据智库的先驱。作为大数据智库，海量的数据资源应当是其研究问题的数据来源优势，不论是为完善自身管理机制所建设的数据库，还是可以掌控利用与合作共享的数据源，创建并不断更新的一系列数据是大数据智库所必备的基础。智库的自建数据库所涵盖的层面可以多种多样，既可以从行政管理的角度出发，建立便于应用的管理数据库，包含人员信息、个人档案、业务流程、交易行为等数据；也可以从自身的实际需求出发，按研究领域分类建立各类专题数据库。总之，拥有海量的可控数据信息或者完整的自建数据库对于大数据智库具有十分重要的意义。可以说，作为大数据智库，拥有自建数据库，掌控海量的有效数据信息源，以支撑新型智库研究，是其今后得以长远发展的重要资源条件和奠定优势的前提。

（四）具有专业的数据分析团队

由于大数据与传统数据存在着巨大的差异，大数据的巨大规模以及形式上的杂乱无章，需要专业的数据分析团队对数据进行整理清洗和专业挖掘，以将毫无规律的数据转化为生产力和可用价值。智库的产品并非一人之力，而是集体智慧的结晶。同样，对于数据的一系列处理操作流程，也不可能由个别研究人员独立完成。也就是说，专业的数据挖掘及分析团队是大数据智库良好运营的必备条件。大数据时代，需要具备统计、数学、软件等方面的背景知识，以及熟悉大数据智库内外部环境运作和精湛技术能力的数据分析师组成专业的数据分析团队，针对国际与国内环境的需要，使用大数据分析方法，收集、建立大数据集群库，开展公共政策研究，发挥智库"资政启民"的作用。可以说，专业的数据分析师之争将会成为未来大数据智库之间竞争的关键。

四、智库大数据信息资源管理创新

在大数据时代，智库研究所需的信息源不再拘泥于纯粹的传统文献，已经发散至互联网网络信息、信息系统、监控终端、人际交流信息、舆情等资源，具有大数据特性。在智库建设中，丰富的信息来源、有效的知识共享机制，是形成高质量智库决策支持成果的创新基础条件。

（一）智库大数据信息资源开发

1. 智库传统数据资源采集方式

智库的研究功能要求依据掌握的资料和数据对未来形势进行预测，对于一些针对特定任务或课题的智库项目，没有完全适用的数据或难以获取数据，就需要智库自主开展调查研究或设计实施实验来直接采集适用于特定项目的数据。根据安楠和祝忠明等的研究①，智库的信息搜集策略可分为直接生产创造和间接搜集获取两种途径（表 2-1）。其中直接生产创造又分为开展调查研究和设计实施实验两种方式，间接搜集获取又分为自身资源建设和合作交流共建两种方式，自身资源建设可进一步细分为搜集公开数据、购买数据库、自身馆藏累积等。

表 2-1　智库信息采集策略常见方式及特点

搜集策略	搜集方式	具体实施	特点
直接生产创造	开展调查研究	传统调查研究	不受时空约束、可操作性强、调查范围广、相对成本低、调查对象范围不受约束
		多地开设子机构	
	设计实施实验	借助特定方法和工具围绕研究课题开展实验	数据客观真实、直观量化、可通过调整参数观察不同结果、可重复进行得到可靠结果

① 安楠，祝忠明. 国外智库数据搜集策略及其在大数据环境下的挑战［J］. 图书与情报，2017（3）：134-140.

续表

搜集策略	搜集方式		具体实施	特点
间接搜集获取	自身资源建设	搜集公开数据	网上公开数据、学术资源	数据数量大种类多，使用成本低
			纸质公开数据、学术资源	
		购买数据库	面向研究领域采购学术数据库或专业数据库	满足特定需求领域，节省采集数据时间，成本高
		自身馆藏累积	智库最初及后续围绕研究领域逐渐累积的馆藏资源	信息资源丰富，大多基于优势领域
	合作交流共建		智库间、智库与其他机构开展资源整合或合作共建	优势资源整合，避免重复建设造成浪费，是新趋势

（1）通过开展调研获取数据。调查研究是智库最常用的数据搜集方式之一，智库研究人员通常运用的传统调研方法有文献调查法、统计调查法、问卷调查法、专家调查法、访谈调查法等，其中文献调查法因其低成本和易开展成为使用频率最高的方法。在调查研究过程中智库专家经常不拘泥于某种特定方法，而是相互交错、灵活运用。在传统调研运用中比较典型的有美国布鲁金斯学会（Brookings Institution），胡佛战争、革命与和平研究所（简称胡佛研究所），卡内基国际和平基金会等老牌智库。其中，以布鲁金斯学会为代表的综合智库在其开展的调查研究项目中以统计调查法使用的居多，尤其在经济研究与社会研究方面，在涉及人口、经济增长、国民生产力、债务、进出口贸易等领域的问题时需要借助大规模、真实准确的数字来反映现实问题并以此作为政策调整的依据。此外，为顺应全球化发展要求，扩展业务范围和全球影响力，同时为避免语言障碍和文化差异对研究样本总体特征的把握造成干扰，实力雄厚的智库往往会在各地开设分支机构，通过开展实地调研来为数据搜集提供更便捷可靠的信息来源。例如，布鲁金斯学会在北京、多哈、新德里等城市设有分支机构，为自己搜集有关信息和情报。

（2）通过实验获取数据。除调研方式以外，智库研究人员有时需要借助特定的实验方法和工具围绕某一课题开展科学实验以获取客观真实的实验数据，通过实验方法搜集到的数据信息具有直观、量化等优点，并可通过调整某些参数来观察同一实验在不同变量条件下的结果。某些智库研究如涉及军事预测、行为科学、药物病理等具有多种不确定因素和结果的问题时，往往需要借助实验帮助研究人员排除外界干扰，突出主要因素，模拟研究事物或过程的发生，采集到的数据中既包括基因序列等通过实验设备获取的实验数据，也有通过遥感勘测、传感器等实时观测到的数据，还包括经济模型、气象数据等通过实验模型获取的模拟数据。例如，美国兰德公司在其成立之初主要为美军提供调研和情报分析服务，随后其业务逐步扩展。兰德公司已意识到按照传统的学科背景或政策领域组织科学能力的方法已不再足以加速创新，因此在"方法研究中心"板块下分别展示了多样化、多学科的创新方法和分析工具。卡托研究所（Cato Institute）经常开展各种实验以获取一手原始信息用于支撑自身的研究。例如，在研究人类文化与习俗的演变中，卡托研究所选取17世纪位于中非的库巴王国的一段历史事件，并据此针对居住在卡南加的居民设计了两个行为实验进行研究。

（3）搜集各类公开数据。利用各种信息渠道直接采集各类公开数据是最经济便捷也是智库研究人员最常用到的数据搜集方式之一。在智库最初出现的20世纪50年代，研究人员主要依靠图书、报纸、期刊、年鉴、档案等纸质印刷出版物进行公开资料的搜集工作；20世纪90年代末互联网的普及使得各种形式的大量数字化信息迅速传播，其中公开信息占绝大部分，包括由政府各部门发布的国民经济数据、人口数据等官方信息，以及各类新闻报道、天气数据、影视文字等非官方信息，同时开放存取运动大规模地兴起，科研成果和学术信息在互联网上的传播也得到迅速推动与交流，大量科研数据不再受到版权费用和获取权限的限制，智库等咨询机构及学术机构可以更便捷地获取到各种类型的科研数据和学术资料。智库在进行信息搜集时往往会同时兼顾纸质信息源和数字信息源，尤其是政府部门及知名机构发布的权威性数据资源，以保证智库研究产出的可靠性。基于开放获取的便利，学术类资料也成为智库机构信息搜集的主要来源之一。

（4）购买数据库获取数据。面向研究领域的特定需求从数据提供商购买专业数据库也是智库进行数据采集的常见方式，尤其对高校智库来说，ProQuest、Springer、IEEE、Elsevier等学术型期刊全文数据库是开展研究的必需基础设施之一。对于资金实力雄厚的智库，直接采购数据省去了自主调研、开展实验和信息采集环节的时间与财力，可以迅速将精力与资源投入到研究中。马克斯·普朗克科学促进学会（简称马普学会）是由德国政府资助的全国性学术机构，是欧洲国家级科研机构的典型代表，无论是规模还是研究影响力均位居世界前列。作为国家智库，马普学会已连续多年在《全球智库报告》的科学技术领域智库中排列第一。马普学会成立的马普数字图书馆，位于慕尼黑，是其中心机构。马普数字图书馆通过广泛的服务组合为来自所有86个研究所的马普学会科学家提供支持，并提供对数据、科学文献、商业软件许可证、科学交流工具和服务以及研究相关软件应用程序的轻松访问。马普数字图书馆的事实型数据库（Factual Databases）为专题数据资源下的14个数据库提供了大量事实型数据，其中8个社会经济数据库均采用订购获取的方式采集。此外，马普学会还很重视基础数据和统计数据的长期积累，以期产生增值效应，如以数据档案的方式订阅了国家报告，并订购了全球最大的统计数据门户Statista公司的数据平台，Statista公司拥有超过来自18 000个数据源的共计1 000 000多条数据，覆盖600多个行业，80 000多个主题及10 000多项研究。

（5）机构图书馆（档案馆）馆藏数据。对智库来说，自身图书馆（档案馆）在信息的搜集和利用过程中占有举足轻重的地位，智库图书馆（档案馆）是智库基于组织自身一定量的现有资源而逐渐积累形成的资料收集、整理与存储机构，作为智库重要的信息保障机构收藏了丰富的数据信息资源，包括期刊、文献、图书专著、档案、报纸以及数字化的数据库等资料。一个机构的图书馆若在某一研究领域的信息资源馆藏较为丰富，就意味着该机构在该研究领域占有了优势。图书馆馆藏的优势内容一定程度上影响了智库在研究课题选择方向上的偏好；另外，智库在信息资源建设时也会有针对性地对优势领域的信息资源进行完善补充和巩固，以确保其核心竞争力。事实上，大部分智库都会围绕其优势领域有针对性地进行馆藏资源构建。日本国际问题研究所（Japan Institute of International Affairs，JIIA）是日本研究国际问题的核心机构，旨在通过对国际问题的专门研究，为日本外交政策的制定提供建设性意见，并向公众传播国际关系的有关信息。其数字图书馆有针对性地从法治、外交、领土、亚太国际环境（中国及朝鲜半岛）几个部分开展资源建设，为本机构专家在国际安全保障和地区问题研究两个研究领域提供信息支撑。

（6）合作交流与共建数据资源。当今的国际政治经济形势日趋复杂，单靠一家智库的研究很难全方位覆盖各地区的各类重大问题，也不符合智库的扩张需求。因此智库依托自身信息资源寻求合作发展逐渐成为一种新趋势，一方面可以将资源进行整合，进一步拓展和深化共同研究领域的项目研究；另一方面可以避免重复建设造成资源的浪费。比较常见的有联合举办政策研讨会、政策论坛、开展学习培训等合作形式，通过人员交流和开放性讨论获得有益的数据信息、研究资料、技术及经验；智库还可以通过与其他权威机构合作共建数据库，丰富彼此数据资源的同时实现共赢。例如，德国国际和安全事务研究所与12家德国研究机构合作建立了欧洲国际关系与地区研究信息网络（European Information Network International Relations Areas Studies，EINIRAS），并通过项目合作的形式分别建立了欧洲最大的国际关系研究资源库"世界事务在线"（World Affairs Online，WAO）。这种联盟化的合作形式和成果不论是从机构内部还是机构外部都极大提升了数据支撑能力，同时强化了各合作机构的相关研究领域在国际上的竞争力。

2. 智库大数据信息资源采集策略

信息资源的开发利用一定程度上影响着决策的科学性与工作效率。在大数据环境下，海量数据信息分散冗杂，信息采集、鉴别、整合与分析等工作的难度持续加大，面向决策的信息资源范围变广、来源增多，传统的信息资源获取与处理方式难以充分满足决策的信息需求，结合大数据环境对面向决策的信息资源进行开发成为必要。智库在大数据背景下的信息采集策略如下。

（1）数据采集的自动化。面对浩瀚的大数据，传统通过人工或半自动化的数据采集方式已不能满足智库需要，利用信息技术将数据加工为可供计算机自动处理的"可计算资源"已是必然趋势。数据采集是大数据背景下实现智库知识增值的第一步，通过信息抽取、网络爬虫等技术自动采集互联网上的信息，在大数据环境下尽可能多地获取更全面的数据样本，为智库政策研究提供大量的信息源，从而为后续的信息组织和分析打下基础。

（2）制定必要的采集规则。智库接触到的大数据来源除各类数据库外，还包括合作机构间的共享数据、网络出版的开放数据、各种传感器收集数据、社交网络用户数据、移动互联网数据等，凡是满足开展政策研究需求的数据信息都成为智库采集的对象。大数据环境下数据质量参差不齐，必定会采集到一部分不合格数据，所以有必要设置一定的数据采集规则并按一定标准格式进行后续存储，以确保智库采集到的资源得到有效利用。

（3）构建智库知识库。根据IDC的一项调查报告，目前企业中的非结构化数据已经占到数据总量的80%以上，且这些数据按照每年60%的速度增长[①]。智库采集到的数据必须经过统一处理，进行组织存储后，才能为后续分析提供"可计算"资源，即可通过计算机自动识别和处理的信息资源。智库知识库是智库机构通过管理手段结合各种信息技术对相关信息数据进行组织，形成该智库机构所拥有的知识集合，其主要目标是将采集资源语义化，通过相互关联的知识片发现数据间的规律和潜在知识，并据此为用户提供知识服务。

---

① 非结构化数据将成成倍的增长［EB/OL］．［2021-05-02］．https://zhuanlan.zhihu.com/p/371809337.

(二) 智库大数据信息资源管理

在大数据时代，文献、资料、档案、情报、图书等各种类型的信息资源，最终都会表现为或多或少的一定数量的数据集合。通过对数据集合中信息数据的科学管理、分析、组织、挖掘等，从而更加真实、客观、科学、准确地反映人类的各种活动，从而为智库研究提供相关依据。大数据时代，由于数据具有"5V"特征［大体量（Volume）、时效性（Velocity）、多样性（Variety）、大价值（Value）、准确性（Veracity）］，会表现出关注研究对象的完整、接收数据信息的混杂和注重相关关系等特性。而在信息资源管理流程方面，由于大数据技术的推进，以及信息资源管理的新思想的作用，信息采集、信息组织、信息分析以及信息提供都会在一定程度上受到影响。就方法论而言，大数据带来的新思维，即整体性、容错性以及相关性思维，给传统的数据科学方法论带来巨大冲击。就非结构化数据处理而言，大数据提出了多源信息融合理论，并在技术实现上给予支持，保障信息采集的完备性、信息分析的科学性，以及信息成果或产品的高价值。

1. 智库大数据信息资源管理思想

信息资源管理经历了以图书馆为象征的传统管理、以电子信息系统为标志的自动化技术管理、对信息活动全要素进行管理的信息资源管理以及最新发展形成的知识管理四个发展阶段。数据信息是信息资源管理研究对象的重要组成部分，因此，将大数据思维延伸至信息资源管理方面很有必要。同时，大数据思维对信息资源管理的影响涉及信息资源管理流程的每一个环节，即在信息资源管理流程的每一个环节都应该注重大数据思维的应用，从而达到信息资源管理的整体优化。大数据思维是数据规模与复杂度发展到一定阶段的产物，符合当前发展趋势，对信息资源管理思想的发展与变革具有指导作用。大数据信息资源管理思想具体表现如下。

（1）关注信息资源管理的整体性。信息资源管理的整体性是指要关注研究对象的完备性。在传统管理阶段，由于资金、技术等各种资源的短缺，人们对研究对象（狭义的信息资源）的整体性要求不高，在进行信息采集时，抽样是比较常用的方式。而随着经济的发展，信息技术的提高，尤其是在大数据思想与技术的冲击背景下，关注研究对象的完备性是保证组织先进性的根本要求。即只有收集与研究对象有关的全部信息，才能充分挖掘信息的价值，在保证真实的基础上，充分发挥信息资源的价值。信息资源管理的整体性主要体现在信息采集与信息组织两个阶段。在信息采集阶段，整体性要求注重采集的全面性，即要穷尽与信息需求相关的所有信息。在信息组织阶段，整体性要求尽可能穷尽研究对象的所有具有代表性的特征，尤其是对内容特征的提取，会直接影响后面信息分析的效果。

（2）接受信息资源管理的容错性。信息资源管理的容错性是指要接受信息内容资源的混杂性，是在关注信息内容资源全集的基础上，由规模化效应抵消由信息内容资源的混杂性带来的误差。随着社交网络的发展，网络用户的角色从数据的使用者，变为数据的生产者，数据规模迅速扩展。就移动互联网而言，据统计全球每个月移动互联网使用者发送和接收的数据高达 1.3EB[①]。同时，非结构化数据与结构化数据的占比迅速扩大，且未来非

---

① 大数据引领我们走向数据智能化时代［EB/OL］.［2019-04-23］. https://zhuanlan. zhihu. com/p/63382129.

结构化数据将占到数据总量的 80% ~90% 。大数据环境下，数据信息是信息资源的重要组成部分，且随着时代的发展，其在信息资源中所占的比例将越来越大，数据信息的混杂促使信息资源管理的难度升级。因此，优化信息资源管理，接受数据信息的混杂势在必行。大数据的混杂是由数据的复杂性造成的，信息内容资源的混杂则更为复杂，这是由于信息内容资源不只有数据，还包括句子、文章、书籍等，因此会涉及句子的切分、自然语言的处理等复杂问题。信息资源管理的容错性思想主要体现在信息组织和信息分析阶段。在信息组织阶段，容错性能够保障数据处理的顺利进行。而在信息分析阶段，容错性则保证分析结果的科学性与可行性。

（3）注重信息资源管理的相关性。信息资源管理的相关性，不是对因果关系的全盘否定，而是在对相关关系给予肯定的同时，注重因果关系、相关关系以及相关关系与因果关系的结合使用。因果关系是指对已经发生的事件，根据其原因来判断其结果。与因果关系不同，相关关系是指针对几个相互联系的变量，一个或几个变量的变动会引起与之相对应的另一变量的规律性变动，即正相关或负相关。随着信息技术的发展，信息资源管理的对象更为混杂，很难真正地、容易地找到因果关系，相关关系在这时凸显出来，且在信息资源管理活动中显示出极大的优越性。现在，相关关系在信息资源管理的每一个环节都有应用。在信息采集阶段，通过采集数据间的相关关系，可以实现预测功能。例如，谷歌公司通过采集人们在网上搜索的关于流感的相关关系记录来完成冬季流感在美国如何传播的预测。在信息组织阶段，关注相关关系是为了更好地存储，在节省存储空间的同时，加快信息资源应用时的响应速度。在信息分析阶段，关注用户之间的相关关系、产品之间的相关关系、用户与产品之间的相关关系以及它们之间的替换或结合使用等，提高系统的效率与效益，如亚马逊的个性化推荐服务。在信息提供阶段，相关关系的应用则是为了更"懂"用户，更加贴近用户的需求。就亚马逊推荐系统而言，理想的情况应是只为用户推荐一个结果，而这个结果正是用户所需要的。

2. 智库大数据信息资源管理流程

按业务流程进行划分，信息资源管理包括信息采集、信息组织、信息分析和信息提供等活动。信息采集是指采集人员出于自身从事科学研究的需要，或供他人或企业作为决策、研究的参考，从而进行的利用社会调查、网络、图书和报刊资料等工具进行的专门性的信息采集工作，其实质是将信息资源从纷繁复杂的信息中提炼出来的过程。信息组织是指对采集到的信息按其形式特征和内容特征有序化，然后进行重新组织与控制的活动，包括信息筛选、信息分析、信息描述与揭示、信息整序与存储四方面内容。信息分析是指信息分析人员以用户的信息需求为依据，利用各种分析工具和分析技术，运用不同的分析方法，对已有信息进行分析、对比、提炼、浓缩和综合，从而得到分析研究结果的过程。信息提供是指针对用户的特定需求，将信息机构收藏的信息或信息获取与查询工具提供给用户利用的活动。信息资源管理活动的实质，就是为了使信息机构所存储的信息能够为智库的科学研究服务。大数据作为信息资源管理的技术手段，其发展对信息资源管理理论、技术方法以及应用都有着极大的影响，且大数据对信息资源管理的影响会贯穿信息资源管理流程的每一个环节。

从信息采集的角度看，大数据环境下数字信息资源的空间结构发生了大的变化。2005

年以前，政府约占有全部信息资源的 80%。而 2011 年麦肯锡公司的报告显示，政府对数字信息资源的占有率下降到了 12% 左右，更多的信息资源分散在信息服务商的手中。由此可见，大数据环境下数字信息资源的空间结构分布呈现出扁平化和多样化的特点，因此，寻求信息采集的创新和突破迫在眉睫。在信息技术与大数据技术的共同作用下，信息采集的理念与技术实现有了很大的提升，这为信息采集模式的转变奠定了基础。大数据环境下，信息采集的模式更加细化、科学、可靠。就以纸质文本信息的采集为例，为了弥补全文检索命中率低、耗时长的缺陷，可以采用以下操作步骤：①关键词化数据，即对文本进行基于关键词的自动聚类分析；②结构化数据，即建立数据库，分门别类地存储采集到的文本基础信息；③知识化数据，即采用知识管理的概念对信息进行深加工，建立知识数据库，采集文本知识信息。只有实现文本信息的内容采集，才能对其进行智慧高效应用。

大数据对信息组织的影响主要体现在信息存储与处理两个方面。大数据的"大"不仅指数据容量巨大，还体现在数据结构的多样性、处理速度快的时效性等多方面。而数据作为信息存储和处理的最小单元，其复杂性直接导致数据组织的难度直线升级。传统的信息组织方式只适用于适合关系型数据库处理的结构化数据，而对于未来占数据总量80%～90%的非结构化数据的处理与存储则需要借助于大数据技术。此外，在分析处理海量数据时，关系型数据库存在不支持横向扩充、处理时间过长等缺陷。随着数据复杂度的提升，对信息存储提出了全新的要求与挑战。针对关系型数据库在架构及处理速度等方面存在的问题，需要将大数据分布式处理的理念融入信息存储的新模式，构建分布式信息存储平台。例如，数据仓库中的大规模并行处理（Massively Parallel Processing，MPP）系统，其实现机理是先将任务同时发布到多个服务器节点上，分别进行处理，然后再对其进行汇总，从而产生最后的结果。

大数据对信息分析的影响主要体现在研究范式的演进和研究质量的提升两个方面。就研究范式的演进而言，科学研究的范式可划分为科学实验、模型归纳和模拟仿真三个阶段。现今伴随着大数据技术的发展，以及科学研究进程与科学数据管理遇到的挑战，进入了第四范式，即数据密集型科学范式。从研究质量的提升来看，能否通过信息分析把握事物的状态、性能和效果，准确萃取有用信息支持决策，挖掘隐藏信息作出预测，集成相关信息进行评估，这些信息分析重要目标的实现在很大程度上取决于信息分析的质量。大数据环境下，信息分析的流程为：信息需求定义与计划→信息检索与数据采集→多源信息融合与清洗→信息分析与挖掘→结果解读与信息提炼→报告撰写与传递。在信息分析方法的选择与使用方面，更加注重定性分析与定量分析的结合，从而使分析结果真实可靠，提升产品价值。同时，多源信息融合与清洗是大数据时代信息多样化发展的必然要求。与传统的信息分析流程相比，大数据环境下的信息分析有着独特的优越性，如更加注重与用户之间的关联，注重信息资源的完备性，关注各个环节之间的连接等。另外，在大数据环境下，对信息提供进行创新主要体现在个性化信息服务、信息安全与隐私保护两个方面。就个性化信息服务而言，通过对全体数据的分析、对相关关系的挖掘，更容易真正地发现用户的信息需求，作出针对性较强的推荐。正如林登所言"如果系统运作良好，亚马逊应该只推荐你一本书，而这本书就是你将要买的下一本书"①。就信息安全与隐私保护而言，在加强法律法规建设、提高人们的隐私意识与自我保护意识的基础上，还应关注技术的发展，根据数据的生命周期，从物理安全、系统安全、网络安全、存储安全、审计安全、访问安全等角度建立完善的隐私安全技术体系。此外，大数据拓宽了信息提供的渠道，改善了信息提供的方式，加强了提供者与接收者之间的联系，并形成新的信息提供模式②。

第三节　大数据背景下智库发展的机遇与现状

一、大数据智库建设的背景与机遇

在完善国家治理体系，推动国家治理能力现代化的进程中，智库充当着"急先锋"的作用，其政策宣传与反馈的角色搭建了公众政治参与和国家政策制定的重要平台，成为"决策链"上的重要一环。智库既是国家软实力的重要补充，也是国家治理体系的必要环节。智库承担着决策科学化、透明化、高效化的职能，不仅在治国理政方面极具成效，而且对于中国的政治现代化进程、协商民主体系的完善具有重大的战略意义。

习近平主席曾多次强调智库建设的重要性和紧迫性，指出智库是国家软实力的重要组成部分，要高度重视、积极探索中国特色新型智库的组织形式和管理方式等。习近平主席强调，我们进行治国理政，必须善于集中各方面智慧、凝聚最广泛力量。改革发展任务越是艰巨繁重，越需要强大的智力支持。要从推动科学决策、民主决策，推进国家治理体系和治理能力现代化、增强国家软实力的战略高度，把中国特色新型智库建设作为一项重大而紧迫的任务切实抓好③。由此可见，建设有中国特色的新型智库将会在国家的战略决策、推进治理现代化和增强国际影响力方面发挥越来越重要的作用。

因此，在大数据时代背景下，努力建设面向现代化、面向世界、面向未来的中国特色新型智库体系，以数据资源开发、利用、开放、共享为推手，以大数据技术为手段，更好地服务党和国家工作大局，为实现中华民族伟大复兴的中国梦提供智力支撑，还有很长的路要走。

早在"十二五"规划中，大数据已经作为国家的战略性新兴产业被提上了议程，当时国家明确支持海量数据的产业化发展。2014年，大数据首次被写入政府工作报告，在下一代移动通信技术、大数据、芯片技术与新能源等方面，我国提出了明确要求，通过完善体制机制，打造良好的创新环境，实现大数据产业化发展的突破。时至今日，"十四五"规划系统把握了我国大数据发展的战略机遇和战略需求，坚持数据要素观，以释放数据要素价值为导向，推动数据要素价值的衡量、交换和分配，加快大数据容量大、类型多、速度

---

① 【大数据发声】林登与亚马逊推荐系统［EB/OL］．［2018-09-14］．https：//www. sohu. com/a/253862197_398736.

② 易明华，冯翠翠，莫富传. 大数据时代的信息资源管理创新研究［J］．图书馆学研究，2019（6）：56-61.

③ 习近平为何特别强调"新型智库建设"？［EB/OL］．［2014-10-29］．http：//theory. people. com. cn/n/2014/1029/c148980-25928251. html.

快、精度准、价值高等特性优势转化，培育数据要素市场，激发产业链各环节潜能，以价值链引领产业链、创新链，推动产业高质量发展。针对数据壁垒突出、数据权属复杂、数据碎片化问题严重、数据质量不高、数据流通不畅、数据安全风险激增及全社会大数据思维仍未形成等关键问题，《"十四五"大数据产业发展规划》针对性地将"发挥大数据特性优势"列为重点任务，坚持大数据"5V"特性与产业高质量发展相统一，通过技术应用与制度完善联动发展，着力于推进数据"大体量"汇聚、"多样性"处理、"时效性"流动、"高质量"治理、"高价值"转化五个关键环节协同联动发展，推广行业通用发展路径，鼓励企业探索应用模式，建立健全符合规律、激发创新、保障安全的制度体系，推动大数据产业发展和数据要素价值释放互促共进①。智库是国家软实力的重要载体，越来越成为国际竞争力的重要因素，在国家治理和对外交往中发挥着不可替代的作用，被誉为"第五种权力"。建设中国特色新型智库是时代赋予的使命，党的十八大以来，习近平总书记多次提出要加强智库建设，充分发挥智库的作用。他在2012年底的中央经济工作会议上提出：要健全决策咨询机制，按照服务决策、适度超前原则，建设高质量智库②。党的十八届三中全会强调："加强中国特色新型智库建设，建立健全决策咨询制度"③。

大数据技术推动智库研究能力创新。大数据技术可以实现智库由"应急导向"向"前瞻导向"的转变，为智库提供新型的研究平台和有数据科学支撑的研究载体。当前，中国仅仅是一个智库大国，智库发展整体水平还不高，在国际上的影响力也不足够大，智库建设基础设施尤其是信息技术设施还比较落后，离建成智库强国还有很长的路要走。另外，从总体来看，当下我国缺乏具有较大影响力和国际知名度的高端智库群，智库研究理念、研究结构和水平、研究方向与方法有待进一步提高，大多数智库重决策后的跟进，轻决策前的导引，不能适应现代化决策体系和新型智库建设的基本要求。"大数据"已经成为当前和未来最重要的资源与工具。在"大数据"的时代背景下，加强智库建设已成为推进政府治理体系和治理能力现代化的重要议题。大数据为我国智库的发展带来了前所未有的机遇和挑战。中国智库应当以全新的理念、全新的认知、全新的方式、全新的手段，扮演好其权威性、专业性、实践性的角色，以大数据技术和大数据思维的运用为突破口，着力打造好基于大数据的新型智库，提升智库品牌和影响力，推进智库研究成果转化成效。中国特色新型智库在立足国情的同时，争取走出去，抓住大数据时代新型智库建设的契机，凝聚智库"话语权"。

二、大数据智库建设的国内外现状

中国改革开放40余年来，智库不仅迎来了前所未有的发展机遇，也即将开始新一轮

---

① 加强数据高质量治理发挥大数据特性优势——《"十四五"大数据产业发展规划》解读［EB/OL］.［2022-01-23］. https://new. qq. com/rain/a/20220123A04YNE00.

② 权衡：建设新型智库推动决策咨询科学化、民主化［EB/OL］.［2015-01-29］. https://theory. gmw. cn/2015-01/29/content_ 14676411. htm.

③ 党的十八届三中全会《决定》全文发布［EB/OL］.［2020-05-29］. http：//dangjian. cn/shouye/zhuanti/zhuantiku/dangjianwenku/quanhui/202005/t20200529_ 5637913. shtml.

面向新型智库建设的发展转型。尽管中国拥有数量众多的类似智库的研究机构，也拥有规模庞大、世界著名的官方智库，但是中国智库的运行机制尚不成熟，国际竞争力及影响力与世界顶级智库相比尚有较大差距。当前，中国所面临的国内外形势不容乐观。一方面，国内环境正发生深刻的变化，中国已成为世界主要经济体之一，但近年来经济增速放缓，产业结构亟须调整，经济发展显现新常态，国家追求高质量发展。另一方面，国际政治力量格局已发生重大变化，国家间关系错综复杂，中国发展面临西方尤其是美国的遏制，全球治理体系面临着诸多难题。同时，中国积极推行"一带一路"倡议，构建人类命运共同体，在全球引起极大反响。这些新变化不仅对中国智库提出了新要求，也为中国智库提供了施展舞台和宝贵机遇，因为智库从来就是为解决问题而生的。中国智库既要在战略性、前瞻性、全局性的决策中发挥出应有的责任，也要彰显国家的软实力，推进国家治理体系和治理能力现代化建设[①]。

当前，我国新型智库建设虽然取得一系列进展，但智库相对独立的运行状态还没有改变，存在着很多不足。

一是研究力量分散，缺乏协同攻关优势。我国各类智库内部、相互之间协同协作程度较低，表现为机构协同力不足、人才协同力不足、地域空间协同不足等。智库的学科背景、研究特长、服务重点均各有偏好强弱。面对经济社会发展和深化改革的纵深推进，决策的难度、复杂程度和系统程度大大加深。但是，各类智库仍然延续以往强调专业分工、钻研专攻的研究套路，忽视或轻视不同专业直至不同学科部类的跨学科、跨领域协同协作，在一定程度上失去了聚合各级各类智库要素资源的作用，难以实现集约化高效运行。另外，智库和研究机构之间缺乏互动和协同，数据支持缺乏，技术手段落后。除了政府智库，其他类型智库对某个焦点问题信息资料的获取困难，导致智库的研究理论性强，而实用性较差。

二是缺少跨学科、跨领域、跨机构式的密切合作。智库团队专家作为智库研究的重要成员，体现智库研究的水平，但团队成员往往为同一研究领域，受限于专业知识，对某些问题的分析判断较为单一，特别是在大学科、大工程研究方面，由于没有建立起完善的专家档案信息并通过专业间的协同合作，难以实现智库之间更为广泛的交流与合作。智库间的竞争方式多为资源、政策争抢，缺少智库之间的合作协同及高层级的统筹规划，同质化、恶性竞争时有发生。

三是信息闭塞、沟通不畅，研究成果被决策部门应用机制不够畅通。由于缺少跨学科、跨领域、跨机构式的协同合作，智库建设中缺乏"内联外引"的动力和机制，导致研究视野狭窄，对新的焦点问题及其成因反应不够灵敏。在市级、省级层面，尚未建立一体化协同运行的决策咨询和智库管理信息化管理系统平台。对决策咨询起基础性支持作用的数据信息管理方面，缺乏数据挖掘和共享的服务云端终端，对不同渠道、不同部门的信息数据，缺乏数据口径整合、对接服务平台。各个智库内部的信息化平台建设亦处于几近空白状态，严重制约智库咨政研究的信度和效度。

四是定位模糊、协同合作不力、成果转化率较低。智库以服务决策为导向，为决策主

---

① 李伟. 探索新型智库发展之路 [J]. 新经济导刊, 2014 (5)：6-9.

体建言献策，提供咨询服务。目前各新型智库缺乏有效运行的机制体制保障，导致其意义和功能等无法被正确解读，影响智库工作的开展。

2016 年，在上海召开的"中国特色新型智库建设"高层论坛上，专家们就智库协同创新方面做了发言，提出："智库之间要处理好竞争与合作的关系，利用团队合作、联合攻关模式，集中力量办大事。鼓励合作的同时，也要鼓励竞争。""高校智库应开拓与决策部门对接的渠道，开展针对性研究；探索灵活的用人机制；着力提高高校智库研究成果的影响力；注重差异化发展，凸显专业性、行业性、综合性。""智库研究要鼓励竞争，形成优胜劣汰的生态；要推动信息公开，为智库开展研究提供必要的资料；要将政策性和学术性相结合"①。

当前，国际社会对智库作用已达成共识，智库建设成为世界潮流。随着信息技术的迅猛发展，借助大数据、人工智能以及云计算的力量，智库研究成果将会对社会产生重大影响。智库所提供的产品源自对现实世界信息的搜集和处理，运用数据分析处理方式对社会问题进行研究正成为趋势。社会现象纷繁复杂，其背后的规律和实质可以通过大数据的分析来揭示，大数据技术得到了智库的普遍重视，但我国智库的大数据能力建设却非短期所能达成。

目前，中国已经在贵州省贵阳市建成大数据战略重点实验室，通过对大数据的深度研究，联合不同专业与学科为大数据的发展与研究提供前瞻性的咨询与参考。贵阳的大数据实验室，或称为大数据智库，与传统智库不同，一是其为专门研究大数据的智库，以大数据的理论与现实应用为研究方向；二是该智库可以为其他智库在研究中如何利用大数据以及加快智库转型方面提供理论借鉴和智力支持。可以说，贵阳大数据战略重点实验室既以大数据为研究对象，又将大数据思维运用到智库研究中。该实验室成立之后，在一定程度上带动了贵州当地智库的崛起与转型，也可以为全国智库的大数据转型铺平道路。

与远在西南的贵阳大数据战略重点实验室相呼应，上海交通大学也成立了大数据工程技术研究中心。该研究中心致力于推进中国顶尖大数据智库的建设，以大数据的理论与实践为研究内容，侧重于工学方面的应用，为国家电网、中国联通以及上海市气象局等单位提供相应的行业解决方案与参考意见。上海交通大学的大数据工程技术研究中心不仅为智库大数据的应用与转型提供了参考，同时进一步加快了中国大数据产业的发展步伐。

国外大数据智库建设要早于国内。科技创新正在深刻地改变全球的经济与社会，面对快速变化的社会环境及层出不穷的社会问题，成立于 2006 年的美国信息技术与创新基金会（Information Technology and Innovation Foundation，ITIF），以其致力于制定关于技术、创新和全球竞争力的议程这一运作宗旨，为政策议程中如何利用新机遇，迎接新挑战指明方向。美国信息技术与创新基金会拥有著名的政策分析及数据分析团队，擅长经济学、税收政策、贸易、电信、隐私、网络安全、生命科学等领域的政策研究与咨询。值得一提的是，该基金会拥有备受推崇的数据创新中心，利用数据驱动研究进程，推进政策理念的更新，以创造巨大的经济和社会价值。在对数据不断挖掘后，美国信息技术与创新基金会为

---

① 杨谧，姬泰然. 聚焦智库建设共享发展智慧——"中国特色新型智库建设"高层论坛专家发言述要 [N]. 光明日报，2016-04-06（16）.

加快创新，促进生产力发展提供前沿的政策解决方案。另外一个例子是总部位于美国俄亥俄州哥伦布市的巴特尔纪念研究所（Battelle Memorial Institute），其服务于国家安全、生命健康科学、能源和环境等产业。成立于 1929 年的巴特尔纪念研究所是世界上最大的非营利性研究和发展组织，全球拥有超过 60 个分支机构。该研究所以其卓越的创新能力和公认的独立性，源源不断地将科学技术运用到解决实际问题之中。面对超过 22 000 名员工的庞大组织结构，巴特尔纪念研究所充分搜集并获取组织人才及管理的各个方面数据，并充分依托大数据的强大挖掘与分析功能，为消费和工业、能源和环境、卫生和药品、国家安全等各领域提供优质的智库产品。再如，著名的兰德公司强调自身与其他政策研究机构的不同之处在于研究细节。尽管智库定位于帮助决策者进行决策，但是兰德公司的研究结果来源于最好的数据、最强大的方法以及最聪明的头脑。为了保证研究质量，兰德公司通过数据挖掘过程，如将员工的谈话、电子邮件的往来以及个人的研究规划等纳入数据库分析范围，不断完善研究质量标准的制定[①]。

以上可见，大数据技术在国内外智库及相关研究领域已经开花结果，大数据技术应用正在改变智库的研究分析手段，大数据不断列入新型智库的建设视野，世界范围内大数据智库建设正在成为潮流，并对智库能力提升产生重要推动作用。

第四节 大数据背景下智库决策支持能力建设

一、大数据技术创新智库研究手段

"我们身处数据驱动的全球社会中"[②]。物联网、传感器、社交网络、移动应用和智能终端的发展为人类社会提供了全面、完整和客观的海量数据，这为数据密集型科学研究的出现提供了载体，其影响将扩展到所有的学科，尤其是行为科学和社会科学等容易被大数据捕获的相关领域。其结果是，对人类认识世界的途径、方法产生了革命性影响。大数据的出现，也对智库机构的资料和数据收集方式、研究问题范围的扩大、研究过程中的知识生产、研究科学性和客观性的提升甚至研究思路的优化设计都产生着深刻影响。

大数据技术创新智库研究手段。现今智库研究所面对的问题日益复杂，对数据的挖掘既可以有效地预测事物的发展走向，提高智库产品的质量，也能以定量与可视化的技术方法为决策参考提供科学合理的支撑。大数据正在改变人类对世界的认识，颠覆了通过传统的因果联系以解释事物的方法，而更多的是围绕"相关性"进行研究。相关性并非简单的因果联系，而是融入了许多影响因子。这些原本看似毫无关联的因素，可能对结果产生令人出乎意料的影响。例如，前面讲述的 IBM 与美国孟菲斯警察局合作的"利用数据历史减少犯罪"项目就是一个很好的关于"相关性"的例证。大数据应用智库建设，其目的

---

① 王海峰. 大数据智库：中国特色新型智库建设途径研究［D］. 上海：华东政法大学，2016.

② Power D J. Using big data for analytics and decision support［J］. Journal of Decision Systems, 2014, 23（2）：222-228.

可分为两个方向，既可以提升内部运转效率，又能开创新的研究模式。智库采用大数据，可以有效克服传统研究方法弊端，以更加有效的数据探究方式产生前瞻性的研究成果。大数据以崭新的数据思维模式，逐渐变革着研究方法的进化。例如，智库研究中的数据来源，早已超出了传统数据的来源，既有结构化的数据库数据，也有从研究对象的官方网站或是公布的报告中获取的客观半结构化数据，甚至大量的视频多媒体、社交信息等非结构化数据，那么如何对这些资源进行挖掘和整理后，以获得可供处理分析的数据就显得尤为重要。

"大数据"是当前和未来决策支持领域最重要的资源与工具。在大数据时代，如何借助大数据在信息处理中的高效快捷等优势，为新型智库提供解决方案，如何运用大数据技术构建新型智库系统，挖掘并充分利用其核心技术提升智库的智慧和智能内涵，以服务决策层，提升智库的科技含量和运行效率。当前，智库面临的一个重要问题就是应急性较强而前瞻性不足，即习惯于应公共决策之急，但缺乏具有前瞻服务意识的有效手段。大数据为智库提供了新型决策平台和路径，也为新型智库提供了便于分享的有数据科学支撑的智库研究成果载体，丰富了新型智库的信息获取方式和研究支持方式。传统的手工作坊式科研生产方式和纸质图书科研资料正在逐渐被时代摒弃，取而代之的将是以自动化、智能化、综合化为代表的新科研生产力，其标志就是大数据爬取、加工、分析、模拟、预测、可视化的一体化集成工具的出现[1]。在大数据和互联网渗透的时代背景下，大数据分析、政策分析评估、多学科协同研究和战略预测以及新型智库的建设和运营，离不开"互联网+"的技术融合，这一新的合作协同机制，将充分发挥互联网在智力智慧要素配置中的优化和集成协同作用，将提高智库的创新力、应急力和可持续活力。

二、大数据智库重要决策支持作用

（一）大数据时代的决策支持

决策是一个重要的治理概念，在现代治理中发挥着重要作用。决策一般可分为宏观决策、中微观决策、微观决策、政府决策、企业决策以及个人决策等。现代决策离不开信息和数据的支持，按照其依据的数据类型可分为结构化决策、半结构化决策和非结构化决策。结构化决策是指某一决策过程的环境及规则，能用确定的模型或语言描述，以适当的方法产生决策方案，并能从多种方案中选择最优的决策。通过计算机语言来编制相应的程序，就可以在计算机上面处理这些信息。结构化决策完全可以用计算机来代替。在决策过程中所涉及的数据不确定或不完整，虽有一定的决策准则，也可以建立适当的模型来产生决策方案，但决策准则因决策者的不同而不同，不能从这些决策方案中得到最优化的解，只能得到相对优化的解，这类决策称为半结构化决策。非结构化决策的决策过程一般较为复杂，其决策过程和决策方法没有固定的规律可以遵循，没有固定的决策规则和通用模型可依，决策者的主观行为（学识、经验、直觉、判断力、洞察力、个人偏好和决策风

---

① 谢宏斌. 新型智库建设之"互联网+智库"大数据平台的探讨 [J]. 开发研究, 2016（2）: 42-46.

格等）对各阶段的决策效果有一定影响。往往是决策者根据掌握的情况和数据临时作出决定。

现代决策可以在决策支持系统支持下进行。决策支持系统（Decision Support System, DSS），是以管理科学、运筹学、控制论和行为科学为基础，以计算机技术、仿真技术和信息技术为手段，针对半结构化的决策问题，支持决策活动的具有智能作用的人机系统。决策支持系统可以分为结构化决策系统和非结构化决策系统。结构化决策系统一般在数据库和知识库支持下运行，其知识相对稳定，不易变化。而非结构化决策系统一般在数据支持和知识支持下运行，其数据相对活跃，处于不断的变化之中。大数据决策支持即属于非结构化决策。

大数据，或称巨量资料，指的是所涉及的资料量规模巨大到无法通过目前主流软件工具，在合理时间内达到撷取、管理、处理并整理成为帮助企业经营决策更积极目的的资讯。在维克托·迈尔–舍恩伯格及肯尼斯·库克耶编写的《大数据时代：生活、工作与思维的大变革》中，大数据不使用随机分析法（抽样调查）这样的捷径，而采用所有数据进行分析处理。大数据决策一般通过对组织内部数据和外部相关数据及知识的分析，包括数据（用于决策支持的各类结构化和半结构化数据）和知识（决策所需的各类知识资源，包括知识体系、知识图谱、案例、专家知识等），来辅助组织进行正确的决策，其作用如图 2-5 所示。

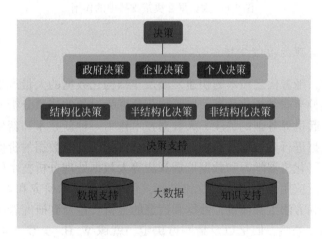

图 2-5 大数据与决策支持

大数据作为数字时代的"石油"和"黄金"，虽然具有价值密度低的特点，但作为一种可再生资源，使一切皆可"量化"，使决策由"被动式"变为"预判式"。例如，决策支持系统可以通过"客户画像"，在传统客户 360°视图基础上，引入大数据，整合客户重大事件、社交关系等信息，实现了客户体画像；可以根据客户当前需要或用户生命周期的重大事件，实现个性化的智慧精准营销；可以建立基于大数据分析的灵活定价体系，引入更丰富的参数，灵活测算贷款、续保定价等业务，满足监管要求和业务需求；可以利用大数据技术进行模式识别和欺诈检测，构建判断规则，利用快数据技术对信用卡、借记卡交易进行实时捕获、实时监控；可以引入大数据及大数据技术，进行风险管理，使得基于长期历史数据业务压力测试、准确的征信报告、实时的欺诈检测成为可能；可以利用大数据技术开发舆情监测系统，搜集门户、微博、搜索引擎上关于用户品牌、金融产品、服务体系的评价，以及竞争对手的价格，采用云爬虫技术、网页内容智能提取、自然语言内容分析技术、全文检索、舆情演变全程记录、情感分析等，进行全面监测、实时监测、自动预警、智能分析与统计，进行舆情检测管理。总之，大数据在组织决策支持中可以发挥巨大的作用，如图 2-6 所示。

描述型	诊断型	预测型	指导型
发生了什么？	为什么会发生？	将会发生什么？	应该发生什么？
• 分析报告 • 仪表盘 • KPI • 趋势	• 数据发现和展示 • 关系分析 • 流程梳理	• 回归分析 • 时间序列分析 • 随机树 • 神经网络	• 优化 • 对策论 • 控制系统 • 决策书
案例： 产品和市场销售报告	案例： 某市场不良付款的分析	案例： 预测某个设备的故障发生	案例： 设计对于客户最佳的产品和服务
管理信息报表	商务智能		高级数据分析

图 2-6　大数据在决策支持中的作用

（二）大数据智库的决策支持

在大数据时代，随着信息技术的快速发展及非结构化数据的大量产生，数据范围由传统的结构化数据延伸至非结构化数据。以结构化数据为对象的信息分析方法与技术开始面临挑战，大数据引起世界各国的关注。大数据技术作为一种新技术和新架构，能够对繁杂类型的海量多元数据进行高效地捕捉、发现、分析，从中挖掘数据的价值。随着近年来大数据处理系统、并行化机器学习和数据挖掘算法等大数据处理分析技术的迅速发展，大数据技术已逐渐被广泛应用于不同的行业和领域，包括社科学术研究和智库应用研究方面。随着科研范式变革和方法工具演进，数据和信息的分析日益受到研究者的高度关注。以往大部分人通常都通过经验、回忆以及猜测做决定，就像 W. H. 奥登（W. H. Auden）的名诗中所说的"知识退化成骚乱的主观臆想，那是太阳神经丛的感情引起的营养不足"。马萨诸塞州的巴布森学院商科教授 T. 达文波特（T. Davenport）是多部数据分析著作的作者，他把这种情感称为"黄金般的直觉"。决策者们信任自己的直觉，所以由着它做决定。但是，随着管理决策越来越受预测性分析和大数据分析的影响和控制，依靠直觉做决定的情况将会被彻底改变[①]。所以，就有学者敏锐地指出，科学研究在依次经历了实证、归纳和模拟之后，随着人类社会活动的日趋数据化，开始进入第四种科学研究模式——数据探

---

① 迈尔-舍恩伯格 V，库克耶 K. 大数据时代：生活、工作与思维的大变革 [M]. 盛杨燕，周涛，译. 杭州：浙江人民出版社，2013.

究（Data Exploration）模式①，以实现数据与现实社会的有机结合，预测问题未来的走向，而大数据将成为科学研究变革的核心。对大数据的高效采集、有效整合、融合利用，可以提高国家宏观调控、市场监管、社会治理和公共服务的精准性和有效性，促进生态环境保护。因此，《中共中央关于制定国民经济和社会发展第十三个五年规划的建议》提出实施国家大数据战略，把大数据作为基础性战略资源，全面实施促进大数据发展行动，加快推动数据资源开放共享和开发应用，助力产业转型升级和社会治理创新。

大数据对智库研究及服务的理念、模式、方法和技术带来巨大的机遇和挑战。我国智库目前的决策研究还主要依赖于专家学者的归纳分析，信息来源主要依赖于传统文献资源和公共数据库资源，对专有数据库和大数据资源建设还不是很重视，缺乏利用意识和能力，大数据技术的飞速发展，给智库建设和运营带来前所未有的压力。因此，基于大数据技术的智库决策支持能力体系建设就成为中国特色新型智库的关键举措之一。

大数据是新型智库的未来发展重点。当今时代，大数据作为新的生产要素，给人们的生产生活方式带来深刻影响。大数据与金融、医疗、生物、零售、电商、农牧、交通、教育、体育、环保等领域融合，会产生新的经济效益和社会效益。大数据技术和智库的融合是时代发展的必然，如 Google 对流感的预测正是综合利用了全球用户的检索内容所提供的大量具体的细节信息，针对特定国家/地区解释流感的流行趋势②。目前，大数据的影响已渗透到社会各个领域，并且正在深刻改变着人们的生产和生活模式。在商业和公共卫生领域中，大数据分析带来的价值已初步显现，未来的决策将更多地基于数据分析。建设中国特色新型智库，必须紧跟大数据时代的新形势，突出与大数据时代发展要求相适应的新功能，创新与大数据时代发展要求相匹配的方法论和研究工具。只有这样，才能以大数据支撑科学咨询研究，以科学咨询支持科学决策，以科学决策引领科学发展，从而真正发挥好新型智库的作用。

新一轮工业革命、知识信息"大爆炸"以及数据挖掘技术的成熟运用，加速孕育了大数据时代的到来，为新型智库的运营建设带来新的挑战。麦肯锡公司在其 2011 年报告中概括："大数据将成为全世界下一个创新、竞争和生产率提高的前沿"③。互联网与大数据不仅改变了人们工作与生活的方式，也正在改变人们思维与决策的模式，新的时代特征给智库的战略研究和决策咨询方式带来新的挑战与机遇。大数据时代，全球化、独立的信息分析、超级计算等是智库面临的挑战。智库需要提供更加高质量的报告、服务产品与思想，才能满足日益复杂多样的决策需求。就我国智库而言，亟须提高智库发展水平，产出更多有价值的产品和思想，为政府科学决策提供高质量的智力支持，提升决策咨询服务能力，才能有效发挥新型智库辅助公共决策的战略价值④。

① Hey T, Tansley S, Tolle K. The Fourth Paradigm：Data-Intensive Scientific Discovery ［M］. Redmond：Microsoft Research，2009.

② Lazer D, Kennedy R, King G, et al. The parable of google flu：traps in big data analysis ［J］. Science, 343（6176）：1203-1205.

③ 麦肯锡全球研究所. 大数据：创新、竞争和提高生产率的下一个新领域 ［R］. 纽约：麦肯锡咨询公司，2011.

④ 耿瑞利. 大数据环境下情报学在智库建设中的作用 ［J］. 图书情报研究，2016（2）：19-25.

　　大数据理论超越了传统决策支持理论。如果把大数据比作一种产业，那么这种产业实现盈利的关键在于提高对数据的"加工能力"。"传统"的数据处理方法基础是经典概率统计理论，其特征是在一维、二维这样的低维空间上对数据进行处理。而现实世界是一个多维空间，电影《星际穿越》就描述了这个多维的世界。大数据的理论基础建立在现代统计的数据处理方法上，即从高维空间去剖析对象，并以高维统计理论、大规模随机矩阵理论为数学理论基础开展研究，探索解决实际工程中的大数据问题。根据大数据分析算法，智库研究人员仍然将原本就在高维空间的数据放在高维空间，通过现代数学方法进行处理，从而在茫茫数据中，按照数据本身的规律，挖掘出最本质的信息[①]。

　　大数据技术有利于信息产业的新发展。智库的功用在于针对前沿问题和战略问题提供决策参考，其研究领域广泛，诸如经济、工业、生命科学等与人类进步息息相关的产业，同时这些领域也正需要大数据产业化的推动，这也是近期各地政府部门纷纷成立大数据局，加快大数据产业发展的主要原因。因此，大数据和新型智库的有效协同，必将有力推动上述领域的迅速发展，进一步推动两者融合和共同发展。

　　综上所述，大数据和新型智库建设已经成为密不可分的一个整体，大数据智库由于其具有重要决策支持作用，将成为智库发展的必然趋势。因此，必须加强大数据背景下智库决策支持能力建设，研究大数据智库决策支持信息保障体系，形成协同创新机制，推进新型智库建设与发展。

---

①　王阳. 致力于打造大数据产业顶尖智库 [N]. 上海科技报, 2015-01-21 (001).

第三章 大数据背景下智库决策支持信息保障体系建设

本章概要：在大数据背景下，新型智库决策支持信息已经超越了传统智库，大数据成为新型智库的主要信息来源。智库决策支持信息保障体系是智库服务的基础，构建大数据背景下的智库决策支持信息保障体系尤为关键。本章对传统智库决策支持信息保障和新型智库决策支持信息保障进行对比，概述智库决策支持信息保障体系的概念、作用、框架和内容，并从信息资源管理服务体系、信息保障技术服务体系和信息保障服务平台建设角度论述智库决策支持信息保障体系的构建。

第一节 智库决策支持信息保障概述

一、传统智库决策支持信息保障

智库决策支持信息保障体系是智库服务的基础。传统智库决策支持信息主要来源于两个保障渠道：第一个是专家内在的、隐形的知识和信息；第二个是外在的输入性信息，包括传统的图书、期刊、报纸渠道，互联网及数据库信息渠道，以及统计调查分析所获得的第一手信息和数据，这两个方面是传统智库专家进行决策支持的重要信息保障来源。

从智库决策支持信息服务角度来看，智库决策支持信息保障是以信息为内容的服务业务，其构成要素主要有四个：服务主体（信息服务的提供者）、服务客体（信息服务的需求者）、服务内容（所需求的知识信息）和服务方式（信息加工、组织、服务的方式）。所以，智库信息服务同样包含服务主体、服务对象、服务内容和服务策略这四个构成要素。

传统智库的决策支持服务当中，服务的主体包括政府政策研究部门、情报服务部门、高校智库，甚至专业咨询公司和企业情报部门。这些服务主体依托自己的优势和资源所提供的服务内容、服务质量和服务模式也各不相同，在运行过程中表现出各自的特点。

（1）政府政策研究部门。政府政策研究部门古代既有，以幕僚形式存在。现代政府更加重视政府政策研究部门的设置。在我国政府政策研究部门设置较多，为党政领导提供参谋咨询，如各级社会科学院、政府政策研究室、发展战略研究中心等，能够为各级党政领导针对问题提供决策参考意见，但政府政策研究机构主要围绕政府日常工作提供服务，存在研究视野和前瞻性不够的问题，同时，容易受路径依赖和行政命令的干预，难以产出高质量的成果。

（2）情报服务部门。情报服务部门主要接受政府、企业委托，为他们提供针对性的信息检索、情报研究和情报服务。对于提供外包服务的专业的情报研究部门来说，他们掌握着一定数量的信息来源和情报储备，有自己独特的情报研究手段和能力，能够为用户提供有针对性的情报服务，更好地适应当前用户的情报服务需求，但是情报服务部门一般重点聚焦于解决情报处理环节，并不直接面对问题，更不直接提供"问题解决方案"，存在服务内容单一、费用较高、外包服务很难提供长期的持续性规划服务以及敏感的情报安全等问题。近年来，有学者讨论情报服务部门向智库转型，一些情报机构也在做一些探索和尝试，但由于两者要求的核心能力不同，情报部门转向智库尚待时日，但两者的协同合作有极大空间。

（3）高校智库。我国高校专家学者资源密集，学术信息资源异常丰富，研究机构云集，是中国智库的重要力量。高校图书馆图书、期刊、报纸、数据库保存完整、资源丰富，可以为智库决策支持提供信息保障，这种优势是其他传统智库难以企及的。但高校智库的学术研究氛围比较浓厚，学术评价体系与智库的应用实践研究导向不相吻合，由于研究人员身份的相对固化，对现实问题不是非常敏感，研究问题缺乏前瞻性的视野和眼光，难以满足智库的资政应急导向。

（4）专业咨询公司。专业咨询公司是市场化决策支持服务的一支重要力量，思想活跃、资源动员能力和运营能力强，对于专业咨询服务公司这样的智库来说，用户可以从政府的官方平台、行业协会中获得政策性、宏观性等关于竞争环境和竞争策略的情报信息，但是对用户来说缺乏至关重要的竞争对手的情报信息。由于这些专业咨询公司的市场属性和经营属性，虽然这种服务模式范围广，容易获得，但是服务质量一般、信息不够具体、缺乏针对性和个性化。

（5）企业情报部门。企业设置情报部门已逐渐成为共识，只要实力允许，企业设置情报部门可以建立企业自身的独特优势，帮助企业抢抓机遇，提早进行相关布局。企业情报部门了解企业情况，对外界环境敏感，企业自身的情报部门通过对自身企业的状态信息进行收集和分析，最后得出的情报服务需求主体是企业的决策管理层，这种模式能够使收集的信息更加全面、真实和有针对性。但是这种服务模式需要在企业内建立专门的情报部门，而且对设备和专业人才的投入较高，一般的企业难以承担这样的投入。

智库的研究人员和管理人员是服务主体的主要组成部分。智库研究人员依靠自身的专业知识，运用现代科技工具和手段，对信息资源进行跟踪、采集、整合和加工，形成提供给智库用户的科学决策方案，是决定智库整体服务水平的重要因素。智库管理人员通过科学的管理流程，为研究人员的工作和用户需求的满足提供便利条件和有力支撑，并对各类资源进行整合，同时运用科技手段和方法，开展智库的运营推广工作。

智库信息服务对象是智库信息服务的需求者，主要包括政府和企业的决策人员、高校院所的研究人员、社会公众和智库的研究人员。不同的服务对象对信息服务的要求各不相同，如政府和企业决策人员，对专业知识和科学工具需求不大，重点关注发展趋势和决策建议；高校院所的研究人员则对技术前沿和调研数据有迫切需求；公众更关心的是研究结论与自身未来的关系；智库内部的研究人员需要全面掌握信息和调研数据，根据服务需求对相关信息进行加工分析，成为决策过程参与者，同时利用各类媒体宣传思想产品，影响社会舆论。智库应按服务对象的不同需要，分类别提供相应的信息服务，提升信息服务的品质和效率。

智库信息服务内容是智库向服务对象提供的各类信息资源，主要包括汇集的文献资料、调研报告、各类数据，以及根据用户的需求产生的政策主张和决策建议等。智库所汇集的信息主要有以下几种来源：一是购买和引进商业数据库资源，如马普学会的社会经济数据为订购获取；二是自采集方式，如兰德公司的多个数据库都是通过自主采集和调查研究积累建立的，韩国科技政策研究院（Science and Technology Policy Institute，STEPI）则通过对国内外科技政策变化进行长期跟踪研究积累信息资源；三是通过数据合作，许多智库通过与政府、科研机构等开展合作，获得数据支持。智库产生的思想产品有多种类型，包括简报、快报、新闻、期刊、专著、论文、专题报告、年度报告和咨询报告等。智库通过向政府、企业、科研院所和公众提供这些思想产品，为决策者提供科学可靠的依据，并通过媒体传播思想主张，引导社会舆论。

智库信息服务策略是智库运用科学工具和技术手段，对采集的信息进行过滤与整合，形成面向用户的决策信息，并向用户提供全方位、专业化、个性化服务的方式。智库与情报机构和数字图书馆在信息服务中最大的不同点，是智库拥有具有高水平专业知识的智库研究人员，即"思想库"，智库的研究人员能够根据用户的需求，对海量数据和信息进行筛选，凭借自身的专业知识积累，对数据和信息进行再加工，形成满足用户决策需求的对策建议。因此，智库信息服务策略的重要内容是对信息进行系统整理，围绕咨询服务项目，及时、适时地给用户提供可信易懂的信息服务。

从实践来看，与国外组织结构健全、管理体系成熟、发展环境良好的智库相比，我国智库建设还在发展过程中，各类智库的角色意识还不强，党和国家非常重视中国特色新型智库建设，期待智库在国家治理体系中发挥更大的决策支持作用。近年来，尽管我国智库得到了应有的重视，智库建设取得了实质性进展，但智库的信息来源与情报获取能力并不强，对传统资源依赖过深，至今在原始数据积累、基础信息收集、情报系统建设等有机集成方面的突破性进展不大，而战略决策中处于核心地位的智能决策支持系统也多停留在概念层面和理论层面，尚未进行深层次的技术构架，智库情报服务平台建设尚待加强。在国家宏观决策支持方面，具备跨行业互联网大数据挖掘、动态追踪、信息收集、融合分析、知识转化、智能服务等决策资源和服务功能的智能产品相对欠缺[①]。如何利用大数据思维与数据挖掘技术，打造更好的决策支持信息服务平台，将海量、多源、异构、碎片化的数据整合成为应急决策所需的情报资源，促成更多前瞻性理论方案和决策成果的产生，成为智库建设实践必须思考的重要问题。

二、新型智库决策支持信息保障

随着信息技术的发展，全球数据出现爆发式增长，在大数据背景下，新型智库决策支持信息已经超越了传统智库，大数据成为新型智库的主要信息来源。大数据是以互联网为

---

① 张军，周磊，慕慧鸽，等. 国际权威智库定量研究方法进展与趋势 [J]. 图书情报工作，2015，59（7）：132-139.

代表的第四次工业革命的重要产物，已经渗透到社会的各个领域，并影响着人们生活的方方面面，包括智库领域。在当前语境下，新型智库决策支持信息已经不仅是传统信息和结构化数据库信息，而是包含了各种半结构化和非结构化的大数据信息。研究机构 Gartner 将大数据定义为需要新处理模式才能具有更强的决策力、洞察发现力和流程优化能力的海量、高增长率和多样化的信息资产，大数据具有数据大量化、数据多样化、处理快速化和价值密度低四个特征。对大数据信息的采集、整理和分析是新型智库建设的重中之重。在大数据时代，现代智库所面临的信息环境也更加复杂，大数据技术的发展也要求智库的发展要与时俱进，不断创新智库决策支持分析的技术和手段。大数据技术是预测分析、数据挖掘、统计分析、人工智能、自然语言处理、并行计算、数据存储等技术的综合运用，已广泛应用于社会的各个领域，成为最热门的数据工程化应用技术。大数据技术能够促进智库服务由"业务驱动"转变为"数据驱动"，有利于智库高效处理数据，深入挖掘信息资源，提升智库的信息服务质量和效率。所以，大数据的出现对智库决策支持在用户需求分析、数据处理方法、服务模式和服务主体上都产生了重大影响，同时也对其发展提出了新的要求[①]。

（一）对智库在用户需求分析上的影响和要求

随着经济的快速发展和政府治理环境的日趋复杂，政府面临的问题越来越多，依靠自身能力难以更好地应对这些问题，现代治理需要的是结合自身发展现状，寻找既能解决眼前问题又具有前瞻性的决策支持情报信息。传统智库的服务内容已经不能满足现代治理的发展需求，政府服务外包成为趋势。新型智库面向问题为政府提供解决方案成为必要。随着信息化建设的不断推进，大数据已经成为现代治理不可或缺的重要手段和资源，但相比传统的纸质文档和数据库数据，大数据大量、多样和动态的特性使智库在用户信息获取上难度增加，对大数据信息进行处理和分析需要专业能力和专业团队。同时，大数据时代的信息量急剧增长，用户的信息需求越来越呈现多样化、个性化的特点。因此，智库在分析用户需求时应协同分析用户具体问题和用户战略目标，使智库服务产品能够具有针对性和长期有效性。大数据技术能够帮助新型智库了解用户信息需求的动机和偏好，通过对用户信息需求的准确判定，提升信息服务的质量和效率。

（二）对智库数据处理方法上的影响和要求

新型智库向用户提供的信息服务内容包括文献资料、参考信息和数据以及决策建议等思想产品，大数据技术对信息资源的采集、思想产品的形成和信息资源的共享都产生了较大影响。数据成为智库开展基础研究和进行科学决策的重要资源，国际上知名的智库（如兰德公司等）都建有自己的专业数据库。因此，智库需要运用大数据技术和科学工具进行数据采集，加强专业数据库建设，形成数据资源优势，提供面向用户的专业化信息服务，提升综合竞争力。在大数据时代，智库的决策过程将逐渐转变为"数据驱动"，运用大数

---

① 张海涛，张念祥，王丹，等. 大数据背景下智库情报的服务创新——基于协同理论视角 [J]. 现代情报，2018，38（9）：57-63.

据技术对海量数据信息进行分析处理，深入挖掘数据反映的趋势和规律，指导决策过程，提供客观科学的咨询服务。因此，现代智库在数据处理技术上就要有所变革，尤其在信息的收集、分析、挖掘和服务等方面更要提高处理效率和准确率，需要建立智库决策支持资源平台，对智库数据与知识进行集成，协同互联网、云计算、人工智能等大数据处理技术手段，采集和整合智库内外部的各类专业数据与专业知识资源，为智库决策提供信息资源的支持保障，提高智库服务效率和服务质量。智库也可以建立自己的数据资源库和知识资源库，成立专门的数据处理分析团队，以更好地开展专业化决策支持服务，让决策成为以数据为支撑的科学决策，如图3-1所示。

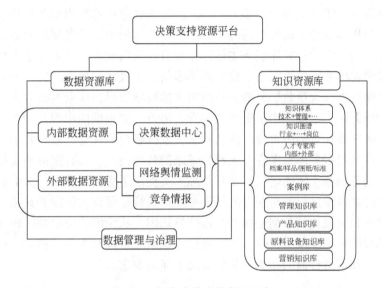

图 3-1 智库决策支持资源平台

（三）对智库服务模式上的影响和要求

大数据背景下智库服务模式主要体现在信息服务的外包和众包、智库间协同创新和影响力传播等方面。当前，随着信息资源的虚拟化，信息服务的外包和众包已经成为重要的服务方式，智库可以通过这两种方式，充分利用网络资源，借助外部研究力量，通过协同创新，共享研究资源，节省研究成本。随着全球政治、经济形势日益复杂，单个智库的信息资源已难以满足用户的信息需求，大数据为智库之间建立信息资源共享平台提供技术支撑，智库遵循协同创新理念，整合信息资源，成立信息服务联盟，这将成为新趋势。同时，大数据技术带来新型媒体的快速发展，为新型智库传播能力建设提供了便利条件。智库影响力的提升，不仅体现在智库服务产品的多样化提供方面，还体现在智库成果的传播力和公众认知度的提升方面。在互联网信息时代，智库服务主体可以充分利用网络的优势来消除地域、时间等障碍，为更多的用户提供更加专业化的信息咨询服务；可以利用大数据可视化的研究成果，为用户和公众提供更加人性化和便捷化、便于公众理解和传播的成果信息。同时，也可以针对不同用户提供个性化的在线服务，以减少人员交通等成本。网络不但是一种工作手段，也是一种宣传手段，能让更多的用户知道智库的业务和产品，提升智库研究成果的影响力。另外，基于协同的理论，各服务主体可以成立联盟，联合设立网络服务平台，实现信息的共享，让用户得到最准确、最全面、最有价值的情报资源，同时这也有利于智库之间的相互交流、互相学习和相互合作，不断扩大思想产品传播范围，塑造自身品牌，提升公共影响力，促进我国智库的整体发展。

（四）对智库服务主体的影响和要求

传统智库更多依赖的是专家资源和专家智慧，智库成功的关键因素是拥有一流的专家团队。大数据时代，专家资源依然重要，但智库的关键成功因素已经演变为"专家+技术+信息"。大数据的首要特征之一就是"大"，这也就意味着智库服务主体要对大量的信息进行收集、分析和处理，这显然超越了专家的专业化能力，需要借助数据分析团队、数据分析平台的支持。因此，智库服务主体首先要有相应的设备、技术方法和情报人员来从大量的低价值密度的数据中挖掘出有价值的情报信息。其次，智库研究人员要从过去依靠专家的经验判断转为以大量数据分析和总结为主的科学决策，这就对研究人员的专业素养和智库产品的服务团队组成提出了更高的要求。另外，大数据的来源复杂多样，渠道更为重要，各服务主体要在竞争中重视信息的共享，发挥各自的优势，取长补短，使各机构能够协同合作形成情报服务体系来应对大数据带来的各种挑战。大数据决策支持技术的发展也对作为智库信息服务主体的研究人员和管理人员提出了更高的要求。大数据时代，科学决策依赖于对海量数据进行分析获得的结果和规律。智库研究人员需要具备一定大数据采集、处理、分析和可视化等数据挖掘和数据分析知识，从传统的经验判断转变成以数据分析和预测为基础的科学决策。同时，大数据技术在系统管理和媒体传播的广泛应用，对负责智库管理工作和信息传播的相关人员也提出了新的要求。

（五）对智库信息采集策略的影响和要求

大数据下基于数据驱动的智库决策支持需要更高效的信息支持机制。21世纪伴随着互联网、云计算和社交网络的发展，一切事物皆可数据化，大数据逐渐在各行各业渗透，政府、企业和各类机构都能轻易获得海量数据，任何信息过程都开始呈现出一种"数据驱动"的趋势。当前全球形势瞬息万变，智库决策产品具有很强的时效性，因此智库决策支持研究过程不仅要求准确，更强调大数据下对数据搜集及处理的效率，这就要求智库必须将非结构化数据资源处理成能够被计算机自动识别并处理的"可计算"数据，以实现智库研究数据搜集、数据组织、数据分析、数据利用流程在计算机上的自动化，从而迅速、准确地为智库决策支持研究提供数据支撑。

第二节 智库决策支持信息保障体系

一、概念

随着社会环境日趋复杂，政府等机构的决策需求信息明显增加，更加依赖于智库提供的政策性研究、解读和评估等服务①，尤其是大科学、大工程、"一带一路"等项目的实施更需要智库和其他研究机构的群体性智慧的思考与碰撞。因此，智库需要发挥其信息资源和智力资本的优势，充当好情报"参谋"和"耳目"的重要角色，为决策主体提供高质、高效的决策支持和"一站式信息服务"。智库决策支持信息保障工作的目的就是要满足智库的各种信息情报需求，并以最有效的方式提供给用户所需要的情报信息资源②。智库决策支持信息保障服务是指智库以面向政府、企业和社会等信息情报需求为导向，利用其自身所拥有的资料集、方法体系、工具模型、专家智慧等资源进行相应的信息收集（调研）、处理、加工、分析等工作，进而对某项政策性问题提出观点和意见，最终产出诸如研究报告、要报提案、快讯简报、内参、系列书刊等一系列类型的信息产品，以服务于决策需要。可以说，智库决策支持信息保障服务是连接智库决策支持服务产品与用户的"桥梁"。在大数据时代，智库长期所依赖的资源体系与服务环境发生了重要变化，传统的智库情报服务内容和形式、决策咨询空间等随之改变，出现了较大跨度的延伸，从传统情报信息服务向大数据信息服务转变。同时，由于国内智库建设起步较晚，信息情报服务并未常态化，在数据信息的获取与处理上还面临着互联网公司、新闻媒体等信息服务机构的挑战。因此，如何利用大数据思维和技术，产出具有前瞻性、针对性、导向性和综合性的实施和解决方案，成为当前智库机构决策支持信息保障服务共同思索的重要难题。随着情报工程化阶段的到来，智库信息服务将以大数据环境下的信息资源为基础，以集成化的信息系统平台为支撑，向着智慧型服务的大方向进行深化和创新。

信息资源是智库运行的重要基础，信息保障是智库决策支持的基本要求。大数据背景下，智库决策支持信息保障体系是在智库内外，构建基于专家智慧、大数据资源和大数据信息处理方法等智库主要生产要素和谐运转的信息管理服务体系。智库决策支持信息保障体系是以新型智库决策支持专家信息需求为导向，以大数据信息资源为核心，以大数据技术与工具为支撑，以智库决策支持信息服务平台为承载的有机整体，其基本内涵可概括为：该体系以服务国家、政府和企事业单位需要，推动新型智库发展、服务和核心能力建设为总目标，以支撑科学决策和社会需求为导向，以大数据技术和"事实数据+工具方法+专家智慧"情报学研究方法作为技术与理论支撑，是智库大数据平台的重要组成部分，并由专家管理服务体系、信息资源管理体系和信息处理服务体系三个子系统构成。其研究范畴为各子系统的功能与构成及其相互关系。智库决策支持信息保障体系作为新型智库的重要组成部分，主要从信息管理与运行机制方面探讨如何助力智库发展以及更好地发挥大数据智库的作用。"信息资源管理体系"从大数据时代背景下智库信息资源获取与整合、信息资源服务策略等方面进行信息资源的管理与建设，"专家管理服务体系"着重探讨大数据人才的遴选、智库专家的考核与激励制度，"信息处理服务体系"以大数据采集与存储、挖掘与分析技术为主要内容，这三个方面"三位一体"，从整体上推进新型智库决策支持系统运行，保证智库研究结论更加准确、科学，推进国家治理体系和治理能力现代化

① Bertelli A M, Wenger J B. Demanding information：think tanks and the US Congress ［J］. British Journal of Political Science，2009，39（2）：225-242.

② 杨琳. 认知心理学视阈下的情报服务研究 ［D］. 哈尔滨：黑龙江大学，2014.

建设。

　　智库决策支持信息保障体系是新型智库运行的基本能力系统，对新型智库的决策支持和运营起着重要的支撑保障作用。智库决策支持信息保障体系由智库决策支持信息组织与机构、信息运行机制、信息收集、分析、传递与使用的人员、智库决策支持信息系统等按照一定的程序和内部联系组合而成。通过专家、信息管理人员、技术支持人员的通力合作，充分发挥专家智慧、信息资源和数据处理分析系统的作用。智库决策支持信息保障体系由智库信息中心、智库信息网络（包括情报研究所、数据服务商、高校图书馆）等组成，发挥多主体协同作用，以信息保障平台、信息处理人才、信息基础设施、信息管理制度等系统建设为核心，共同构成基于大数据技术的智库决策支持信息保障体系。

　　根据智库决策支持的特点，结合宏观、中观、微观的情报信息环境，智库决策支持信息保障体系要素包括人员要素、机构要素、技术要素、资源要素、制度要素、行为要素六大类。人员要素是指从事智库决策支持信息收集、分析、评估与利用、决策与反馈工作的各类信息管理人员、决策者、民众。机构要素是参与智库决策支持的各类信息情报组织，主要包括情报研究所、数据服务商、各类图书馆、信息服务机构等。人员要素与机构要素构成智库决策支持信息保障体系的主体要素。技术要素是指智库决策支持相关信息应用技术，如物联网技术、云计算技术、大数据技术、人工智能等，它们为智库数据收集与分析提供了"硬件"支撑。资源要素是指智库的基础设施、服务设施、平台等客观"事物"，它们将智库"打造"成一个无缝互联的信息网络组织，为智库决策支持提供了可靠保障。技术要素与资源要素是支撑硬要素。制度要素是指为应对智库决策支持信息保障专门建立起来的一套关于信息情报管理的各种正式或非正式的规章制度、指导纲领，主要是对相关人员的信息情报活动进行规范、引导、评估、约束与激励。行为要素是指承担智库决策支持工作的人员或机构，借助于相关信息技术和应急基础设施，参与智库决策支持事件决策活动的各种专家智慧要素及其过程。制度要素与行为要素是支撑软要素。以上总结了智库决策支持信息保障体系的六大要素，它们以智库决策支持业务流和信息流为依托，上层是主体要素，下层是支撑要素。主体要素的信息保障需求是快速响应信息保障体系的"驱动点"。支撑要素保障快速响应信息服务体系良性运转。当然，智库决策支持信息保障体系是六大要素相互交织的复合整体，因此需要对各要素进行优化，对相关要素进行有机耦合，互为条件、相互补充，互相影响、相互促进，最终形成以信息为核心的多元化、立体化、网络化与智慧化智库决策支持信息保障体系。

二、作用

　　新型智库未来将承担重大使命。随着社会治理环境日趋复杂化，改革开放进入深层次，政府治理和社会发展面临各种挑战，公共治理的专业性和时效性明显增加，智库等第三方力量参与政府治理链条成为必然趋势，尤其是针对"一带一路""中部崛起""西部大开发""东北振兴""长江经济带""自由贸易区"等国家大决策以及当前日趋复杂的国内外环境，更加需要智库和其他研究机构的集体智慧，充分发挥决策咨询参考作用。

　　智库决策支持信息保障体系具有重要作用。智库着眼于战略研究，研究范围多样，涉及国家和地区众多，涉及领域广泛、数据类型多样，大数据技术能在收集海量数据的基础上进行有效分析，有利于规避风险，洞察未来，科学有效地进行辅助决策。智库决策支持信息保障体系是智库的神经中枢，在智库决策辅助过程中发挥重要作用。它既保障了决策中不偏离发展目标，同时又紧密地嵌入到智库决策支持活动的整个过程之中，为智库决策支持过程提供全程的信息服务与决策支撑。

智库决策支持信息保障体系具有整体性、全面性、基础性、贯穿性、反馈性和资源性等特点，决定了其在智库协同创新中的作用。在智库决策支持过程中，信息保障体系主要发挥信息基础设施建设、信息资源建设、信息共享与传递、决策支持系统辅助、促进知识管理等功能①，并在如下几个方面发挥重要作用。

（一）促进智库产品创新，提升智库影响力

智库决策支持信息保障体系为智库提供更为海量动态的决策支持信息资源，推进智库科学决策，产生更具前瞻性的洞察力和解决方案，并以可视化技术更加直观地展现智库研究成果。智库决策支持信息保障体系可以有效促进智库与外界的沟通，提升智库影响力。借助大数据技术，智库通过开辟多媒体特色宣传新专栏，可视化展现智库新成果。同时依托于大数据技术，依据受众特点实施精准定向成果推送服务。智库还可以通过专业信息合作，开展网络调查，吸引公众互动参与，提升智库参与社会发展的能力。新型智库的数字化建设也能够为国际智库之间的交流与合作提供新的契机，增强国际合作交流，成为国际互信合作的纽带。

（二）促进信息资源共享，推进智库知识创新

2012年瑞士达沃斯论坛主题报告《大数据，大影响》中宣称"数据已经成为一种新的经济资产类别，其意义就像货币或黄金"②。智库信息资源建设是智库的重要基础性工作，智库决策支持信息保障体系有利于实现智库信息资源的共建共享。决策支持信息保障体系可以为智库数据管理提供重要基础性保障。智库平台的运行以合作共享为基础，以研究需求为目标，以权益机制为核心，驱动整个平台有机运转，驱动参与方和参与人员相互之间紧密协调配合，创造最大知识生产力。在智库信息资源共享过程中，智库整合各个信息参与主体的积极性，充分发挥专家、管理人员、合作单位的资源和优势，促进信息资源共建共享，实现信息和知识资源效益的最大化以及智库的良好运转，推进智库知识创新。

（三）构建专家管理服务体系，推进知识资源共享

智库决策支持信息保障体系必须在专家的紧密配合下才能充分发挥作用。智库决策支持信息保障体系中"专家管理服务体系"是一个重要的组成部分，目前在我国智库发展过程中，还存在不少问题，缺少具有国际影响力的高端智库。现代智库的发展，除技术的推动作用外，专家在决策咨询过程中依然发挥着不可替代的作用。因此，通过在智库决策支

① 陈世银. 产学研协同创新中的信息保障研究［D］. 武汉：武汉大学，2013.
② 谢宏斌. 新型智库建设之"互联网+智库"大数据平台的探讨［J］. 开发研究，2016（2）：42-46.

持信息保障体系中构建专家管理服务体系，能够聚合来自不同地域、不同学科背景、不同国别的专家学者，通过智库间交流合作，不仅能实现专家智力知识资源的共享，更好地服务专家研究需求，也能够使智库人才具备更全面的研究视野，以更好地发挥智库决策支持信息保障体系的作用。

三、框架

根据智库决策支持信息保障信息流和业务流，以决策支持体系有效运行为目标，从组织、资源、方法和平台四个层面将不同层次、不同方面的信息保障体系构成要素整合在一起，构建一个协同运行的智库决策支持信息保障基本框架。大数据背景下的智库决策支持信息保障体系应从组织层、资源层、方法层和平台层四个方面整体推进，构建体系，如图 3-2 所示。

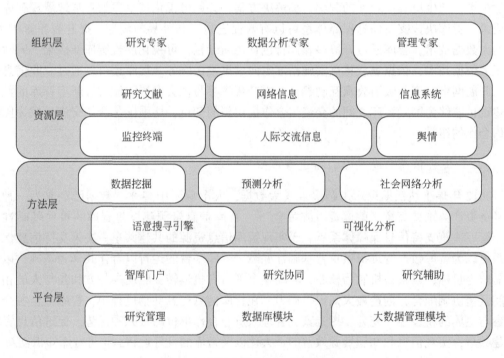

图 3-2　智库决策支持信息保障体系

（一）组织层：数据分析专家参与新型智库专家团队

智库作为智力密集型机构，对于人才的要求更高、更迫切，需要由多学科多领域专家、学者组成为决策服务的团队。由于大数据与传统数据存在着巨大的差异，大数据的巨大规模以及结构上的复杂性，需要专业的数据分析师进行数据挖掘，以将毫无规律的数据转化为生产力和可用价值。这对于大数据分析师的要求非常高，既要在有限的时间内完成巨量数据的扫描过程，又要发现数据的关联性，进一步提高工作效率。由此，智库若对大数据加以应用，就必须拥有一支专业的数据分析团队，在智库的资源建设、知识共享、情报分析、战略决策等各个环节发挥重要作用。数据分析专家具有大数据分析的优势，能够通过对大量的情报信息进行梳理总结分析，更多地运用大数据分析工具来开展研究，将理论与实践结合起来，形成数据分析报告，支撑研究人员进行全面准确的判断和产生独立客观的观点。因此，专业的数据挖掘及分析团队是新型智库必备的条件。作为全球顶尖的智库，兰德公司一直以自身的数据可靠性与专业的分析团队为傲，研究团队拥有行为科学、商业和法律等广泛专业背景。兰德公司的顾问团队中，均配有情报分析师和数据分析师，另有多名信息系统分析师、信息行为分析师及信息科学家。因此，组建新型智库团队时引入数据分析专家，尤其是具有实践经验和大数据分析特长的人才，能有效提高智库产品形成过程中的信息及情报分析的科学性和准确性，提升智库报告产品的价值。

（二）资源层：多源数据融合助力新型智库资源建设

在大数据时代，智库研究的信息源已经不再拘泥于纯粹的研究文献和各种结构化数据库，已经扩展至互联网信息、信息系统信息、交易信息、监控终端、社交信息、舆情等多源信息资源，具有大数据特性。在智库建设中，丰富的信息来源和有效的知识共享机制是形成高质量成果的基础条件。信息是保障智库高质量思想产品产出的基础，智库应加强专门数据库建设和数据来源采集体系建设，并探索非涉密数据的合作开发和共享机制。目前，我国新型智库建设过程中的数据支持与信息保障能力明显不足。大数据参与到新型智库建设中，不仅提供图书文献资源利用等传统服务，更能发挥大数据技术在多源数据融合方面的优势，整合社会网络环境下自媒体、多媒体信息资源，提供充分有效的数据，助力智库进行资源整合与共享，集成多种分析技术与软件工具，以便让海量数据的处理及分析变得更加容易，从数据中提取有用信息并形成各种智库产品，进而用于验证、指导及支持组织或个人的决策行动。国外智库早已提出要建立完备的智库知识库，即对各种信息资源的电子化，以便形成统一的数据资源平台。由于大数据的概念是近几年才提出来，这其中智库的知识库可谓是大数据资源库的雏形，是新型大数据智库的先驱。作为新型大数据智库，海量的数据资源应当是其研究问题的数据来源优势，创建并不断更新的一系列数据库和数据源是新型智库开展大数据研究所必备的基础。例如，美国的兰德公司在数据的采集、分析及处理方面常常走在世界前列。从人口普查到经济统计乃至医学研究，依托兰德公司强大的研究团队与先进的研究方法，以确保研究质量。兰德公司自20世纪70年代就已经成立了专门的数据采集部门（RAND Survey Research Group），不仅拥有专业的数据搜集团队，而且在三十多年的发展中创新并完善了数据采集与统计分析的各种方法与理论。凭借数据搜集及分析统计方面的强大力量，兰德公司建立了大量的数据库，涵盖面跨越不同的科学专业范畴。如果说具备独立的数据分析团队是新型智库大数据的基本要素的话，那么拥有完善的自建数据库和可控数据源则是新型大数据智库的重要特征。例如，世界资源研究所（World Resources Institute，WRI）建立了一整套完善的数据库，包含气候、能源、食品等方面的研究资源与成果，同时运用数据可视化技术将多样化的数据以图表或其他视觉效果形象地展现出来，以提高数据处理与分析的效率。此外，自建数据库的创建对于关注经济研究的智库机构更加适用。例如，美国著名的彼得森国际经济研究所

（Peterson Institute for International Economics）始终专注国际经济热点问题，尽管该智库的历史仅有短短三十多年，但是其官方网站已经是全球点击率最高的网站之一。这也从侧面反映了该研究所经济数据的完整性。另外，该研究所人员规模较小，但是研究领域专注，数据库十分完善，已经超越那些资金规模更大的研究机构，对美国国会影响深远。因此，拥有完整的自建数据库和可控数据源对于新型智库建设具有十分重要的战略意义。大数据智库要不断拓展多源数据，大力进行数据资源融合建设，助力智库创新开展研究工作。

（三）方法层：大数据思维为新型智库研究提供理论方法支撑

在大数据环境下，要想产出高质量的智库成果，离不开理论研究与方法支撑。大数据时代的智库研究逐渐从数据基础、计算能力和分析需求的综合角度提供战略决策，已形成一系列有效的分析方法。新型智库在大数据时代要谋求发展和转型，关键在于是否具备大数据思维，科学合理地将大数据思维应用到新型智库的建设之中。严格地说，大数据思维包含数据挖掘、预测分析、社会网络分析、语义搜寻引擎以及可视化分析，这些大数据分析方法已经在诸多领域得到了有效应用。如何在智库研究中应用这些方法是智库建设中应该思考的重要问题。数据挖掘即从看似毫无规律的大量数据中找出某些相关性，有助于从杂乱无章的数据中分析出有价值的情报，进而形成具有高决策价值的报告。新型智库在运用大数据思维的过程中应当是环环相扣、缺一不可的。数据挖掘应当是新型智库大数据所必备的基本能力，通过数据的深度挖掘才能为预测分析打下坚实的基础。预测分析即是建立在大规模数据的分析基础之上，预判事物的发展趋势。智库大数据的预测分析实际上是进行相关性分析的过程，是从有限的样本分析到全样本处理的飞跃，从而把问题分析拓展至面向重要领域和重大问题的趋势预测、交叉前沿识别、战略咨询建设等专项研究层次。在大数据环境下，尤其是移动互联网的发展，利用社会网络分析方法研究用户行为催生了很多商业价值。在智库研究中，通过情报分析，获取用户各种行为产生的大数据，与公共决策之间进行关联分析，从而形成有利于改善公共决策的产品或思想。此外，对于非结构化数据所采用的语义搜索引擎也是大数据智库必备的技术手段。语义搜索实际上是朝人工智能的方向发展，数据越多就越具有普遍性，机器的学习能力就越强，准确性就越高。智库产品的最终受众不仅是决策者，也有可能是普通民众。因此，对于新型智库大数据而言，采用一定的技术手段阐明自身主张是十分重要的，如采用可视化技术将枯燥烦琐的数据以简洁明了的全新方式展现给受众，采用主题地图的知识组织方法动态可视化展现知识成果，尤其是从知识、价值、认知等角度揭示与公共决策有关的诸多方面，这已经是新型大数据智库所不可或缺的技术工具，必将增强智库报告或产品的可读性，同时提升智库产品价值。总之，大数据思维促使新型智库从传统思维的枷锁中挣脱出来，突破传统样本数量的限制，引入研究对象更多方面的信息，处理那些传统数据分析方法无法处理的数据资源，找寻容易忽视的数据细节。另外，作为新型大数据智库，在思维层面上从因果思维转变为相关思维，将会对事物有更加深刻的认识。作为新型智库的核心特征，能否善用大数据思维，以实现智库机构的深刻变化，将会决定大数据智库的成败[①]。新型智库要不断创

---

① 王海峰. 大数据智库：中国特色新型智库建设途径研究［D］. 上海：华东政法大学，2016.

新大数据研究方法，为研究人员提供新的适合大数据思维的理论方法支撑。

（四）平台层：构建新型智库大数据信息服务平台

大数据信息服务平台是新型智库必不可少的信息工作载体，是"互联网+"在新型智库建设领域的具体体现，应从顶层架构、功能模块建构以及运行机制三个层面对新型智库大数据信息服务平台进行设计，同时构建新型智库大数据信息服务平台的运行机制。平台的运行应以信息需求驱动机制为核心，驱动整个平台有机运转，驱动相关信息研究人员、信息服务人员、信息管理人员紧密协调配合创造最大知识生产力。新型智库大数据信息服务平台既是大数据时代新型智库演化发展的趋势，也是现代知识生产力发展的必然要求，更是未来中国特色新型智库长足发展的本质需求。在国家"互联网+"行动和大数据战略的两翼之下，建设新型智库大数据信息服务平台，构建大数据智库信息生态系统和信息服务体系，推动大数据智库成为新型智库蓬勃发展的中流砥柱，是当前开展大数据智库信息工程建设的重要任务。

四、内容

智库决策支持信息保障体系是连接智库服务产品与用户需求的"桥梁"，在智库决策支持辅助过程中发挥重要作用。它既保障了决策支持不偏离目标，同时又紧密地嵌入到决策支持活动的整个过程之中，为智库决策支持过程提供全程的大数据信息服务与决策支撑。因此智库决策支持信息保障体系是新型智库的基本能力系统，该能力系统由智库运营服务系统、信息情报服务系统、数据风险管控系统和综合管理评价系统共同构成，相互嵌合，形成有机体系（图3-3），对智库决策支持和运营起着重要的支撑保障作用。

（一）智库运营服务系统

智库决策支持信息保障体系的目标是"满足智库的各种信息情报需求，并以最有效的方式提供给用户所需要的情报信息资源"[①]。智库以影响公共决策为导向，利用其自身的专业优势和情报服务体系以及知识加工能力等综合运营服务系统，对某项政策性问题提出观点和意见，服务政府决策需要。在大数据时代，专家研究方式和手段、智库研究范式等出现了较大跨度的改变，情报信息服务内容和形式随之发生了转变，需要利用大数据技术和思维，以集成化的信息系统平台为支撑，产出具有洞察力的解决方案，为政府和社会提供知识型解决方案服务。智库必须建立起适应大数据技术需求的运营服务系统，构建基于专家智慧、大数据资源和大数据处理方法等主要生产要素和谐运转的智库运营服务系统。

---

① 李纲，李阳. 面向决策的智库协同创新情报服务：功能定位与体系构建［J］. 图书与情报，2016（1）：36-43.

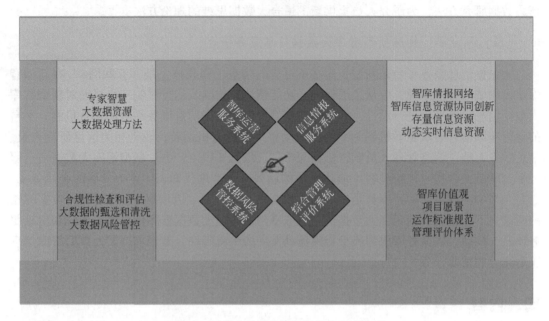

图 3-3　智库大数据决策支持信息保障体系

（二）信息情报服务系统

情报信息保障是智库决策支持的基础。大数据背景下，智库决策支持信息保障体系基于智库内外条件和资源，通过智库情报网络和智库信息资源协同创新，建立起存量信息资源和动态实时信息资源相结合的智库信息情报服务体系，组建信息服务团队，搭建信息处理系统，以大数据技术与工具为支撑，以智库决策支持信息服务平台为承载，整合专家智慧和大数据信息资源，构建智库决策支持信息保障体系，形成有机信息服务整体，推进新型智库决策支持系统运行，努力使智库把握时代热点和未来趋势，洞察用户和社会需求，探究事物之间的联系，推动智库研究结论更加准确、科学，从能力体系上推进智库服务国家治理体系和治理能力现代化建设。

（三）数据风险管控系统

数据是智库决策支持系统的"原材料"和"新石油"，只有遵守数据伦理，才能保证智库规避运营风险，这一点在传统知识服务时代已经成为共识。另外，数据来源和数据可靠性会直接影响到智库决策支持结论，但数据隐忧无处不在，给以数据为研究基础的智库决策支持带来了潜在风险。大数据时代，大数据是双刃剑，它可能成为社会治理的良方，也可能成为危害社会的毒剂。因此，必须在智库内部进行数据合规性处理，对所有取得的数据和对外发布的数据，进行合规性检查和评估，保证智库大数据的合法性和客观性，同时建立健全大数据的甄选和清洗机制，建立智库大数据风险管控机制，以数据的客观性和制度的严密性，保障决策支持分析结果的客观性和决策支持信息保障体系的严谨性，有效防止大数据风险，防控新型智库的知识运行风险。

（四）综合管理评价系统

智库决策支持信息保障体系是一项复杂的系统工程，需要良好整合系统中机构、人员、信息、系统、制度等主要因素，形成信息收集、分析、传递与使用运行机制，并通过专家、信息管理人员、技术支持人员的通力合作，充分发挥专家智慧、信息资源和数据分析处理系统的作用。智库决策支持信息保障体系参与主体包括智库、智库信息网络（包括情报研究所、数据服务商、各类图书馆等）、项目团队等，发挥多主体协同保障作用，以信息保障平台、信息处理人员、信息基础设施、信息管理制度等为核心，形成有机耦合，共同构成基于大数据技术的智库综合复杂系统。要使该系统发挥作用，必须基于智库价值观和项目愿景，建立起规范的运作标准和科学的管理评价体系，形成新型智库综合管理制度标准规范，推动各参与主体分工协作，保障智库决策支持信息保障体系良好运行。

第三节　智库决策支持信息保障体系构建

一、信息资源管理服务体系

智库决策支持信息保障体系本质是智库围绕咨询决策所开展的大数据信息处理过程，大数据信息资源是智库保持和提升其竞争力的重要基础性资源，智库研究每个环节都需要准确、及时、全面地获取对应的大数据信息，从而对大数据信息资源进行准确而高效地利用和开发，并通过数据的采集、积累、组织、建设等工作对大数据进行整合，为政府和公众提供独具价值的信息服务。因此，研究大数据智库的信息需求及其特点，构建大数据智库信息资源管理体系是构建大数据智库决策支持信息资源管理服务体系的基础和前提。

智库决策支持信息资源管理体系服务于智库决策服务过程，新型智库担负着资政建言、教育公众、公共外交等方面的支撑作用，智库需要信息资源的支撑，也会产生信息资源。在智库开展咨询决策服务的过程中，内容的不确定性使得在智库产品生产的不同阶段中需要面对不同的信息需求。信息需求过程主要涉及信息需求主体、信息需求目的、信息需求内容、信息需求行为、信息需求过程等多种要素。智库工作的流程就是信息再生的过程，研究阶段、研究主体、研究内容等不同环节体现着智库信息需求的不同特点和要素。在选题、研究、应用、评价等不同的阶段，智库也会呈现不同的信息需求。在智库信息资源管理服务体系当中，需求主体–服务主体–辅助主体–受众主体形成了一个信息合作网络，每个主体都具有各自的知识背景，在辅助决策过程中扮演着不同的角色，担当不同的任务，对信息的需求不同，获取信息的渠道、处理信息的方法等方面也存在差异[①]。在智库工作流程中，内容不同，整个研究过程就会不相同，研究过程不同所需的信息也就不同。信息资源管理体系必须适应智库的研究过程。随着智库服务理念的不断深入，越来越

---

① 刘岩，刘宝瑞，刘伟东. 面向科技创新智库的信息资源保障体系建设研究［J］. 现代情报，2017，37（2）：78-82.

需要大数据信息资源与专业化信息分析队伍参与智库建设的全过程，随着研究深度和广度的不断增加，需要相对应的信息资源保障体系满足智库的信息需求。

智库决策支持信息资源管理服务体系是中国特色新型智库的重要组成部分，面向新型智库的信息资源管理体系应符合国家有关智库建设的相关政策法规。始终以服务新型智库研究为根本出发点，第一时间获取准确而有效的大数据信息是构建智库决策支持信息资源管理服务体系的先决条件，采取积极主动的政策预判和资源建设策略才能保证信息资源管理体系的良性发展。智库决策支持信息资源管理服务体系要紧密服务于新型智库建设，围绕智库体制管理、制度保障、服务创新等中心工作提供有效的信息资源服务，开展具有前瞻性、针对性、储备性的信息资源保障体系，提出专业化、建设性、切实管用的信息资源建设解决方案，着力提高决策支持的综合研判性和战略性。

从我国新型智库信息需求体系的现状出发，智库决策支持信息资源管理服务体系可从宏观层次、中观层次以及微观层次三层结构进行构建。首先，要整体把握智库信息资源保障体系的建设方向。通过制定符合新型智库发展的信息资源保障政策法规，完善相关部门责权、构建智库信息资源合作等相关制度保障，建立和完善符合新型智库信息资源保障体系运行特点的经费管理制度，切实提高资金使用效率。深化组织管理保障制度，形成既把握正确方向，又有利于资源管理的保障制度。完善信息资源评价办法，构建用户评价、同行评价、社会评价相结合的信息资源综合评价体系。通过政策法规、资金、管理和评价等从宏观层面为新型智库信息资源建设提供保障。其次，要对信息资源进行优化整合，提供纸质、数字化、多媒体、新媒体等多种信息资源。培养符合新型智库信息需求的高端人才，进行信息分析、信息安全等保障工作。合力搭建数据平台等基础设施，构建数据信息服务平台，推动数据资源开放获取，成立集成化的智库研究成果数据库，实现对智库成果的有效管理和科学利用。最后，要建立智库成果信息评价机制，充分利用外界信息资源服务于服务对象，并得到有效的反馈和评价，建立有效的内部管理机制、评价机制和激励机制等智库决策支持信息保障机制。

未来大数据是新型智库信息资源体系的主体。在信息资源管理体系中，应从以下几个方面考虑大数据资源建设和管理：第一，要重点提升对大数据的重视程度，积极开发挖掘大数据资源和渠道。第二，要注重对大数据信息资源的积累和整合，多渠道获取信息资源，提升数据挖掘、数据分析的能力。第三，要加强数据库建设，可建设不同类别、不同行业的专有数据库，为新型智库服务。第四，要提升信息资源服务策略，通过多种方式进行宣传和推广。大数据的高效采集、有效整合、融合利用可以提高国家宏观调控、市场监管、社会治理、公共服务和生态文明的精准性和有效性。要重视依托政府数据建立统一的大数据共享交换平台，加快推进跨部门数据资源共享共用。因此，急需加快深化政府数据和社会数据关联分析，建设政府大数据统一开放平台，推动政府信息系统和公共数据互联开放共享。研究制定大数据开放、保护的法律法规，制定政府信息资源管理办法，保护数据隐私，规范数据利用行为。深化大数据在智库行业的创新应用，积极出台扶持政策，探索与传统产业协同发展的新业态、新模式，加快完善大数据产业链。加快海量数据采集、存储、清洗、分析发掘、可视化、安全与隐私保护等领域关键技术攻关。完善大数据产业公共服务支撑体系和生态体系，加强标准体系和质量技术基础建设。

另外，智库决策支持信息资源管理服务体系运行模式要注重构建智库全链条决策支持信息服务体系，建立以智库内部情报信息平台以及外部信息合作网络相互联系、交流互动的过程，也是信息资源创造和实现的过程，从而为智库决策支持服务。内部情报信息保障主要是智库内部情报平台，以信息收益、信息能力、合作文化为目标服务于决策支持链条。外部信息保障主要是通过遵循国家政策，精确判断市场需求以及积极寻求外部信息合作。智库决策支持信息资源管理服务体系的核心价值是智库内部情报信息服务体系与外部信息合作网络建立系统，形成深入的合作关系，建立多方互利互惠的信息网络和信息联盟，整合内部与外部的大数据信息资源对智库决策支持链条各环节进行不断转换，为智库决策支持过程提供可靠的信息保障。

二、信息保障技术服务体系

大数据信息资源是智库决策支持信息保障技术服务体系的根本，作为"未来的新石油"，新型智库必须积极开发大数据、管理大数据、开展大数据处理、进行大数据集成，让大数据有力推动新型智库的能力提升。

（一）大数据采集

大数据采集主要是从各类数据库、互联网、物联网等数据源导入大数据，包括数据的提取、转换和加载。由于数据源不一样，数据采集的技术体系也不尽相同。其面临的挑战主要来自两方面：一是如何自动实现对接收的海量数据按照特定策略进行过滤，从而大幅度降低后续存储和处理的压力；二是如何自动生成元数据，准确描述数据出处，获得途径和环境等背景信息，并且将智库内部的数据与互联网的元数据相关联，进行多维元数据分析。

大数据的主要采集来源如下。

（1）国家宏观分析系统。这些系统是公共政策分析应用程序，执行业务需要的分析并获取需要的洞察，主要包括国家经济监测系统、信息共享系统、网络通信系统、突发应急系统、海关系统、统计系统、办公自动化等。

（2）Web 应用程序开发。Web 应用程序和其他数据来源扩充了智库拥有的数据。这些应用程序可使用自定义的协议和机制来公开数据。

（3）数据管理系统（Database Management System，DMS）。数据管理系统存储逻辑数据、流程、策略和各种其他类型的文档，主要包括 Microsoft Excel 电子表格、Microsoft Word 文档。这些文档可以转换为可用于分析的结构化数据。文档数据可公开为领域实体，或者数据改动和存储层可将它转换为领域实体。

（4）数据存储。数据存储包含智库数据仓库、操作数据库和事务数据库。此数据通常是结构化数据，可直接使用或轻松地转换来满足需求。这些数据不一定存储在分布式文件系统中，具体依赖于所处的环境。

（5）智慧设备。智慧设备能够捕获、处理和传输使用最广泛的协议和格式的信息。这方面的示例包括智能电话、仪表和医疗设备。这些设备可用于执行各种类型的分析。绝大多数智慧设备都会执行实时分析，但从智慧设备传来的信息也可批量分析。

（6）聚合的数据提供程序。提供程序拥有或获取数据，并以复杂的格式和所需的频率通过特定的过滤器公开这些数据。每天都会产生海量的数据，这些数据具有不同的格式，以不同的速度生成，而且通过各种数据提供程序和传感器。

（7）其他数据源。有许多来自自动化来源的数据，具体如下。

地理信息包括：地图、地区详细信息、位置详细信息、经济热点详细信息等；

人类生成的内容：社交媒体、电子邮件、电子商务信息、博客信息、在线信息等；

传感器数据：环境（天气、降水量、湿度、光线）、电气（电流、能源潜力等）、导航信息、靠近（存在等）、位置、角度、位移、距离、速度、加速度、汽车运输信息、来自传感器供应商的其他数据等。

数据采集完毕后，通过统一信息资源标准规范，建立多维度数据库，拓宽数据来源，通过不同的方式汇聚数据，增强分析力度，提高智库监测预警的准确性和时效性。

（1）预留接口，支持其他系统各种数据的上传导入处理。将现存有关经济运行业务系统中的历史数据和时效数据，通过上传数据文件至服务器、分析提取有效数据导入服务器数据库等方式采集起来，在数据处理平台上复用。

（2）支持外接数据的上传导入处理。可以将购买的或定点监测机构的数据通过同样的方式采集起来，在数据处理平台上复用。

（3）支持非结构化数据，即搜索引擎数据、社交媒体数据、地理空间数据和音视频数据等。

新型智库大数据平台数据采集架构边界如图 3-4 所示（S 类数据代表从系统里采集来的数据，I 类数据代表大数据平台对系统的支持）。

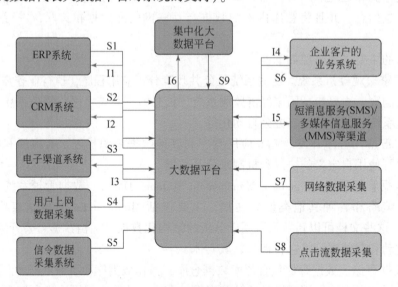

图 3-4　大数据平台数据采集架构边界

对采集来的大数据应加强数据应用，根据数据的规范性、时效性、整合度、安全性、冗余度、数据质量，确定数据元数据/数据标准方案、数据层次/数据流方案、数据模型、数据安全/数据隐私方案、数据分布/生命周期管理方案以及数据质量管理方案。

数据质量管理策略主要包括定义数据质量、围绕隐私和安全性的策略、数据频率、每次抓取的数据大小和数据过滤器等。

（1）定义数据质量包括：完整地识别所有必要的数据元素；以可接受的新鲜度提供数据的时间轴；依照数据准确性规则来验证数据的准确性；采用一种通用语言（数据元组满足使用简单业务语言所表达的需求）；依据数据一致性规则验证来自多个系统的数据一致性；在满足数据规范和信息架构指南基础上的技术符合性。

（2）围绕隐私和安全性的策略。大数据平台需要采取安全策略来保护敏感数据。从外部机构和提供程序获取的数据可能包含敏感数据（如天猫商城用户的联系信息或产品定价信息）。数据可以来源于不同的地区和国家，但必须进行相应的处理。必须制定有关数据屏蔽和这类数据的存储的决策。考虑以下数据访问策略：数据可用性；数据关键性；数据真实性；数据共享和发布；数据存储和保留（包括能否存储外部数据等问题。如果能够存储数据，数据可存储多长时间？可存储何种类型的数据？）；数据提供程序约束（政策、技术和地区）；社交媒体使用条款。

（3）数据频率。提供新鲜数据的频率是多少？它是按需、连续还是离线的？

（4）每次抓取的数据大小。此属性有助于定义可抓取的数据以及每次抓取后可使用的数据大小。

（5）数据过滤器。标准过滤器会删除不想要的数据和数据中的干扰数据，仅留下分析所需的数据。

（二）大数据管理

首先根据大数据的不同类型对大数据进行分类，同时选择不同的大数据解决方案，如RDBMS（关系型数据库）、ETL（数据清洗、转换、装载的过程）、ELT（数据清洗、装载、转换的过程）、CDC（增量数据复制，有同步和异步两种模式）。对不同类别的大数据应采取不同的建模方式，采用不同的存储和检索方式，使用不同的集成工具和系统，如表3-1所示。

表3-1　大数据分类模式

数据种类	结构	示例	量	安全性	建模	存储和检索	集成	使用
主数据；事务分析数据；元数据	结构化	观测数据	中–高	数据库、应用程序和用户访问	预定义的关系建模或维度建模	RDBMS/SQL	ETL/ELT、CDC	应用程序、BI和统计程序
参考数据	结构化和半结构化	交换数据	中–低	平台安全性	灵活可扩展	XML/XQuery	ETL/ELT、消息	使用基于系统
文档和内容	非结构化	预报文件	高	基于文件系统	随意	文件系统/搜索	操作系统级文件移动	内容管理

数据种类	结构	示例	量	安全性	建模	存储和检索	集成	使用
大数据 –网页 –物联网 –卫星/雷达等传感器	结构化、半结构化、非结构化	云图、视频、语音、网志	高	文件系统和数据库	灵活（键值）	分布式文件系统/NoSQL	Hadoop、MapReduce、ETL/ELT、消息	BI和统计工具

根据新型智库研究服务需要，业务问题可分为不同的大数据问题类型，从而确定合适的分类模式和合适的大数据解决方案，但首先要将业务问题映射到它的大数据类型。表3-2列出了常见的业务问题并为每个问题分配了一种大数据类型。

表3-2　业务问题与大数据类型

业务问题	大数据问题	描述
经济运行情况	机器生成数据 统计数据 海关数据	依据站点观测数据汇总和国家下发文件、全球交换数据预测经济发展宏观环境
政府政策分析决策	机器生成的数据 地理信息数据 政府交换数据 图片视频资料 语音播报数据 微博等网页数据	通过各种政府和非政府机构平台整合关联政府宏观政策、风险预警反馈、投资建设项目分析结果预测
社会发展	人口信息 文化 民族宗教 Web与社交媒体数据	依据国家区域信息以及网络媒体调查反馈
历史环境	历史事件 区域地理 自然灾害	根据历史资料和地理资料结合分析，预判投资项目风险提供参考
股票期货贸易	风险预警	风险提醒、投资环境变化预测
	投资分析	用于股票期货市场预测分析
……	……	……

大数据来源多样，有结构化数据、非结构化数据、半结构化数据，数量巨大，类型多样，必须针对不同类型的大数据，分类确定大数据应用方案，采用不同的数据存储模式和数据模型，并采用统一的大数据元数据管理方案，如图3-5所示。

因为传入的数据可能具有不同的特征，所以数据改动和存储层中的组件必须能够以各种频率、格式和大小在各种通信渠道上读取数据。

（1）数据获取。从各种数据源获取数据，并将其发送到数据整理组件或存储在指定的位置中。此组件必须足够智能，能够选择是否和在何处存储传入的数据。它必须能够确定

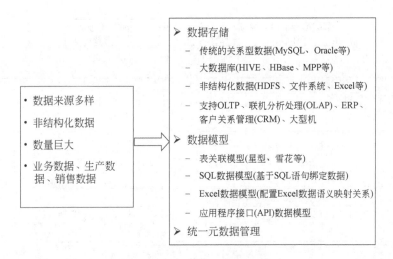

图 3-5　大数据智库数据模型

数据在存储前是否应改动，或者数据是否可直接发送到业务分析层。

（2）数据整理。负责将数据修改为需要的格式，以实现分析用途。此组件可拥有简单的转换逻辑或复杂的统计算法来转换源数据。分析引擎将会确定所需的特定的数据格式。主要的挑战是容纳非结构化数据格式，如图像、音频、视频和其他二进制格式。

（3）分布式数据存储。负责存储来自数据源的数据。通常，这一层中提供了多个数据存储选项，如分布式文件系统（Distributed File System，DFS）、云、结构化数据源、NoSQL 等。

同时对数据进行治理，加强对数据的应用与管控。大数据治理涉及定义指南来帮助智库制定有关数据的正确决策。大数据治理有助于处理智库内或从外部来源传入的数据的复杂性、量和种类。在将数据传入智库进行处理、存储、分析和清除或归档时，需要强有力的指南和流程来监视、构建、存储和保护数据。

除了正常的数据治理考虑因素之外，大数据治理还包含如下因素。

（1）管理各种格式的大量数据。

（2）持续培训和管理必要的统计模型，以便对非结构化数据和分析进行预处理。

（3）为外部数据设置有关其保留和使用的策略和合规性制度。

（4）定义数据归档和清除策略。

（5）创建如何跨各种系统复制数据的策略。

（6）设置数据加密策略。

大数据治理流程如图 3-6 所示。

（三）大数据处理

大数据处理技术是新型智库决策支持信息保障体系的重要能力基础设施。大数据之大并不是难点所在，其真正的挑战性来自于数据类型多样、要求及时响应和数据的不确定性，正确应用大数据技术进行大数据处理，新型智库大数据平台所面临的挑战也正是

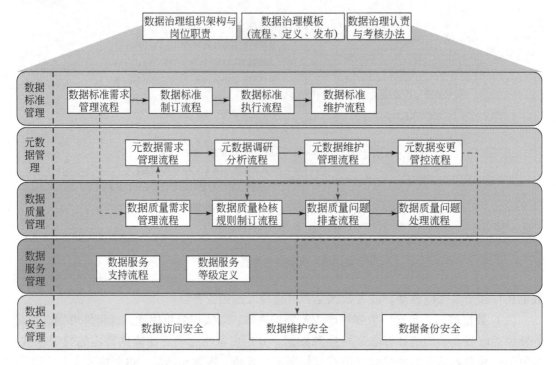

图 3-6 大数据治理流程

如此。

批量数据处理系统是大数据处理技术的主流。大数据技术数据处理流程借助于数据采集、数据预处理、数据存储、数据分析挖掘、数据可视化等大数据分析应用技术，通过对数据的批量处理挖掘其中的价值，来支持决策和发现新的洞察性内容。从数据生命周期看，大数据从数据源经过分析挖掘到最终获得价值一般需要经过 5 个环节，包括数据准备、数据存储与管理、计算处理、数据分析和知识展现，具体如图 3-7 所示。

从上述大数据技术数据处理流程来看，数据是新型智库大数据平台的核心。如何高效地从海量数据中分析、挖掘所需的信息和规律，结合已有经验和数学模型等生成更高层次的智库决策支持信息，获得各类分析、评价数据，为新型智库提供决策支持，为政府、企业和公众提供前瞻性和洞察力的信息，成为当务之急。目前大数据分析的发展趋势如TDWI 大数据分析报告（图 3-8）所指出的："企业已经不满足于对现有数据的分析和监测，而是更期望能对未来趋势有更多的分析和预测，以增强企业竞争力。这些分析操作包括诸如移动平均线分析、数据关联关系分析、回归分析、市场篮分析等复杂统计分析，我们称为深度分析。"[1] 正由常规分析转向深度分析[2]，从滞后性向前瞻性发展，不但要知道

---

[1] TDWI Checklist Report: Big Data Analytics [EB/OL]. [2010-08-10]. http://tdwi.org/research/2010/08/Big-Data-Analytics.aspx.

[2] 王珊, 王会举, 覃雄派, 等. 架构大数据：挑战、现状与展望 [J]. 计算机学报, 2011, 34 (10)：1741-1752.

"发生了什么""为什么发生",而且要知道"正发生什么"和"将发生什么",随着分析深度的增加,所使用的大数据分析算法也不断变化,最终形成有价值的分析结果。

图 3-7　大数据技术数据处理流程

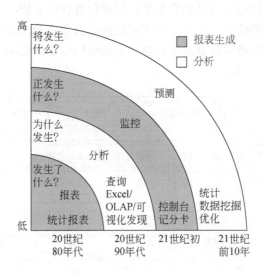

图 3-8　大数据分析的趋势

采用大数据技术,将促使新型智库大数据平台在数据采集端、分析端和应用端三个环节实现突破,实现智库决策支持能力提升,如图 3-9 所示。在采集端,多源数据融合和运营化发展是重点;在分析端,应注重实时化处理和数据处理的高效化;在应用端,以机器学习为核心,注重数据分析的智能化和云端化,云计算和移动互联网将促进大数据应用从 2B(指"to Business")市场迅速推广到 2C(指"to Customer")市场。

图 3-9　大数据技术分层突破

（四）大数据集成

新型智库大数据平台的关键是数据来源，智库自身数据有限，除了购买数据外，更多的数据要依靠数据集成来解决，因此，智库大数据平台要充分考虑数据集成问题，对 Web 数据、其他外部数据等多类型数据进行集成，包括结构化数据集成、流数据集成和非结构化数据集成，如图 3-10 所示。

图 3-10　新型智库核心数据平台功能架构

大数据应用程序从各种数据起源、提供程序和数据源获取数据，并存储在 HDFS、NoSQL 和 MongoDB 等数据存储系统中。这个垂直层可供各种组件使用（如数据获取、数据整理、模型管理和交易拦截器），负责连接到各种数据源。集成具有不同特征（如协议和连接性）的数据源的信息，需要高质量的连接器和适配器，也可以使用加速器连接到大多数已知和广泛使用的来源。各种组件还可以使用垂直层在大数据存储中存储信息，从大数据存储中检索信息，以便处理这些信息。大多数大数据存储都提供了服务和应用程序接口（API）来存储和检索该信息。数据集成整体架构如图 3-11 所示。

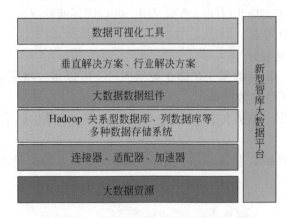

图 3-11 大数据平台核心数据集成架构

数据集成要考虑数据的预处理，处理好预处理数据集成和核心数据平台架构的关系，如图 3-12 所示。预处理数据集成要注意以下几点。

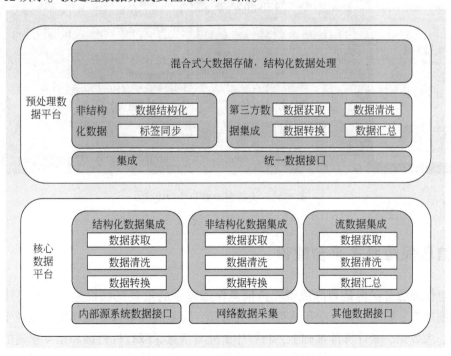

图 3-12 预处理数据集成和核心数据平台架构的关系

对来自境外数据，包括非本地数据等，在预处理数据平台进行清洗和转换并且进行汇总后与核心数据平台进行协同处理；非结构化数据在核心数据平台进行清洗和转换为结构化数据；第三方的数据接口和数据集成统一在核心数据平台。

大数据平台必须能够对采集到的数据进行集成，数据集成的类型如下。

1. 从实时性角度划分

（1）实时或准实时。通常用于支持时间敏感型应用，要求数据以实时或准实时的方式处理，单位时间内处理的数据量较大。

（2）非实时。用于支持非时间敏感型应用，处理周期通常按日、周、月、年，以批量处理的方式满足这部分需求。

2. 从数据类型角度划分

（1）结构化数据。即行数据，存储在数据库里，可以用二维表结构来逻辑表达的数据，如业务支撑系统产生的数据等。

（2）非结构化数据。包括文本、图片、图像、音频、视频信息等，不能以传统的数据库进行存储和处理。

另外，将不同的数据类型集成后，还应当统一按照大数据处理模式进行处理，如图 3-13 所示。

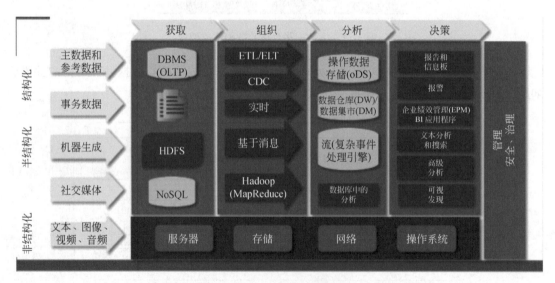

图 3-13　大数据类型及处理模式

三、信息保障服务平台建设

信息保障服务平台是智库决策支持信息保障体系的重要基础设施。平台集成数据采集、数据加工、信息处理、决策支撑、研究合作、智能服务等多方面功能，是一个建立在互联网、大数据、云计算等基础上，将智库研究与信息保障有机衔接和相互渗透的综合性服务平台。平台构建既要遵循智库对公共政策提供决策支持的功能，也要遵循信息情报工作的规律与方法，更要体现出问题发现能力和数据资源转化能力，有利于支持智能决策研究。因此，智库决策支持信息保障服务平台既是对数据、信息、知识、情报等各种资源的整合，也是资金筹措、人才管理、成果转化、资源共享和绩效评估等各种保障能力的集成，通过一系列活动和流程，借助各种定性与定量分析工具与方法，将智库数据资源转化为具体的决策支持成果。智库决策支持信息保障服务平台既要将环境扫描、需求研判、任务设计、数据分析、信息处理、知识发现、决策支持、智能服务等基本流程融合在一起，也必须具备学习、认知、控制、评价、反馈等基本功能，最终体现出对公共政策的智能决策支持作用与功能。平台既是智库内外部专家、数据、知识等资源的整合，也是智库综合管理服务保障能力的集成，最终目的是为智库提供"有效的智能决策和支持"①。因此，智库大数据决策支持信息保障服务平台遵循"数据+能力+管理+服务"的思路，具体可分为数据层、能力层、管理层以及服务层，如图 3-14 所示。

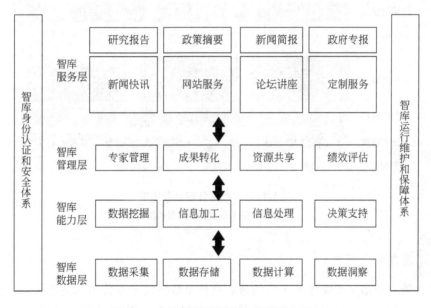

图 3-14　智库决策支持信息保障服务平台

（一）数据层

数据是智库进行决策支持研究的基础资源，全面准确及时海量的可用数据信息是智库获取洞见、提升研究质量的关键。智库数据获取渠道一般有政府渠道、商业渠道、社会渠道，有公开渠道、灰色渠道，也有秘密渠道，这些数据来自不同部门、不同领域，数据主体不尽相同，数据类型多样，包含商业数据、政府数据、社会数据、科技数据等，甚至包括社交信息、物联网数据、文献情报库等。从数据采集手段来看，包括人工获取和自动获取两类手段，特别是在大数据时代，自动采集、聚类分析将成为信息情报工作的主要方

---

① 秦宗和. 基于数据挖掘的图书馆智库情报服务构建研究 [J]. 图书馆学刊, 2018, 40 (6): 43-47.

式。智库依托信息服务平台的情报感知能力、知识创新能力、资源汇聚能力，为智库获得有洞察力的研究结论创造数据条件。

从大数据集成层面来看，智库决策支持信息保障服务平台大数据管理服务体系主要由以下逻辑层组成：数据集成层、数据存储层、数据分析层、数据使用层等，具体又可细分为数据源层、数据收集层、数据存储层、数据计算层、数据整合层、数据智慧层、数据消费层、数据洞察层等，共同构成结构化层次性的智库决策支持信息保障体系。数据层作为是智库大数据决策支持信息保障服务平台的基础，形成新型智库的大数据数据处理系统，如图 3-15 所示。

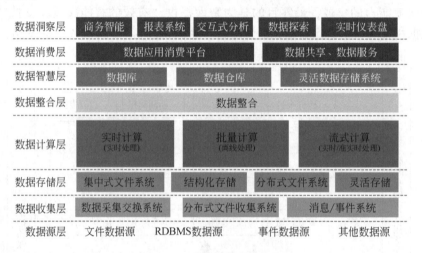

图 3-15　大数据管理服务体系

RDBMS 为关系数据库管理系统

（二）能力层

智库决策支持信息保障服务平台的核心是信息数据的专业分析和处理能力。能力层一般包括信息规划系统、信息收集系统（信息检索与数据采集）、信息分析系统（信息挖掘与分析）、信息管理系统以及信息监测（预警）系统[①]。信息规划系统主要针对智库研究的长期方向、重点领域、部门需求，合理规划信息基础设施，建设专业数据库，确定信息合作伙伴，制订信息采集和研究计划，确定信息研究目标架构和具体内容，组建信息支撑技术团队，为智库信息情报工作打好基础。信息收集系统则是在信息规划的基础上，课题研究团队和信息技术团队合作，采用传统信息检索手段和大数据技术，对智库内外部数据、智库联盟数据、商业数据和社会数据等多源动态数据，采用异步或者实时手段，进行广泛的监测和采集，并对采集的数据进行识别、整理和融合，形成高质量的智库情报信息资源库。信息分析系统是根据智库研究问题需要，采用聚类、回归、关联和偏差分析等大

---

① 储节旺，曹振祥．综合性国家科学中心情报保障体系和运行模式构建——以合肥为例［J］．图书情报工作，2018，62（8）：5-13.

数据技术方法，对数据信息进行分析、解读和可视化展现，形成决策支持分析报告或综合解决方案等研究成果。信息管理系统是对智库所掌控的信息的权责、归属、使用权限和保密隐私等进行全面管理，保证信息安全，并对智库信息成果进行管理、存储、传递和控制。信息监测系统则是通过对智库的重要服务群体（如区域政府、重要研究机构、同类智库、重点人群等）的活动、动态、重要政策信息的监测和预警，为智库研究提供监测预警信息。能力层在需求分析研判的基础上，满足智库的信息情报需求，通过数据挖掘、信息加工、信息处理、决策支持等技术手段，满足智库的信息情报分析处理需求。

（三）管理层

智库决策支持信息保障服务平台必须根据研究课题条件，配备业务精湛的专业人员，组建结构合理的专家团队和技术服务团队，设计具体的工作方案，着手对任务进行个性化分解，进一步明确工作性质及任务所需的信息资源与工具。合理配置和管理信息资源，部署大数据分析系统和设备，安排决策支持信息保障策略。管理层一般应包括情报信息规划系统、情报信息收集系统（信息检索与数据采集）、情报信息分析系统（信息挖掘与分析）、情报信息管理系统以及情报信息监测（预警）系统。情报信息规划系统主要是针对智库各层级各部分的需求制订情报信息研究计划，确定情报信息研究的目标架构和具体内容，组建课题研究团队和技术团队。情报信息收集系统则是由课题研究团队将传统情报信息检索与搜集手段与大数据研究手段相结合。对内外源数据进行实时且广泛的监测，对庞大而复杂的多源数据进行采集，并对采集的数据进行去重、过滤与识别，使数据融合，形成高质量的情报资源。情报信息分析系统是根据问题需要，通过分类、回归分析、聚类、关联规则和偏差分析等数据挖掘方法，对数据信息和情报进行分析和解读，形成综合分析报告或决策方案等形式的情报研究成果。情报信息管理系统功能是对智库信息成果进行管理、存储、传递、优化、使用和控制。情报信息监测系统则是通过对智库关注的重要目标主体（如区域政府部门活动、重要研究机构动态、重要政策信息等）的活动信息监测和预警，为情报信息研究成果提供支撑。绩效评估是智库的重要管理功能，应通过制订智库信息保障管理制度，规范智库主体和平台对情报信息采集、编码、整理、分析、审计、保密、发布、人员激励等方面的各种行为，为智库决策支持信息保障平台的良好运行保驾护航。

（四）服务层

智库决策支持信息保障服务平台要以用户为中心，满足用户各种服务需求。在信息保障过程中，要求以智库的个性化需求为牵引，提供最贴切的信息服务，还要通过分析智库研究人员特征和信息使用习惯，主动收集智库研究人员可能感兴趣的信息，并以个性化方式呈递给智库研究人员。成果服务是一个信息推送过程，也是智库情报服务平台建设的目的所在。智库研究多为应用对策性的智力成果，不可能直接转化为现实生产力，其价值无法使用利润指标来衡量，而是看其在多大程度上影响了公共观念和现行政策。因此，需要智库信息保障部门运用现代化的技术手段及丰富的网络资源优势，通过多种途径，将处理后的信息主动传递给公共决策者，应用于社会实践，最终实现智库成果的社会效益和理论价值，包括通过微信、网站提供相关信息服务，也包括面向特定群体发布的研究报告、举办的论坛和讲座，以及定制化的情报服务。一般情况下，智库成果评价会由专门组成的专家团队进行客观评价，在认真听取用户反馈意见的基础上，有针对性地对情报信息进行最后的修订与完善，在确认情报信息质量以后，将相关情报信息及时传送给用户，以便用户进行决策参考。此外，根据智库成果价值的评价指标，如采纳率、转载率、他引率、媒体影响等，加强智库成果推送和营销，扩大智库成果的影响力①。

---

① 向洪，曹如中，赵宗康. 大数据背景下智库情报服务平台构建研究 [J] . 图书馆理论与实践, 2017 (10)：42-47.

第四章 智库决策支持信息保障协同创新体系概述

本章概要：智库决策支持信息保障协同创新系统需要整合各方机构的资源优势和服务能力，形成"集群效应"，实现跨学科、跨领域、跨机构的信息保障，以服务于智库决策支持。智库决策支持信息保障协同创新对于提升智库决策支持效率，满足政府日益增长的智库决策支持需求起着非常关键的作用。本章概述智库决策支持信息保障协同创新的背景、概念和意义，构建智库决策支持信息保障协同创新的框架体系、创新机制、创新模式以及创新平台等基本理论体系。

第一节 智库决策支持信息保障协同创新基本理论

一、背景

《关于加强中国特色新型智库建设的意见》中强调要"统筹整合现有智库优质资源""鼓励智库与实际部门开展合作研究""搭建互联互通的信息共享平台"，这些意见对智库决策支持信息保障协同创新提出了新的要求。从实践来看，当前我国智库存在信息封闭和沟通不畅、智库多独立发展易成信息"孤岛"、研究力量分散、团队协作弱、平台条块分割、理论与实践结合不够、成果质量转化率不高、对决策支持支撑不够等问题，因此亟须突破各类智库之间、智库与其他研究机构、智库与政府机构、智库与信息服务机构、智库与科技企业之间的信息"壁垒"，整合各方资源优势和服务能力，形成"协同效应"，实现跨学科、跨领域、跨机构的智库决策支持信息保障协同创新，以服务于智库决策。换句话说，就是要在协同创新视野下更加有效地实现智库决策支持信息保障服务。

国外智库决策支持信息保障的协同意识较强。首先，国外智库决策支持信息来源十分广泛，既包括决策者决策过程中产生的内部信息，面向公众"政务公开"的相关信息，又包括来自新闻媒体、网络、社会公众和企业等外部信息。随着社会环境的快速变化，各个领域对行业的发展变化的不确定性增加，对决策支持的需求明显增加。尤其是大型项目的实施，更需要专业的智库团队通过研究、解读和评估来产生融入集体智慧的解决方案①。伴随现代决策的日益复杂，仅凭单一领域专家或团队无法剖析和厘清问题的全貌，而通过各个领域的协同工作才能较好解决某一问题，因此需要智库决策支持主体的跨界融合，形

---

① Bertelli A M, Wenger J B. Demanding information：Think tanks and the US Congress ［J］. British Journal of Political Science, 2009, 39 （2）：225-242.

成多领域的专家团队来协同工作。布鲁金斯学会就是通过跨领域的团队合作，甚至是跨全球的合作，来激发产生新颖的、独到的见解和高质量的智库成果①。而随着互联网的快速发展，构建起了一个"泛在"关联的社会，任何两个人都可以通过互联网联系在一起②，更为跨领域、跨地域的专家协同创造了条件，使不同领域的专家及各个行业精英汇聚，借助智库平台进行交互和问题探讨，驱动智库高速发展。其次，计算机和网络的快速发展使得智库的运行模式由人力密集型转向智力密集型发展，依托领域数据库和知识库，更有利于组织专家团队展开智力分析工作。兰德公司通过构建一系列完善的组织方法和体系，如德尔菲法、头脑风暴法等，来获取最大化的专家智力支持③。最后，智力密集型的智库组织得到了极大的发展，并成为智库的主流组织形式，这为智库的发展提供了有意义的启示。但随着知识的爆炸式增长，跨领域的知识融合比单一领域的知识分化能够凸显出更大的应用优势。例如，概念网络联盟（Concept Web Alliance）旨在提供一个全球性的跨学科平台，讨论、设计、实现多领域的工作流，促进更广泛的合作④。所以，智库的建设迫切需要跨领域的知识组织和专家学者的智力协同模式，来激发智慧灵感，解决综合难题。

国外智库都有各自可靠的信息数据来源，一般都有自己的图书馆和情报信息网络。例如，野村综合研究所在纽约、伦敦、香港、悉尼、旧金山、首尔、马尼拉等地设立了多家国际事务所，负责搜集有关信息和情报⑤。斯坦福研究所除了在美国加利福尼亚门罗公园设总部外，在美国的华盛顿、佛罗里达州、马里兰州、密歇根州、蒙大拿州、宾夕法尼亚州、弗吉尼亚州、得克萨斯州等城市设有分支机构，在欧洲、中东以及亚洲地区也设有办事处。这些分支机构成为斯坦福研究所的情报信息来源⑥。在国外大型智库中，一般都有专门的信息分析人员，与专业研究人员合作工作。信息分析人员通过有效的信息分析与研究，通常以政策报告的形式呈递给决策者。信息分析人员需要对信息具有超强的敏感性，经常就正在或未来发生的事情作出判断和进行预测。信息分析人员与专业研究人员一样，都堪称某一领域的专家。德国的科学与政治基金会（Stiftung Wissenschaft und Politik，SWP）设有欧洲一体化研究室、国际安全研究室等8个专题研究部门。与之相对应，该基金会设立欧洲事务信息研究室、国际安全信息研究室等8个专门信息研究室。这些信息研究室主要由信息研究专家和信息管理者组成，为该基金会的专题研究部门以及德国联邦议院和联邦政府各部门提供信息服务⑦。国外智库非常重视信息服务联盟建设，智库间信息资源协作成为发展趋势。例如，德国国际政治与安全研究所与德国12家研究机构共同建立了一个重要的网络平台——欧洲国际关系与地区研究信息网络（European Information

---

① Brookings. About Brookings [EB/OL]. [2023-07-30]. https://www.brookings.edu/about-us/.

② Watts D J, Dodds P S, Newman M E. Identity and search in social networks [J]. Science, 2002, 296 (5571): 1302-1305.

③ Drezner D W. American think tanks in the twenty-first century [J]. International Journal, 2015, 70 (4): 82-84.

④ Concept Web Alliance. Declaration Concept Web Alliance [EB/OL]. [2023-07-30]. https://nbic.nl/about-nbic/affiliated-organisations/cwa/declaration/.

⑤ 邹逸安，何立坚. 国外思想库及其成功的经验 [J]. 中国科技论坛，1991 (6): 58-61.

⑥ 王春法. 美国思想库的运行机制研究 [J]. 社会科学管理与评论，2004 (6): 29-41.

⑦ 吴育良. 国外智库决策信息支持研究及启示 [J]. 图书馆理论与实践，2015 (10): 31-35.

Network International Relations and Area Studies，EINRAS）。该网络是面向国际政治研究的公共信息系统，由欧洲多个研究所的研究小组通过项目形式合作完成。其中包括一个欧洲最大的国际关系研究资源库"世界事务在线"（World Affairs Online，WAO）、一个门户网站（IREON）以及多语种主题词汇编等。其作用在于，一是加大对相关信息的整合力度，进一步拓展欧洲国际关系与地区研究方面综合、分门别类的信息，以供研究和教学、媒体、企业和公众使用；二是充分体现综合实力，确保欧洲相关学科信息平台在国际上的竞争力；三是避免同步建设，造成资源浪费①。

我国党政部门、社会组织及公众构成智库服务的主要需求主体。党政部门正在面向全面深化改革和国际国内环境变化所带来的复杂性、不确定性及风险性等并存的复杂问题，面对"一带一路""自贸区建设""多规合一"等复杂问题决策，党政部门需要整体的跨部门、跨区域视角来进行"顶层设计"，这使得党政部门由以往单个部门的决策咨询需求向复杂问题决策咨询需求转变，需求的变化需要发挥不同类型智库及相关机构的优势，整合不同领域资源，协同提供有效咨询。另外，从智库决策咨询需求变化出发，需要智库面对更为复杂的环境和问题，提供高质量决策咨询服务。例如，地方推进国企改革涉及的问题就是复杂问题，这需要法律、经济与管理等多领域智库专家协同来提供决策咨询服务。单个智库已不能有效满足当前针对复杂问题的决策咨询需求，地方智库需要充分利用内外部资源进行知识协同创新来提供高质量的决策咨询服务②。在当今的网络和大数据环境下，智库更需要运用现代情报理论、数据资源和数字技术对智库服务进行升级③，以高质量创新成果满足需求主体的时效性、风险性、科学性、预见性、系统性、战略性等多样化的决策咨询服务需求④。为适应复杂多变的外部环境与日益高端专业的决策咨询需求，智库更需要充分利用内外部资源，尤其是信息资源，来进行知识开发与管理，并提供高质量的决策咨询服务。

作为智库建设的"新路子"，国内智库情报服务在协同创新方面也产生了一些具有较好效果的实践案例。例如，2013年上海市教育委员会创建的高校智库研究和管理中心就是一种协同化的科研组织形态，但仅限于区域内的高校智库合作；2014年国务院发展研究中心主办的中国智库网是目前智库决策咨询交流的重要平台，但其成员单位大部分为政府机构；北京联合大学旅游学院与IBM联合打造"旅游大数据协同创新中心"这个产学研一体化的平台，旨在发展一个更具开放性和开创意义的"智慧旅游平台"，提供业内商家、景区景点、旅游者等多种数据，全面促进提升公共信息服务、景区高效管理、企业精准营销、游客个性服务等旅游业重点范畴的信息化程度。就战略实施层面来看，我国目前已经可以组建全国性质的智库协会、国家级和省市级层面的智库一体化服务平台、专门的共享数据库和共享网站、针对性的知识产权保护（如智库信息综合服务协议）等。在智库实践

---

① 吴育良. 国外智库决策信息支持研究及启示 [J]. 图书馆理论与实践, 2015 (10): 31-35.

② 耿瑞利, 申摇静. 基于开放式创新的智库知识管理模型构建及应用 [J]. 图书情报工作, 2017, 61 (2): 121-127.

③ 张海涛, 张念祥, 王丹, 等. 大数据背景下智库情报的服务创新——基于协同理论视角 [J]. 现代情报, 2018, 38 (9): 57-63.

④ 李瑞, 李北伟, 李扬. 地方智库协同创新模式选择与实现路径 [J]. 情报杂志, 2019, 38 (8): 82-89.

层面，业界也已出现了决策支持信息保障协同创新的现实载体和案例，如落户南京大学的综合研究南海问题的高端智库——中国南海研究协同创新中心，由南京大学牵头，外交部、海南省、国家海洋局三个政府部门支持，联合中国南海研究院、海军指挥学院、中国人民大学、四川大学、中国科学院、中国社会科学院等单位，按照"国家急需、世界一流"的要求，以国家重大需求为牵引，以机制体制创新为核心培育组建。该中心将依托南京大学地理信息、海洋海岛研究、边疆史学、文献情报、国际关系等方面的多学科优势，协同国内外相关研究力量，通过创新机制，带动南海问题的政治、经济、军事、外交、科技、文化等方面的应用和基础性研究，为国家有关部门提供基础信息与决策支持服务，打造综合研究南海问题的重镇。中国南海研究协同创新中心不仅实现了决策支持信息内部协同创新，也实现了决策支持信息外部协同创新，充分发挥了协同创新在智库中的作用①。

2015 年 3 月，由中国出版协会、中国教育学会、中国高等教育学会、中国职业技术教育学会、中国图书馆学会、中国博物馆协会、《中国学术期刊（光盘版）》电子杂志社有限公司共同主办的"文化大数据与教育创新"研讨会在清华大学召开，500 余位教育、文化界代表应邀参会，七家单位共同发起跨界会议，以全新的模式研讨崭新课题——文化大数据与教育创新的关系。与会专家普遍认为：现今的教育与文化应突破形式单一、"信息孤岛"的态势，应该采用更高效的平台机制深度挖掘教育资源需求，整合各类文化、教育信息资源，建设一个全面、便捷的文化大数据平台。以文化大数据的平台建设和应用为新起点，开展信息资源的新合作，开启文化与教育协同发展的新篇章。从该会议议题来看，信息协同创新已成业界共识。尽管如此，其他类型智库以及智库与智库、智库与相关机构之间的信息保障协同创新问题仍然需要进一步探索。

另外，贵州省与中国知网联合打造了贵州大数据智库平台，平台汇聚数据、知识、专家等资源，为贵州省各级政府的科学决策提供面向具体问题的全过程精确知识服务和决策支撑。温州智库网络体系框架中建设的共建共享平台是由温州的高校、媒体和企业研究机构等 10 家成员单位组成，形成了成员单位与温州市委政研室的信息共享、项目共建的网络体系②。吉林省社会科学院与省内多家智库机构合作打造了对外合作平台体系。

上述国内外智库决策支持信息保障的协同趋势及案例，为智库未来发展指明了方向，即开展决策支持的信息保障协同作业，贡献治理智慧。为了更好地推动智库在国家治理体系和治理能力现代化建设中发挥作用，必须积极推进智库决策支持信息保障协同创新，使之在中国特色新型智库现代化能力建设中发挥基础保障和重要作用。

二、概念

协同理论最早于 20 世纪 60 年代由德国 Hermann Haken 教授提出，着重研究系统与系

① 朱蕴辉，李雪溶. 中国特色新型高校智库的文献信息服务——以南京大学"中国南海研究协同中心"为例 [J]. 高校图书馆工作，2016，36（6）：53-56.
② 刘摇晶. 开放决策、公共对话与地方治理创新——以温州特色智库体系为例 [J]. 理论与改革，2017（2）：36-45.

统之间相互作用的变化规律。协同理论认为，通过协同作用，组织集成并不是组织要素的简单数量相加，而是通过人的主动集成行为，使组织系统的各要素之间以及各子系统之间能够协同地工作，从而使组织要素彼此耦合，造成全新的整体放大效应[①]。控制论认为，协同是将各个彼此独立的组成部分联系起来，以实现总体效果大于部分效果之和[②]。因此，协同理论倡导主体多元化、合作方式协同化等理念，强调多种资源的协同整合，追求资源利用价值和服务质量的最大化。后来，协同理论大量应用于科技创新领域。协同创新是指各个创新要素的整合以及创新资源在系统内的无障碍流动，是以知识增值为核心，以企业、高校科研院所、政府、教育部门为创新主体的价值创造过程[③]。美国麻省理工学院的彼得·葛洛（Peter Gloor）最早给出协同创新（Collaborative Innovation）定义，即由自我激励的人员所组成的网络小组形成集体愿景，借助网络交流思路、信息及工作状况，合作实现共同的目标[④]。其后这一概念发展成为"围绕创新目标，多主体、多因素共同协作、相互补充、配合协作的创新行为；其主要形式就是产学研协同创新，特别是高校与科研院所、行业产业、地方政府进行深入融合，构建产学研协同创新平台与模式；特点是参与者拥有共同目标、内在动力、直接沟通，依靠现代信息技术构建资源平台，进行多方位交流、多样化协作"。可以从微观的角度将协同创新概述为：为实现共同的目标，不同创新主体（企业、高校、科研机构等）之间相互配合、合作和整合，发挥各自的优势，获取外部性效应，产生各种分散的作用，在联合中使总的效果优于单独效果之和，从而降低创新成本，提高创新绩效。协同创新实现了创新主体间人才、资本、信息、技术等要素的深度合作。协同创新多为组织内部形成的知识分享机制，特点是参与者拥有共同目标、内在动力、直接沟通，依靠现代信息技术构建资源平台，进行多方位交流、多样化协作[⑤]。协同创新是多个独立的、没有直接隶属关系的组织形成的目标趋同、知识互补、运作配合、收益共享的创新模式，本质上是一种管理创新[⑥]。因此，协同创新从根本上说是各个创新主体要素内实现创新互惠知识的共享、资源优化配置、行动最优同步、高水平的系统匹配[⑦]。

总之，协同创新指的是以知识增值为核心的新型创新组织模式，是知识、资源、行动、绩效的整合，涉及知识分享、资源优化配置以及行为同步优化等内容，是将各个创新主体要素进行系统优化、合作创新的过程。

"协同"是方式，创新是"目的"，将智库决策支持信息保障服务进行协同创新是一种基于核心能力要素整合的策略。按协同创新实现途径的不同，可将协同创新分为内部协

① 毕建新，黄培林，李建清. 基于协同理论的高校协作服务模式探索——以东南大学为例 [J]. 中国高校科技，2012 (4)：14-15.
② 胡昌平，晏浩. 知识管理活动创新性研究之协同知识管理 [J]. 中国图书馆学报，2007 (3)：95-97.
③ 陈劲，阳银娟. 协同创新的理论基础与内涵 [J]. 科学学研究，2012 (2)：163-164.
④ 易澄. 高校协同创新的现状与对策研究 [EB/OL]. [2023-07-30]. https://syq.cumt.edu.cn/ea/86/c4952a256646/page.htm.
⑤ 张力. 协同创新，意义深远 [N]. 光明日报，2011-05-06 (016).
⑥ 宁滨. 高校在协同创新中的地位和作用 [N]. 人民日报，2012-04-19 (7).
⑦ 陈劲，阳银娟. 协同创新的理论基础与内涵 [J]. 科学学研究，2012 (2)：161-164.

同创新和外部协同创新两种①。内部协同创新是指国内外学者主要围绕与企业内部创新相关的核心要素和若干支撑要素的协同创新模式、机制及过程模型、影响因素及效应等展开研究；外部协同创新是指国内外学者主要围绕横向协同创新和纵向协同创新展开研究。其中，横向协同创新主要是指同一大类产业中细分产业主体间的协同；纵向协同创新主要是指同一功能链不同环节上的产业主体间的协同②。信息情报是决策的基础，信息情报机构为决策部门提供必要的、量身定制的情报信息；智库以服务决策为导向，为决策主体建言献策，并提供决策咨询服务。由此可见，应该针对智库建立相应的信息保障和协同创新体系，推动国家决策创新能力的提升。

协同理论倡导主体多元化、合作方式协同化等理念，强调多种资源的协同整合，追求资源利用价值和服务质量的最大化，为新型智库在情报服务模式上提供了理论依据，最终达到"1+1>2"的效果③。从现实来看，我国智库建设存在服务主体与客体信息封闭和沟通不畅、数据分析挖掘不够深入、服务方式单一、研究力量分散、服务人员专业素养和创新能力不足等问题，因此要整合各方智库机构的资源优势和服务能力，形成"集群效应"，实现跨学科、跨领域、跨机构的协同创新性研究，以更好地服务于决策。换句话说，就是要在协同创新视野下进行更加有效的智库情报服务④。本研究中的智库决策支持信息保障协同创新重点探讨智库内部针对特定的主题，打破各学科以及各研究部门主体间的壁垒，通过现代化的信息技术构建资源平台，实现创新要素的整合以及决策信息资源的无障碍流动。另外，新兴信息技术与应用模式的涌现，使全球数据量呈现出爆发式增长态势。美国国家科学基金会（National Science Foundation，NSF）将大数据定义为"由科学仪器、传感设备、互联网交易、电子邮件、音视频软件、网络点击流等多种数据源生成的大规模、多元化、复杂、长期的分布式数据集"⑤。在大数据环境下，"知识"的概念已经被泛化，网络信息资源不再局限于人脑所存储的知识，网络上的情绪反馈、网页之间的链接关系、网页的点击量等都可以加以提炼，成为新的知识。目前，大数据的开发与利用已经在医疗服务、零售业、金融业、制造业、电信等行业广泛展开，呈现了巨大的社会价值和宽广的产业空间。充分开发利用网络资源既是客观要求，也是提高社会资源配置、支撑国家创新体系的有效手段。在大数据环境下，智库决策支持信息保障协同创新是指智库、企业、政府、高校及科研机构、中介机构和用户等创新主体为了实现决策支持创新而充分利用大数据而开展的大跨度整合的创新组织模式。智库决策支持信息协同创新的过程是基于大数据信息资源传播共享之上的创新主体有目的、有意识的数据价值创造过程。

智库决策支持信息保障协同创新的内涵及要求为新型智库在决策支持信息保障模式上提供了理论依据。当前智库的信息化建设日益推进，智库决策已经从传统"拍脑袋"式的

① 熊励，孙友霞，蒋定福，等.协同创新研究综述——基于实现途径视角 [J].科技管理研究，2011（14）：15-18.

② 廉立军.特色智库决策支持信息保障协同创新机制研究 [J].图书馆学研究，2014（7）：62-65.

③ 杜慰纯，李斌，赵臻.基于协同理论实现多校区图书馆信息服务集成——以北京航空航天大学为例 [J].大学图书馆学报，2012，30（5）：90-93.

④ 陈劲，阳银娟.协同创新的理论基础与内涵 [J].科学学研究，2012，30（2）：161-164.

⑤ HilbertM, Lopez P. The world's technological capacity to store, communicate, and compute information [J]. Science, 2011, 332（6025）：60-65.

经验决策逐步向以数据资源为驱动的更加准确、科学的决策方式转变。大数据的出现和科学技术的快速发展给现代智库发展带来了一定的冲击和挑战，但同时也带来了新的发展机遇，现代智库在信息收集和用户需求的分析上需要协同自身和外部环境，作出与用户战略目标相融合的决策支持情报；在信息处理上能够协同数据挖掘技术等发现数据潜在价值，让"数据说话"；在服务方式上协同现代信息技术实现远程服务等多样的服务方式。在大数据环境下，协同理论是实现从用户发展战略的需求分析、数据信息挖掘、服务方式以及各服务主体协作等方面进行智库情报服务模式创新的重要理论基础，也是实现智库信息资源共建共享，提高我国智库整体服务质量的重要保障。

综上所述，本研究认为，智库决策支持信息保障协同创新充分发挥智库、创新型大学、科研机构和企业等智库决策支持信息保障协同主体汇聚的优势，构建跨学科、跨领域的智库决策支持信息保障协同创新网络。在智库决策支持信息保障协同创新体系中，通过建立情报信息保障体系，构建连接智库、企业、高校、科研院所、政府等的情报信息网络系统，降低智库决策支持信息资源搜索、存储、加工等成本，促进信息资源内部共享与流通，完善信息资源的合理配置，整合外部互补性资源，维护信息资源安全，使智库决策支持信息保障服务体系联系更加紧密，以为智库协同创新网络提供支撑，针对不同类型和层次的智库决策支持主体提供精确的情报信息，面向决策支持活动提供全面的情报信息保障服务，提升智库协作网络整体绩效，对大数据信息资源进行优化配置，促进智库的创新活力，提高智库服务产品实用性，增强智库综合服务效益，从而驱动我国新型智库创新发展，其最终目的是优化智库决策信息资源配置，推动智库协同创新，通过创新驱动促进智库发展。

三、意义

协同创新是智库决策支持信息保障的重要实施途径。当前我国重大决策面临的情况错综复杂，往往需要跨学科和跨机构的研究才能解决，协同创新不仅可以克服单个学者和单个学科知识结构的缺陷，还能够增强决策咨询服务的科学性和有效性[①]。在知识经济时代，智库仅仅依靠内部资源进行高成本的知识创新活动，已经难以适应复杂多变的外部环境与日益高端专业的决策咨询市场需求，智库需要充分利用内外部资源进行知识开发和利用，才能有效促进知识创新和智慧服务。近年来，智库在政府决策过程中发挥着越来越重要的支持作用，从而更加有效地促进其决策方案的优化。然而，我国新型智库决策机制的建设仍然存在诸多不足之处，主要包括以下几个方面。

（一）智库自身存在的缺陷

当前智库自身的建设状况不容乐观，缺乏协同研究模式，严重制约了它的发展。在智库内部，存在着缺乏不同学科间的协同攻关、机构间的协同合作、研究人员之间的协同互补等问题。具体体现为各学科之间没有建立桥梁，机构之间的合作较少，研究人员之间缺

① 王广禄，吴楠. 江苏：协同创新助推新型智库建设［N］. 中国社会科学报，2013-07-29（A01）.

乏及时、有效的沟通，研究信息资源难以完美获取，研究人员缺乏信息专家的支持，等等。著名智库评价专家詹姆斯·麦克甘认为，我国智库最大的问题就是其"独立性"——很多智库的运营像"黑洞"，无法实现更为广泛的交流与合作①，更勿谈彼此之间的协同了。中国智库很少跟其他亚洲国家的智库交流，与图书情报及企业之间的信息沟通和交流合作很少，智库的专家学者也很少与外界专家进行交流互动，集中体现为智库整合利用外部知识的能力不足。高质量的智库决策咨询服务，需要通过对相关资源和要素的有效合作与深度汇聚，构建完善的知识合作与交流机制。这些内部问题严重制约了新型智库的建设，影响了其作用的发挥。因此，新型智库决策支持机制的建设应当具有一定程度的协同性，相互配合，充分整合相关信息资源，进一步挖掘和研究社会问题，从而为政府决策提供更有价值的、更具深远影响力的对策建议和研究成果。

（二）智库的外部环境

智库的发展离不开良好的外部环境。政府对新型智库具有政策引领作用；企业对新型智库具有数据支持、信息共享作用；不同区域、层次以及学科背景的智库之间具有协同合作价值。大数据环境下，离开政府、企业和智库之间的合作是不可想象的。但是，当前智库普遍缺乏与政府部门、企业和其他智库之间的协同合作机制。主要表现为智库与政府的联系不密切，政府的信息智库难以有效获取，智库未能提供相应的前瞻性政策解决方案，政府也较少采纳智库的研究成果；企业对数据和信息资源的严格保密在一定程度上影响了新型智库的发展；智库之间甚至相互视为竞争对手，各自为战、单打独斗，甚至相互提防，视独有数据为核心优势。目前，我国的各类智库在研究领域、研究内容上重复、交叉、雷同现象严重，而（同类、不同类）智库之间的合作和交流普遍较少，特别是党政军智库与民间智库交流合作更少。这样一方面造成智库获取信息不全面，可信度不高，应用价值不大；另一方面造成资源严重浪费，社会效益低下。因此整合资源，实现资源合理利用，避免重复建设势在必行。智库外部环境的复杂性需要智库建立协同创新机制，整合外部相关因素，服务智库决策研究，尤其需要充分考虑与政府、企业以及其他智库之间的信息协同合作问题。

（三）智库的内部环境与外部环境之间沟通交流的局限性

智库建设目前还存在信息平台缺失，研究数据零散、缺乏系统性，研究成果缺乏应用渠道、难以影响政府决策，运行模式较为封闭、低水平重复研究较多，未树立研究成果推销理念，智库评价机制不完善等多个方面的问题。李卫红曾指出：我国高校智库小、散、弱现象严重，存在着研究机构定位不明确、力量不集中等问题；高质量研究成果较少，且部分研究缺乏针对性和实践性，存在过于学术化等问题②。这些问题的解决需要平台创新和协作机制的创新，为智库发展营造良好的信息内外部环境。在信息网络化与大数据时代，用于政府决策的"知识"范畴在不断扩大，而智库缺乏内外部协调和平行交叉沟通与

---

① 柯白玮. 黑洞运营中国智库困局难破 [J]. 中国智库，2013（2）：141-149.
② 李卫红. 高校在新型智库建设中的使命担当 [N]. 人民日报，2014-02-16（5）.

协同，缺少必要的联系、合作、对接和耦合，无法实现智库和智库群间的协同创新。

（四）智库研究水平能力参差不齐

从实践来看，我国已经形成了党政军智库、社会科学院智库、高校智库和民间智库四大类智库。然而，当前我国智库发展水平不一，实力相差悬殊，如民间智库力量较为弱小，与党政军智库差距较大。政府智库和高校智库虽然获得国家支持力度大，研究人员也相对较多，但其情报决策过于宏观或者难以贴近现实解决用户面临的实际问题，高校智库常出现研究学术化，与决策需求"脱节"问题，而企业情报部门和专门的情报机构虽然能够面向用户或决策管理层提供有价值的信息，但因为缺乏决策导向的研究，难以解决当前遇到的问题，其生存竞争压力和专业人员短缺的问题日益突出，因而难以快速发展。智库情报服务能力参差不齐，对决策支持信息保障工作普遍重视不够，限制了我国智库水平的整体提升。

（五）智库之间的协同不足

在当前复杂的社会环境下，很多智库研究项目的实施需要跨学科、跨领域、跨机构式的大力协同与密切配合，日益呈现出明显的综合性特征。在许多跨领域知识融合与问题的解决方面仍然有很大的发展空间，而且很多社会问题都需要不同领域知识和人才的介入。传统的智库"单兵作战"模式难以凝练出有深度、有价值的决策成果，不能适用于当前智库研究工作的实际，也就无法向政府、社会等输送高质量的研究成果。龚花萍等也认为，我国科研成果离散程度高、核心研究团体少的现象普遍，并且在多种因素影响的政策环境下，真正转化为生产力的比例依然不够理想①。这种情况也适用于智库研究领域。我国智库的数据共享机制尚不完善。如余晖就指出，虽然粤港澳三地的高校智库依托其人才、设备和资源优势开发了一系列专题数据库，然而各机构间的数据共享机制尚未有效建立②。首先，由三地高校、政府和官方智库共建的湾区联合数据库尚不多见。其次，现有数据库中有相当一部分数据暂未对外公开，仅授权给特定机构和人员使用。例如，香港科技大学社会经济研究中心开发的"香港社会动态追踪调查"和"基于 GIS 的香港选区经济社会分析平台"仅授权给部分研究机构，学者需要按需索取③。最后，在粤港澳三地之间、政府与高校之间存在着较强的数据保护主义，造成了不同机构间数据重复收集的"数据孤岛"现象。粤港澳三地政府和高校间的数据共享度、开放度和利用率在很大程度上决定了湾区问题研究的深度，目前的数据共享机制尚不完善，制约着相关研究的深入开展。

在大数据和信息时代，许多问题需要进行跨学科、跨领域、跨部门的合作研究，单一的智库难以获得全面、准确的情报信息，自然难以分析出科学的决策支持成果，同时用户需求的不断提升，而各智库之间又缺乏必要的联系、合作和对接，无法实现各智库之间的

---

① 龚花萍，高洪新，胡媛. 功能型图书馆智库服务模式及发展研究 [J]. 图书馆学研究，2017 (8)：22-28.

② 余晖. 协同共治：粤港澳大湾区高校智库发展机制创新 [J]. 苏州大学学报（教育科学版），2019，7 (2)：20-28.

③ 中山大学粤港澳发展研究院. 关于数据库内部开放使用的公告（2018 年 11 月更新）[EB/OL]. [2019-01-20]. http://ygafz.sysu.edu.cn/databases.

协同创新以满足用户的需求。所以，实践要求党政军智库、社会科学院智库、高校智库和民间智库的协同，同时加强与外部政府、企业、图书情报机构、社会中介组织的合作，在形成各自特色的同时，发挥自身的优势，共同围绕国家重大课题开展政策研究。而数据驱动下的智库协同创新服务模式能够在智能数据流的基础上发挥智库集体智慧，促进智库内部的高参与和外部的广探索，构建智库研究成果的一体化流程，减少此过程中的沟通障碍，最终形成科研、产业和政策的融合创新体系，实现新型智库集智、资政的发展目标。

快速准确获取信息是智库建设的立根之本①，协同创新则是智库决策支持信息保障的重要实施途径。协同创新有利于组织之间形成知识思想、专业技术的分享，克服单一组织、机构在知识结构上的缺陷。当前我国的重大决策面临的情况错综复杂，往往需要跨学科和跨机构的研究才能解决，协同创新不仅可以克服单个学者和学科知识结构的缺陷，还能够提高决策咨询服务的科学性和有效性②。智库决策支持信息保障协同创新有利于智库在以下几个方面形成优势③，以应对大数据背景下新型智库发展的实践需要。

（一）有效解决智库信息情报与需求脱节的问题

我国社会发展正处于转型时期，政府部门面对复杂的社会形势，对智库的依赖程度理应更高，也期望获得更加高质量的智库服务。随着大数据时代的到来，大数据情报思维与情报技术不断融入智库信息情报研究之中，改变了智库信息情报服务的内容与形式。在大数据背景下，以数据资源为驱动的智库决策支持系统构建成为主流，基于大数据作出的相关性分析与传统的基于经验主义所作的"拍脑袋式"决议形成了鲜明对比。尽管大数据情报资源呈现出了巨大的利用空间，但也需要智库机构有能力去获取和管理多源异构数据资源。现阶段，我国的智库信息情报来源主要来自国家政府智库、高校智库、企业情报部门和专业的情报商业服务机构，在大数据低价值密度的特性下想获得大量有效的信息资源并不是很容易。但在互联网的飞速发展之下，一些互联网商业企业（如阿里巴巴、京东等）、搜索引擎公司（如百度、搜狐等）等企业往往掌握很多专业领域的大数据资源，它们有自己的数据库和服务器，有一套完备的大数据处理系统。所以在智库与智库之间协同的基础之上，如果能够把这些大型互联网企业数据整合到智库协同的创新服务体系当中，就能使智库情报信息服务更加高效便捷。这样不仅能够获得共享及时、有价值的大数据资源，而且能够形成更加全面的智库协同创新服务体系。现阶段智库情报信息服务能力参差不齐，在大数据资源的利用上不能做到"互惠互利"，需要智库和情报部门及企业，共同开发利用大数据资源、交流大数据环境下的情报信息服务内容与形式，各取所需，扬长避短，互相促进，促进智库协同创新情报信息服务良性发展，最大化地利用大数据情报资源，进行协同创新，这是实现智库情报信息资源优化配置的必然要求。

---

① 谭三桃. 快速准确获取信息：智库建设的立根之本 ［N］. 中国社会科学报，2010-05-06（3）.
② 王广禄，吴楠. 江苏：协同创新助推新型智库建设 ［N］. 中国社会科学报，2013-07-29（A01）.
③ 李纲，李阳. 面向决策的智库协同创新情报服务：功能定位与体系构建 ［J］. 图书与情报，2016（1）：36-43.

（二）构建新型智库协同创新情报服务体系

当前社会错综复杂，在信息"爆炸"的时代，智库要想持续输出高质量的智力产品，就需要充分利用内外部资源，实现对数据资源的深度开发与利用，以满足政府和社会用户日益增长的需求，提高智库的整体服务能力。智库情报信息服务是智库建设的重要一环，是智库研究成果能够迅速进入决策视野的保障。智库情报服务活动是产生新知识的创造性劳动，重视社会实用知识的产出，并为社会和政府决策服务，因此其研究成果必须以客观性的情报分析与研判为基础和依据。大数据情报分析可以挖掘诸多事件背后的规律性及相关性问题，但基于数据的分析仍然需要智库专家基于经验的洞察力和深度诠释能力（专家智慧）。在中国特殊的文化背景下，智库是服务"决策"还是"决策者"的问题一直被广为诟病，即如何避免"领导想听什么就给什么"的迎合上级偏好的信息传递，或所谓的智库"情报政治化"等"干扰性因素"尤为关键[1]。在协同创新视野下，智库的资源要素将汇聚一堂，形成优势互补、全面合作的智库情报服务形式，既可以避免"单向性、零散性"的智库情报研究（即詹姆斯·麦克甘所言的"独立性"），同时也有利于形成智库群协商一致的决策信息服务模式（保持另一种"独立性"立场与角色定位）。换句话说，在新人文观念下，智库协同创新既重视"情报用户"，也重视"观念合一"和"意见融合"（"规模"更大的专家智慧碰撞）。尤其是在重大事件的决策咨询与部署问题上，个体智库之间的合作与竞争间接优化了智库支持决策机制，推动了新人文理念下的智库交互式情报服务发展。同时，协同创新能够更好地促进新型智库情报服务内容建设，实现智库信息保障服务战略和战术情报概念层面与操作层面的整合与协调，对于促进智库数据储备、信息交流、情报共享、知识创新，产出形式各异的情报服务或产品有着积极意义。因此，无论是从国家战略层面，还是从国家政策层面考虑，构建与新型智库建设相适应的、综合统一的智库协同创新情报服务体系尤为重要。

（三）实现工程化思维下智库情报服务模式

智库需要凝聚大智慧，就要实现智库显性知识与隐性知识的融合。国内很多智库由于资源缺乏、平台缺失等因素，在对议题的宏观把握上"目光偏狭"，容易陷入"纸上谈兵"。因此，实现智库要素与系统内外之间的整合，打破学科和单位壁垒，转变智库知识的阐释与表现方式，确保智库情报服务协同作业尤为必要。在此背景下，协同化的情报工程应运而生，据相关数据统计，目前已经有7%左右的机构进入到情报工程化阶段，即情报工作逐渐规范化、自动化和系统化[2]。在某些特殊情况下，智库需要做出快速满足决策者需求的情报产品，这依赖于情报信息资源保障体系的支撑。同时，智库情报机能的有效发挥还需要依赖强大的技术手段与方法，即需要利用各类工具提供的分析能力适应决策需求，尤其是在当前大数据的环境下。另外，智库作为"思想输出"的重要平台，吸纳了不

---

① 中国需要什么样的大学智库［EB/OL］.［2015-09-18］. http://www.shekebao.com.cn/shekebao/2012skb/sz/userobject1ai7770.html.

② 朱礼军. 主编寄语［J］. 情报工程, 2015, 1（2）: 2-3.

同背景、学科、领域乃至形态的专家学者，而高水平的智库专家能提出很多有深度、有价值的意见建议，是智库情报服务和智库品牌的基本保障。在情报工程化思维下，智库协同创新就是对"事实型数据+工具方法+专家智慧"的内部和外部集成。在情报工程实践方面，国外智库情报服务在多元化的信息资源建设、多样化的信息服务内容以及灵活的信息策略三个层面已经取得了显著进步，而中国特色新型智库信息服务也应以此为目标，实现智库决策支持信息协同创新，打造高端新型智库①。大数据的到来与政策需求变化促使智库情报信息服务工作走上新的研究范式，而实现工程化思维下的智库情报服务模式必然是大势所趋。

综上所述，在大数据环境下，有必要在协同创新视野下构建新型智库决策支持信息保障服务体系，构建面向决策的基于协同理论的智库创新情报服务体系可以促使智库知识生产创新与集成更加专业化和规范化，对于提升智库情报资源利用的效率（信息流通内容、信息传递渠道、信息传播质量等）、满足政府日益增加的智库支持决策需求起着非常关键的作用。

第二节　智库决策支持信息保障协同创新基础框架

一、系统

当前智库决策研究面临的情况错综复杂，往往需要跨学科和跨机构的研究才能解决，与智库决策支持相关主体进行合作创新不仅可以克服团队和专家知识结构的缺陷，还能够提高智库决策咨询服务的科学性和有效性。

协同创新实质是各个创新要素的整合以及创新资源在系统内的无障碍流动，将各个创新主体要素进行系统优化、合作创新的过程②。协同创新通过创新资源和要素的有效汇聚，通过突破创新主体间的壁垒，充分释放彼此间人才、资本、信息、技术等创新要素活力而实现的深度合作，具有创新资源易获性、创新效率高、共享创新成果、保持创新连续性等特征。智库决策支持信息保障协同创新体系即智库信息保障创新要素、创新资源和创新主体的系统化协同创新过程。从服务智库决策支持角度来看，"智库"与"信息"之间有着密切的关联性。智库研究成果的产出依赖于情报信息资源的支撑，同时智库服务产品的推广又可以反向提升智库品牌影响力，从而形成一个良性循环。鉴于此，迫切需要构建符合新型智库建设特色，科学、合理的智库决策支持信息保障协同创新服务体系，为智库决策主体服务。

智库决策支持信息保障体系是智库决策咨询研究体系的重要组成部分。智库决策支持信息保障协同创新就是将智库信息创新要素进行汇聚，结合大数据信息分析与专家之间有效的观念对话、思想碰撞，紧密围绕智库不同领域专家智慧，通过对客观问题及现象进行

---

① 吴育良. 国外智库信息服务的分析与启示［J］. 情报杂志，2015，34（2）：188-193.
② 陈劲，阳银娟. 协同创新的理论基础与内涵［J］. 科学学研究，2012（2）：161-164.

全程信息调研，开展集体合作式的信息保障服务，并借助科学的分析工具与分析方法，形成符合未来发展趋势的客观准确的分析报告，为智库针对性科学分析结果的提出提供高质量的决策信息参考依据，进而保障智库决策支持的科学性。为了提升智库信息服务的思路和基点，消除智库建设过程中的"信息软肋"，有必要在协同创新视野下构建智库决策支持信息保障协同服务体系。构建面向决策的智库协同创新信息服务，创新与集成更加专业化和规范化的智库决策支持信息保障服务，这对于提升智库信息资源利用的效率（信息流通内容、信息传递渠道、信息传播质量等）、增强智库决策支持技术手段，满足智库决策支持需求起着非常关键的作用。

具体来讲，智库决策支持信息保障协同创新体系是在协同创新机制和协同创新平台的支撑下，由组织服务体系、情报服务体系、技术服务体系和保障服务体系共同构成的智库决策支持信息保障协同创新服务系统。

结合上述智库决策支持信息保障协同创新体系的概念和功能定位，本研究初步构建了其系统框架（图4-1）。

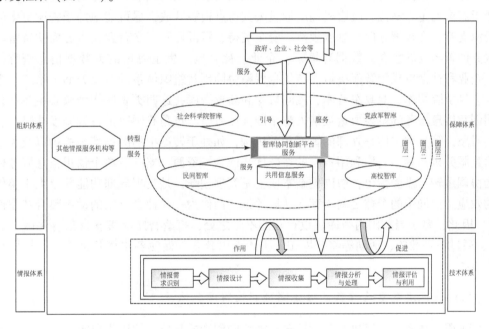

图4-1　智库决策支持信息保障协同创新系统框架

（一）智库决策支持信息保障协同创新组织服务体系

组织体系是智库决策支持信息保障协同创新的主体构成系统。从协同创新组织系统内部看，需要成立相应的协同创新服务机构，并树立该机构的地位，突出其作用，从组织上保证协同创新工作的开展。系统内部的各信息部门，负责本单位信息资源建设规划、信息保障体系的设计和布局，信息设备的采购和布置、信息资源系统建设、信息产品和服务的输出等。从国家层面来看，也需要建立相应的信息保障协同创新服务机构，如区域信息服务联盟委员会等，出台相应的信息保障规划，加强顶层设计和前瞻性规划，构建国家层面的信息保障服务系统。从区域、行业层面看，同样应该建立相应的信息服务与保障协同创新服务机构，加强本区域、本行业的信息资源共建共享，并加强与其他区域和其他行业间的交流与合作，提升信息保障体系的覆盖率①。信息保障人员是智库决策支持信息保障协同创新组织体系的重要组成部分。高素质的信息保障人员，是确保信息保障协同创新活动有效开展的重要决定因素。要打造一批优秀的信息保障工作队伍，既拥有良好的信息与情报素养，扎实的计算机与信息网络技术，如信息收集、整理与加工、检索乃至研究等知识和能力，同时熟悉本行业、本领域知识与技术，还要拥有敏锐的观察力和信息发现能力，信息辨别能力、表达和沟通的能力等，由此形成信息保障的核心力量。同时要推进信息保障人员与智库专家之间的沟通和交流，带动智库整体信息获取意识和获取能力的提升，以及信息能力的有效转化。

中国特色新型智库建设目前已经形成了社会科学院智库、党政军官方智库、高校智库和民间智库等多元主体共同发展的局面。我国智库决策支持信息保障协同创新服务体系的参与主体主要包括三类：第一类主体是提供决策需求信息的政府、企业与社会等，其中政府处于需求的主导地位，政府机构应通过公共信息资源开放，尽可能地给予智库更多的信息资源支持，在政策导向、制度规范、资金支持、资源配套、平台建设等方面扶持智库信息服务创新与发展。在大数据环境下，企业、社会也产生了海量的大数据信息资源，因此，企业和社会也成为智库决策支持信息保障协同创新组织体系的重要方面；第二类主体是社会科学院智库、党政军智库、民间智库和高校智库，这四类智库作为核心主体和智库协同创新信息服务的主要力量被纳入整个服务体系中，也是我国决策咨询制度战略部署的重要对象；第三类主体是外部的智库相关机构，如处于转型中的图书情报机构以及大型商业信息服务机构等，它们利用自身的特殊优势或独特资源，支撑着整个情报信息服务体系架构协调运转。需要指出，协同创新本质上是管理创新，是实现局部功能整合大于整体叠加的效应。协同中的个体之间不存在从属关系，而作为一种社会分工的动态整合状态而存在②。因此，鉴于当前国内智库建设存在的不足之处，打造智库决策支持信息保障"共同体"，通过各种载体、活动等将智库相关主体予以整合，促使各主体相互渗透、协同攻关尤为重要。

（二）智库决策支持信息保障协同创新情报服务体系

情报服务体系是智库决策支持信息保障协同创新的基础。智库为决策提供信息情报和咨询服务的能力，要依靠其情报信息机能的完善。智库研究的整个过程（从确定需求直至服务产品反馈与评估）都需要情报信息资源的支撑与协助，同时智库情报流程在协同创新下也会不断优化与改进，进一步提升智库能力系统建设。信息资源是智库信息保障协同创新体系构建的基础，没有信息资源，信息服务与保障工作将是无源之水、无本之木。信息资源按照其载体的形式划分，主要有数字化信息资源和其他信息资源。值得注意的是，为了方便信息资源的共享与传递等，实物信息、纸质文献信息等非电子化资源，应尽量加工

---

① 肖希明. 构建知识创新的信息保障体系 [J]. 图书馆论坛, 2003 (6): 46-48, 145.
② 杨静, 陈赟畅. 协同创新理念下高校新型智库建设研究 [J]. 科技进步与对策, 2015, 32 (7): 7-11.

和转化成为电子资源，以方便存储、传输和利用。按照其加工程度划分，主要有一次、二次、三次信息资源等。一次信息主要是原始的信息，原始文献信息非常珍贵，也是失真度最小的信息资源。二次、三次信息资源，是经过加工后的资源，具有一定的概括性和抽象性。

一般而言，智库情报信息流程包括五个阶段：情报信息需求识别、情报信息设计、情报信息收集、情报信息分析与处理、情报信息评估与利用。在协同创新布局下，各个阶段的流程将会强化和"升级"。具体来说，智库通过协同创新情报信息服务平台提供的智库与政策需求"对接机制"完成任务委托，而专业化团队根据个性化需求及自身条件设计出合理化的策略方案（情报信息设计）。快速准确获取信息是智库的立根之本，智库依托自身智库资源以及平台所提供的全方位数据支持与情报信息保障服务，建立高效的、综合化的情报信息收集体系。另外，对收集的情报进行分析与处理是优质情报产品产出的关键，在大数据时代，碎片化、异构化的数据形态依赖于更深层次的情报分析与挖掘，因此智库需要配备业务精熟、结构合理的专业人员，依赖"专家智慧协同"与集成化的分析工具与模型，用工程化的思维模式完成整合情报分析与处理过程。在情报评估与利用方面，则需对智库成果进行更深入的修订与完善、客观评价，并根据用户反馈，不断提升情报服务的质量。根据我国四大类智库现行阶段的发展现状，这种协同创新模式容易对智库情报机能产生"鳁鱼效应"，即高端智库较为完善的情报思路、方法、手段在协同创新布局下能为其他智库提供知识支持，如有些中小智库（或相关信息服务机构）并不具备智库的规模和功能，在协同创新模式下对同类机构进行资源整合完全有可能将其打造成为多样灵活的特色新型智库。可以说，智库情报信息机能作用于智库建设，同时在协同创新布局下可以推进智库决策支持能力不断强化与提升。

同时，协同创新可以多渠道、多层次地优化智库知识创新服务模式，统筹推进智库建设协调发展。智库协同创新是大跨度整合、大合作大治理的创新组织模式，是实现智库信息资源配置与规划以及常态化决策信息数据分享的重要战略部署。在智库协同创新情报服务体系下，新型智库建设应重视"三层面"的决策支持情报服务协同创新：内部技术集成层面、情报支持层面与外部信息协同层面，如图4-2所示。

在内部技术集成层面，四大类智库本着战略层面的决策支持信息保障协同要求，借鉴知名智库信息服务体系，在工程化思维下进行信息资源遴选与共享、工具方法开发与应用、专家智慧共同参与等要素的整合与集成，在研究方法、理论、应用等层面进行协同集成创新，实现智库研究团队不同角色的协调统一——即在协同创新布局下实现信息提供者、工具开发者、情报分析者以及最终用户等不同主体在一个统一、规范的业务平台中集成协同工作，共同完成情报系统功能[①]。在情报支持层面，智库应重视信息资源建设，充分把握住智库信息协同创新的机遇，提高智库信息管理专业化水平，熟练掌握和运用智库研究工作所专属的研究方法、研究技术、研究手段，抓住关键领域和薄弱环节，发挥自身优势，明确各自研究方向，创造更多新的、量身定制的信息整合支持方案，打造更具创新

---

① 贺德方. 工程化思维下的科技情报研究范式——情报工程学探析 [J]. 情报学报，2014, 33 (12): 1236-1241.

图 4-2 "三层面"智库决策支持情报服务模式

力的高效信息服务团队。在外部信息协同层面，智库以政府、企业等机构的决策需求为具体导向，结合自身优势和国情，紧跟时事前沿，恪守政治、法律、纪律底线，整合集成政府、企业等机构相关情报信息资源，服务科学决策；同时，其他信息服务类机构也会参与到智库情报服务体系中来，在协同创新理念下实现多主体的协同发展。

在"三层面"的智库决策支持情报服务模式中，"层面一"作为情报服务架构体系的核心运行机制，是协同创新之"核"；"层面二"是智库内部的情报机能，是协同创新之"本"；"层面三"是智库外部环境范畴（智库本身就是应外部环境需要而产生），是协同创新之"翅"，三者互进互融，共同构成智库协同创新情报服务体系的"价值链"。综合来看，智库协同创新情报服务体系在专业性分工的基础上实现一种统一的形式化的知识表示框架，以及简约、扁平化的组织管理模式，对于促进智库协同创新、营造有利于新型智库决策支持信息保障的情报服务能力有着重要意义[1]。

（三）智库决策支持信息保障协同创新技术服务体系

技术服务体系是智库决策支持信息保障协同创新的重要支撑，是开展智库决策支持信息保障协同创新信息保障的条件。信息资源的开发和利用，需要先进发达的信息技术作为硬件上的支撑，包括计算机技术、网络技术、数据库与信息系统、信息传播技术、信息共享技术等。基于协同理论的智库决策支持信息保障服务创新模式除了上述信息技术外，尤

---

① 李纲，李阳 . 面向决策的智库协同创新情报服务：功能定位与体系构建 [J]. 图书与情报，2016（1）：036-043.

其体现"互联网+智库情报信息"的服务模式,将"互联网+"的三大特征要素(生产要素、基础设施、服务模式)融入智库情报信息服务的整个活动过程中,同时结合大数据技术以及云计算、物联网、人工智能、数据挖掘技术等,推动智库决策支持信息保障技术服务的创新发展。如图4-3所示,在整个决策支持信息处理的过程中,"互联网+"的三大特征要素无处不在,情报信息根据竞争决策的需求,应用人工智能和云计算等技术手段,对大数据资源进行数据的采集筛选、分析研究以及可视化展示,最终将情报信息产品通过创新的服务模式,传送到用户与决策者手中,从而达到智库决策支持协同创新的目的①。

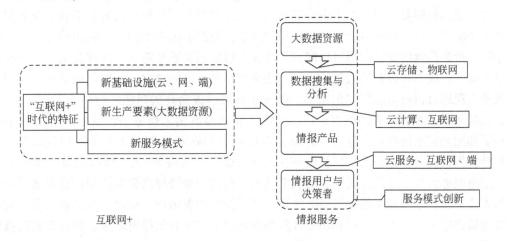

图4-3 "互联网+"与情报信息服务融合

1. 大数据成为主要的生产要素

在互联网时代,信息的呈现方式有很多种,而情报就是从大量、低价值密度、结构化和非结构化数据中挖掘出对用户有用的情报信息,怎样让大数据产生价值,是"互联网+"的主题,怎样从大数据中筛选和挖掘出对用户有用的情报信息是情报的主题。但是,智库并不直接产生数据,智库的数据来自企业、政府、用户、图书情报机构以及合作伙伴等,必须通过协同的方式,形成数据权益共同体,协同让离散的大数据成为可资利用的信息资源。因此,对于"互联网+"和情报来说,大数据资源是一个共同的机遇,智库协同创新主体利用"互联网+情报信息"来应对大数据,实现现代新型智库的情报信息服务是必然选择。

2. "互联网+"基础设施带来的发展机遇

"互联网+"的基础设施也是信息技术发展的成果,如云计算、物联网、移动互联网、云端、终端等。也正是这些基础设施的蓬勃发展造就了大数据和大数据时代。信息技术的不断创新发展使用户终端得到了普及,这就产生了海量的数据资源。而云技术的发展使这些数据可以得到存储、采集,云计算可以远程运用大数据信息处理技术对这些数据进行分析和挖掘,这就为协作主体共同开发大数据资源提供了可能。因此,互联网时代各种基础

① 张海涛,张念祥,王丹,等. 大数据背景下智库情报的服务创新——基于协同理论视角 [J]. 现代情报,2018,38(9):57-63.

设施的成熟使人们对数据的处理有了工具，智库在情报信息协同处理过程中就可以有效应对大数据带来的挑战。

3. 创新智库情报信息云服务模式

智库情报信息云服务主要是以软件即服务（Software as a Service，SaaS）模式展开进行的。SaaS 是一种通过 Internet 提供软件的模式，智库服务主体将自己的应用程序设置在自己的服务器上，然后通过互联网面向用户提供情报信息服务，用户可以根据自己的需求有选择性地选取需要的信息服务，这种 SaaS 服务模式一方面对于智库主体来说，他们通过支付一定的租用费用即可以实现跨地域、全天候的服务，甚至可以通过下载专业数据库实现离线服务。另一方面对于一些中小用户来说，他们不用再专门设立情报信息部门，也不用购买价格昂贵的软件，通过协同和共享就可以满足其服务需求，这样就会节省这些用户维护软件的成本和设置情报部门以及雇用情报信息人员的成本，他们可以通过及时的在线服务实现原有情报信息部门的功能，降低了获取情报信息的门槛，对中小型智库来说，SaaS 是实现获取情报服务的最好途径。而建设基于 SaaS 的云服务平台就是运用 SaaS 进行大数据和用户需求的收集、分析和存取，但是基于 SaaS 的云服务平台又不仅仅局限于应用软件提供的服务，还有人工情报服务，这就形成了"云服务+人工情报服务"的创新云平台情报服务模式，在此模式中，对服务器的日常维护和管理由智库情报信息服务平台的管理人员进行控制，而对数据云层的使用主要是针对需求用户，智库情报分析人员主要提供在线情报服务。云平台可以利用云计算等新兴技术实现对数据更准确、更高效的情报信息挖掘，得出更全面、有价值的情报信息，同时结合人工情报服务和人工智能形成针对不同用户需求的情报服务和产品，更有利于智库决策支持。

（四）智库决策支持信息保障协同创新保障服务体系

保障服务体系是智库决策支持信息保障协同创新的基本保证。通过构建法律法规、协作信任、人力资源、创新思想、信息安全、人文环境等有利于各相关创新要素高效汇集与协同创新的环境，建立智库信息保障协同创新的管理协调与综合评价机制，促进智库决策支持信息保障协同创新，构建面向智库决策的区域集群式智库信息服务保障体系，优化资源配置，推进智库决策支持协同创新。

1. 优化智库决策支持信息保障协同创新环境

智库决策支持信息保障协同创新将实现智库内外部以及智库与不同部门、不同行业、不同群体、不同系统之间的数据融合与业务协同，而大数据则是新型智库的智慧引擎，可为智库决策支持提供强大的技术支撑。要科学引入大数据处理技术，贯通智库信息流、数据流，深入开展不同形式、不同层次的智库信息保障协同创新，以智库特色资源建设为基础，实现多领域的深度融合，充分彰显协同聚合效应，稳步保持创新的可持续发展。通过协同创新保障环境的构建与优化，为新型智库决策支持能力的提升奠定坚实的基础。智库信息保障协同创新，涵盖资源建设、科学研究、技术开发、成果传播等多个方面，需要法律与政策切实保障信息服务与保障体系的良好运转。信息法律与政策环境主要包括知识产权、政府信息公开、信息安全等相关方面法律。同时，要建立良好的管理协调与评价机制，加强智库协同创新信息保障服务部门之间的协调、沟通，实现资源共享，避免因各自为政造成资源的重复建设。构建完善的信息保障评价机制是协同创新活动的保障措施。通过信息保障用户的反馈，对信息服务与保障水平进行评价，由此改进信息资源建设方式与信息服务手段，进一步提升信息保障的用户满意度。

2. 建立智库决策支持信息保障协同创新长效机制

智库作为智力资本密集型行业，要建立良好的保障机制，确保智库人尽其才、才尽其用，强化配套信息团队支持，搭建智库高效能作用发挥的良好平台。以重实力轻名气、重潜力轻资历为指导，综合运用现代信息分析手段，做好智库人才储备工作。开展新型智库决策支持机制研究，分析智库运行不同阶段的差异化决策支持信息需求，从而有针对性地进行信息协同保障服务。凝聚智库特色和优势，深化特色资源的内涵发掘，做好信息资源增值开发利用，凝聚智库核心竞争力，为智库建设提供发展原动力。充分借助智库信息化创新发展条件，围绕党和政府关注的重大现实问题、人民群众关心的热点及难点问题开展不同领域、不同层面的大数据系统分析，推动智库决策支持信息可视化进程。广泛开展智库品牌活动，深层次解读影响地方经济社会发展的全局性重大问题，凝聚大众智慧，服务地方经济社会发展。

3. 发挥智库决策支持信息保障协同创新引导带动作用

深入贯彻落实《关于加强中国特色新型智库建设的意见》，加强智库之间的合作协同，依托智库群，促进不同层次、不同范围的智库之间开展协同创新与深度融合，瞄准社会发展重大问题，为国家和地方政策的制定提供优质的咨询服务和决策建议。党政军智库要发挥主力军作用，积极构建决策支持协同创新的合作框架和政策体系，推进智库协同创新。作为建设中国特色新型智库的重要力量，高校智库必须紧扣时代脉搏，注重内引外联，特别是通过"高等学校学科创新引智计划"将引智工作落到实处，强化高校智库服务国家重大决策支持能力的提升。地方高校要抢抓"中央财政支持地方高校发展专项资金项目"的重大机遇，科学谋划、充分论证，注重内涵建设和特色发展，在支持地方经济社会发展重大问题上做足文章，尤其是对智库建设及其信息支持保障予以高度关注。充分发挥民间智库的作用，利用其体制机制比较灵活的特点，推动他们积极探索，成为协同创新的重要参与力量。作为智库建设重要信息保障的图书馆和信息情报服务机构，要着力推进学科服务深化发展，实现学科化服务从信息服务到知识服务、智慧服务的稳步推进，做好智库协同创新信息服务的主力军。全力进行决策支撑信息服务平台建设，开展诸如网络社会公共治理研究、舆情研究等，加快高素质信息服务团队培养，为智库决策支持提供学科精致化服务。

二、机制

智库决策支持协同创新机制包括运行机制和信息机制。智库决策支持运行机制包括建立有效的智库内部治理机制，探索设立智库理事会、学术委员会、传播与成果转化委员会等，形成重大选题策划机制；建立智库专家储备机制；建立供需之间的沟通联系机制，拓宽决策咨询服务的方式和范围；建立健全智库成果的报送机制和成果发布机制。运行机制是主导和支配智库运行的基础，是保障智库稳定运行的各要素间相互关联、作用与制衡的运作过程。而信息机制是为保证智库运行所建立的信息搜集、处理、筛选与应用的辅助机能。信息系统为智库提供决策支持所需要的各类信息。智库决策支持信息保障协同创新机制是指智库系统内外部各信息要素间相互关联、作用、组织、有机融合的信息过程，是从信息搜集→信息整理→信息分析→决策结论到最终成果传播的完整流程。智库信息机制建设必须得到内外部环境的支持。在此基础上加强智库与党政军官方智库、高校智库以及企业的合作，利用合作主体的信息资源，提升自身信息获取能力①。因此，完整的智库决策支持信息保障协同创新机制包括构建完善的运行机制来协调各参与要素之间的相互关系，以实现智库发展的目标。

新型智库促进政府科学和民主决策，从而进一步推进政府决策体系和决策能力的现代化。然而面对当今复杂的大数据环境，面对用户决策咨询需求的不断变化，需要智库解决更加复杂的问题，提供更加优质的服务。单个智库已经难以应对复杂多变的形势，因此有必要充分利用内外部资源，以对外合作促进协同创新，进而全面提高智库综合服务能力。协同创新是以知识增值为核心，企业、政府、知识生产机构（大学、研究机构）、中介机构和用户等为实现重大科技创新而开展的大跨度整合的创新组织模式，是以创新理论、开放式创新理论和协同制造为先期基础发展而来的。协同创新是创新资源和要素的有效汇聚，通过突破创新主体间的壁垒，充分释放彼此间人才、资本、信息、技术等创新要素活力而实现的深度合作②。协同创新的本质是实现知识增值，协同创新理论对智库决策支持信息保障建设有指引作用。

智库决策支持信息保障协同创新属于跨机构协同。跨机构研究组织协同创新要求智库、企业、高校和政府在协同过程中形成动态的互补结构，充分利用各自的优势，整合资源、挖掘潜能，协调各个主体之间的关系与利益分配，协同各个主体通力合作提高研究能力，使协同创新沿着健康有序的道路发展。由于智库、企业和高校、研究机构之间的协同创新的目标以及根本利益的一致性，智库、企业、高校、科研机构形成优势互补、资源共享的机制。在智库决策支持信息保障协同创新中，将各参与者的人力资源、信息资源、设施资源进行有效共享，可充分利用智库决策支持信息保障协同创新各方的闲置资源，发挥资源的最大效用，减少重复投资，充分发挥其潜在效率，更快、更经济地发展新资源，促使资源向利用率高的领域转移，使之产生 1+1>2 的协同效应。

党的十八大报告明确提出，"更加注重协同创新"，以及"实施创新驱动发展战略"。《中华人民共和国国民经济和社会发展第十三个五年规划纲要》中明确提出"推动建立智库联盟"，鼓励智库寻求与社会机构的合作。《国家"十四五"时期哲学社会科学发展规划》再次提出"加强中国特色新型智库建设"。鉴于新型智库决策机制建设的制约因素，需要基于协同创新理念保证新型智库决策支持信息保障。智库决策支持信息保障协同创新机制是在价值共创理念的指引下，在智库组织体系、情报体系、技术体系和服务体系等方面的深度融合机制，目的是集多家之长，共担创新风险，共享创新成果，实现智库单方面

---

① 钟曼丽，杨宝强．社会智库创新建设：外部协同及其内部运行机制的二维视角 [J]．情报杂志，2018，37（11）：36-41，88.

② 廉立军．特色智库决策支持信息保障协同创新机制研究 [J]．图书馆学研究，2014 (7)：62-65.

难以实现的价值增值和创新服务。何郁冰在协同创新理论的基础上，提出了协同创新的理论框架，即战略协同层、知识协同层和组织协同层[①]。基于智库决策支持信息保障协同过程的分析，结合智库建设实际，大数据背景下的智库决策支持信息保障协同创新是智库决策支持信息保障协同创新主体之间基于共同的目标导向和大数据思维方式，建立合作联盟，积极进行合作，建立协同创新机制，以合理的组织协同、情报信息、技术服务和协同保障机制，以规范的方式整合多方面的信息资源，形成有序组织的功能联合体，产生单一智库无法实现的协同效应，从而实现智库决策支持信息保障价值共创。基于上述分析，智库决策支持信息保障协同创新机制可分为思维方式协同创新、组织机构协同创新、资源协同创新和服务协同创新四个方面，相互依存，互相补充，如图4-4所示。其中思维方式协同创新是组织机构、资源、服务等方面协同创新的前提和先导；组织机构协同创新是思维协同创新的支撑，是资源和服务协同创新的基础；资源协同创新是思维方式协同创新的具体实践，也是组织机构协同创新与服务协同创新的根本核心；服务协同创新是思维方式协同创新与组织机构协同创新的最终目标，也是资源协同创新的价值体现。

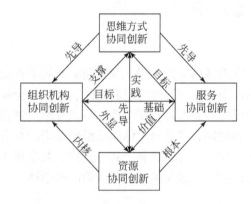

图4-4 图情机构与智库协同创新机制

（一）大数据思维机制

思维方式起协同创新的先导作用。智库决策支持信息保障协同首先要保证各参与主体想法一致、目标一致。目标协同是实现知识整合的基础，是影响智库联盟成员协同创新效果的重要因素。一方面，各参与主体在开展合作之前，需要深入交流、平等磋商，消除合作的干扰因素，达成各方均认同的目标，并设置协同创新的具体路径，只有各参与主体达成一致意见，朝着相同的方向前进，才能拧成一股绳，实现联盟整体效益的最大化。另一方面，智库内部各个部门或个人，项目组内不同成员的分目标应与智库的总体目标基本保持一致。目标具有导向功能，能指导人们向着正确的方向努力。目标不相符的部门或个人容易引发冲突，没有大局观，独自完成工作只是实现了局部效益，但总体效益不一定有增加。通过协同机制将个人或部门的分目标统一起来，在协同环境中建立趋同的价值追求，

---

① 何郁冰. 产学研协同创新的理论模式［J］. 科学学研究，2012，30（2）：165-174.

使得参与知识管理活动的各个部门能够朝着同一个方向前进。

另外，大数据时代的来临，使得人们分析数据的思路发生了重大的转变，从原来追求数据间的因果关系开始向寻求数据间的相关关系转变，数据分析也因此更加具有前瞻性和预测性。然而，如何针对现有的海量数据进行充分整合和利用，从而辅助科学决策，已经成为当前的必然发展方向和亟待解决的问题。在此背景下，智库不仅需要利用因果分析解决当前经济、社会发展所面临问题，而且还需要利用关联分析把握未来各领域的发展趋势，为政府做出高效、科学和准确的决策提供支持。这就要求智库应当加速建立数据驱动的决策支持系统，并以"信息互动系统"观①指导建设跨领域数据网络，实现数据的高效整合和充分利用，以回答"将要发生什么"，而不仅仅只是涉及"为什么"，能够从海量的数据中寻找到有价值的信息资源支撑研究成果，从而使得智库的咨询成果具有一定的前瞻性，并且能够引导社会未来的发展趋势。智库决策支持信息保障协同创新体要在思维协同创新的意愿下调整组织模式，整合资源、协同服务。只有充分发挥思维方式协同创新的先导作用，才能加强智库协同创新的重视程度，发掘各机构之间相互学习和分享意愿，从而加强沟通，增进信任，紧密合作。

（二）组织协同机制

组织机构在协同创新中起基础支撑作用。现实问题的复杂性要求智库协同合作体之间必须充分整合资源、协同创新，实现智库与政府之间、智库与企业之间、智库与高校之间共同作业，形成长期而稳定的信息保障合作关系，形成智库信息合作联盟。在智库决策支持信息保障协同意愿下，各协同合作参与主体调整组织结构，充分发挥组织机构的基础支撑作用，按照契约与合作协议合理分配任务，利益共担、共享成果，从而节约经费，整合资源，提升协同创新合作体的可持续发展水平与决策的科学性。

1. 利益分配机制

智库决策支持信息保障协同创新从根本上说是基于利益而建立的合作关系。智库决策支持信息保障各方建立协同创新关系，进行知识和资源整合的最终目的是获得比单独活动更大的利益。如果智库决策支持信息保障协同创新知识整合的收益不能满足其最低利益诉求或有损其合理利益，必然会遭到相关成员的反对和不配合，最终导致智库决策支持信息保障合作关系陷入僵局和解体。合理的利益分配机制将使各方的合理利益得到保障，从而促使各方通力协作，推动相互间的知识流动和整合。通过设计合理的利益分配机制，达成"利益均衡点"，是协同创新的关键。作为协同创新活动的内在增长机制，它是协同合作体一种自发的内在力量，表现为分工互补、知识共享、外部经济、规模经济、网络创新等。其动力源是对单个主体利益最大化的追求。

协同状态下各参与方彼此间能量、信息等由通过外部市场进行的不稳定交易变成内部或半内部化的交流，在大大减少交易费用的基础上，对提高参与方整体竞争优势具有关键意义——它促进了整个协同合作体整体运作效率的提升，并且在发展到一定阶段时，协同

---

① 王莉，吴文清. 地方高校智库建设的逻辑分析——基于地方政府治理模式创新的探讨 [J]. 清华大学教育研究，2013（6）：109-114.

合作体所在的场域发挥引力作用，不断吸引其他相关机构加入到合作体内，这种良性的交互作用使得使整个协同合作体呈现出一种非线性、指数式的上升趋势。

要做到鼓励合作、支持创新，要大胆承认参与方的贡献。协同创新的成本分担和利益分配问题主要依靠参与各方协商和订立协议解决，但政府和社会服务机构也应积极为各方提供相应的保障服务和政策支持。

（1）成果分享机制。智库决策支持信息保障协同创新的过程是成果研发的过程，成果的归属与分享，直接影响到协同创新的长期性和稳定性。在进行协同创新初期，智库决策支持信息保障各主体应根据情况作出相应的约定，参与各方可根据各自的投入比例，分享成果权益。智库决策支持信息保障协同创新成果的归属与分享，要兼顾协同创新各方的利益，本着权利与义务一致的原则，协议分享。

（2）利益分配机制。智库决策支持信息保障协同创新各主体之所以能够形成协同体进行创新，根本原因是为了实现各自的利益，在利益驱动下，各方才有动力协作完成项目。利益分配是在共赢观念下实现利益共享，保持智库决策支持信息保障协同创新的关系，以谋求长久合作的竞争优势。一方面，要坚持效率和公平相结合。智库决策支持信息保障各主体虽然在形成协同创新组织之前实力各不相同，但一旦形成协同体，地位就是平等的，包括利益分配比例。建立合理科学的评价体系，对各主体贡献作出科学的评价，在各主体共享利益条件下，对贡献大且工作完成效率高的主体应该给予较多的利益激励。另一方面，投入与回报应相匹配。在最终利益分配时，应考虑投入补偿，对投入较多的主体给予相应补偿。

2. 风险管理机制

风险管理是智库决策支持信息保障协同创新应有的管理理念，也是资源共享的前提条件。风险管理思想贯穿于智库决策支持信息保障协同创新整个过程中，它体现了智库决策支持信息保障各主体共担风险的意愿和行为。智库决策支持信息保障协同创新过程中的问题较多，风险也相对较大。风险管理机制要对合作可能面临的所有风险做出准确识别和及时测量，一旦风险产生，有妥善的应对方案来降低损失，为组织的生存和可持续发展提供保障。智库决策支持信息保障协同创新的风险主要来自组织内部风险和组织外部风险。识别风险并对风险采取措施加以控制，有利于形成风险管理的协同创新环境。智库决策支持信息保障协同创新风险管理机制要求智库决策支持信息保障各方能够识别风险并愿意共同承担协作过程中的风险，减小单方创新风险的压力。它能促使各主体尽职尽责，采取积极行动共同降低风险，提高协同创新能力。

有效的风险管理机制有助于提高智库决策支持信息保障各主体的风险意识，增强各方的凝聚力。一方面风险管理能够让智库决策支持信息保障各主体认识到必须通力协作，对于如何开始协作，协作过程中怎样协同运行，创新结束后如何共享利益，各方都会积极出谋划策，降低内部可能会出现的道德风险、管理风险、利益风险和技术风险，而且还会积极同智库一起促进成果产出。另一方面通过风险管理，能加强智库决策支持信息保障协同体抵御外部的竞争压力和市场风险的综合实力，减少智库由于承担风险所增加的损失及其他费用。

另外，在风险管理的思想下，智库与高校、图书情报机构和研究机构建立合作关系，对合作项目愿意投入人力、物力、资源等，同时更愿意主动共享先进的技术设施，为组织实现协同创新提供最大力量。

风险管理要借助国家法制与市场调控手段，其运行部门最好能单独设立，可由智库、政府和高校、研究机构、企业的直接相关部门领导组成委员会，再向下设立多个风险管理小组以管理不同的风险。

3. 监督评估机制

智库决策支持信息保障协同创新过程中完善的监督评估机制对协同创新组织顺利形成、稳定合作具有重要的保障作用。通过对协同创新各方的投入、产出作出科学的评估，不仅能保证各方的利益，还能促进智库决策支持信息保障协同创新的持续长期发展。

（1）监督机制。智库决策支持信息保障协同创新过程要想具有持续的创新动力，就需要完善的监督机制作保障，使智库决策支持信息保障协同创新有一个良好的运行环境。监督一般是利用法律法规来规范约束组织各方的行为，监督相关人员要严格按规章贯彻执行。对智库决策支持信息保障协同创新组织监督分为内部监督和外部监督。内部监督是指智库决策支持信息保障协同创新形成组织前，通过协商建立一个民主、科学的监管机构，起到内部监督的作用。机构成员可以由协同创新各主体的领导或是外聘专家组成，他们的工作涉及决策支持信息保障协同创新运行的方方面面，包括各自的任务及职责划分、资源供应步骤、成果归属权、资源利用情况、各项资金使用情况等。外部监督是指政府和中介机构的监管。利用中介机构的中立性，让中介机构参与到项目中，进行全程监督，不仅能约束各方成员的行为，也能及时发现问题，化解矛盾，保证组织团结紧密协作。

（2）评估机制。评估机制是保证智库决策支持信息保障协同创新顺利完成的重要驱动力。通过对智库决策支持信息保障协同创新的投入、成果产出及研究参与人员贡献等作出公平合理的评估，不仅能大大调动研究人员的积极性，而且能提高智库决策支持信息保障协同创新的效率。对智库决策支持信息保障协同创新的评估主要是"投入"和"产出"两个方面。投入方面主要包括各方的人力资源投入、信息资源和经费投入，产出方面主要为知识形态和经济利益形式的产出。同时，要对协同创新的内外部环境条件的各项指标进行评估，确保智库决策支持信息保障协同组织能顺利实现协作。

4. 协同创新联盟机制

第一，通过体制机制创新，依托主管部门，成立各个层面的全资源、全要素、全过程智库协同联盟。从管理、运行上统筹整合各类智库协同主体的资源要素，形成智库要素协同联动、专业互动的大智库体系，大力建设"智库信息联盟"，在各个智库之间建立起紧密的联系，从而扩大智库优势资源与人才的整合力度，组建跨部门、跨学科的研究团队，加强协同合作，为地方政府和国家社会的政治、经济发展提供高水平的决策辅助建议。第二，形成以政府主导、智库、高校与企业相互协作的"智库联盟"，聚合具有不同学科背景的官员、学者、企业家以及媒体平台等各方智慧，从而建立全面、持久、稳定的战略合作关系。建立智库联盟是发挥智库协同创新作用的重要途径之一，其关键在于全面整合智库资源，并且根据需求合理配置资源，从而构建完善的决策咨询系统，确保相关社会和经济问题决策的科学化和民主化。第三，智库必须注重与国际接轨，充分利用智库自身的优势，搭建国际论坛、召开国际报告会和培训班等，如全球智库高峰论坛、中国智库论坛等，与世界各国智库相互观摩、相互学习，讨论并解决国际热点和难点问题，从而加强国与国智库之间的信息沟通，以便更好地推进我国新型智库建设。作为混合型组织，智库协同创新需要设计合理的组织结构与管理程序，保障合作联盟的整体绩效。组织协同机制能促使联盟成员协调配合和积极作为，让智库协同创新主体共同发力，这是达成合作目标的有效保障。面对复杂的信息环境，单个组织很难获得所有的管理控制权，也很难获得其他成员的认可。这就需要建立联盟管理规章，推动以智库为核心，以其他机构为辅助的管理项目，借助互联网强化不同成员之间的信息交互，在多方磋商基础上，形成优势互补、成果共享、风险共担的协作模式。

协同创新中心是协同创新联盟的高级形式。为了打破智库决策支持信息保障协同创新主体之间的协同创新壁垒，促进资源共享，提高各协同创新主体间的协同程度，通过建立高水平协同创新中心，为智库决策支持信息保障协同创新搭建实体平台。协同创新中心把智库决策支持信息保障协同创新联盟关系的管理内部化，降低了各协同主体进行交流沟通的难度，提高了智库决策支持信息保障合作的稳定性。

（三）资源协同机制

资源协同最重要的作用在于集中优势办大事，提高协同创新效率。建立智库决策支持信息保障协同创新组织目的之一是为了实现内部资源以及外部资源间的集聚、融合，互取所长，利用各方优势资源，提升协同创新能力，实现共同目标。智库决策支持信息保障与各项资源的建设密切相关，资源的协同创新是智库决策支持信息保障的关键所在。智库决策支持信息保障协同创新资源协同主要包括信息资源协同、人力资源协同和技术资源协同等。借助资源协同机制整合优质资源，将联盟成员潜在的资源激活，能够全面提高这些资源利用的效能。只有各合作者之间明确责任，建立共生共荣的关系，才能打破不同机构之间的资源壁垒，有效整合有价值的资源，激发合作联盟的内在发展动力。不同机构之间还应该保持开放性，只有在开放的环境下，才能实现信息资源、人力资源的多向流动，进而发现各成员的独特优势，以取长补短的方式实现资源协同，让知识在各机构之间传递、消化、共享与利用，提升合作联盟的资源利用效益。

1. 信息资源协同创新

信息资源是智库协同创新的必要条件。通过资源协同，重新整合知识和信息资源，优化知识信息资源配置，提高知识利用效率。知识经济时代，知识的交叉性、集成性和复合性使人们必须和谐地联系起来，个体的知识必须借助群体或组织中他人的知识整合才能实现其价值。因此，信息资源协同创新应当以智库用户的信息需求为基础，以广泛采集相关信息为目标，以整合信息为工作重点，为智库决策支持服务。协作绝不是智库合作各方简单的信息叠加，而是将各参与主体的信息资源有效整合在一起。信息资源整合是信息资源优化组合的一种存在状态，是依据一定的需要，对各个相对独立的信息资源系统中的数据对象、功能结构及其互动关系进行融合、类聚和重组，最终重新结合为一个效能更好、效率更高的有机整体，即新的信息资源体系。这个过程不仅包括智库与相关信息机构的线上线下资源整合，还包括大数据信息的深度信息融合，通过信息过滤、分析、挖掘等手段，实现信息价值的增值。

近年来，我国虽然在信息资源开发方面投入了大量的人力、物力与财力，但大数据环境下的信息增长与更新速度快，智库仅依靠自身信息部门独立开发信息资源已难以满足决策支持的信息需求。因此智库需要政府、公共部门、市场等信息资源开发主体提供信息资源方面的协同支持。大数据环境下智库决策支持信息保障资源协同开发模式是指由智库、政府部门、公共部门以及市场等多方协同参与，利用信息采集、信息组织、数据分析与数据挖掘等信息技术合作开发信息资源，从而达到支持智库科学决策的目的。在信息资源采集过程中，智库、政府部门、公共部门和市场应明确各方信息资源采集范围，协同采集来源于政府管理的海量信息资源、各个专门领域的专业资源及网络环境中零散的数据资源等，避免造成人员、时间以及数据存储空间资源的浪费；在信息资源组织过程中，应通过网页、数据库、文件、超文本、超媒体、镜像站点等方式对结构化以及非结构化数据进行整理、组织和加工，使得信息资源达到有序流动、有效获取、及时传递、质量有保证的效果；在信息资源分析过程中，有关国家安全的信息资源应由政府部门自主分析，公共部门以及市场信息机构依据自身人才技术优势对大数据环境下多类型的海量零散数据资源进行分析和研究；在信息资源共享过程中，参与方应协同开发信息资源共享平台，将资源整合发布，各方也可以尝试通过协商统一数据格式、制定资源传递与共享标准规范来实现权限内的信息资源传递与共享。在合理的协同机制保障下，智库等协同创新参与方应合作开发面向决策支持的信息资源，形成资源互补、人才互补、技术互补的开发局面，从而节约开发成本、提高开发效率。

大数据环境下，信息资源呈现出多层次、多主体特点，面向智库决策支持的信息主要来源于政府公告、法规等政府信息及社会、媒体、公众、环境、市场等社会及市场信息，这些信息分散于不同领域且传播方式多元、结构互异、数量庞杂，只有由信息资源开发主体将这些繁杂庞大的数据信息开发成有价值的信息资源，才能真正助力智库决策支持协同创新。

面向智库决策支持的信息资源协同创新问题如图4-5所示。在社会信息组织方面，政府应主导建立面向智库决策的社会舆情机制，通过建设舆情数据库、舆论实时监测平台和网络舆论预警及应急机制等手段获取社会信息中具有决策参考价值的信息资源；在数据平台管理方面，制定开发标准规范、建设统一数据资源"云"平台和组建面向智库决策支持的信息资源管理委员会，有利于提升智库数据处理水平；在开发主体建设方面，确立智库决策与智库的协同供求关系、完善智库建设体制机制、运用"互联网+"思维促进资源共享等途径是减少开发成本、提高工作效率的重要方法①。

2. 人力资源协同创新

要加强人才资源的协同，人才是跨学科研究组织协同创新的核心资源，人力资源的合理配置可以大大提高工作效率。在美国著名智库兰德公司的专业人员中，有相当一部分人员专门从事图书资料和信息处理工作。智库决策支持信息保障人力资源的协作创新建立在参与各方人员优势互补的基础上，协作可以使双方人员的知识背景、知识结构相互融合，进而实现知识创新。通过协作开展人力资源培训，不断完善更新服务人员所拥有的知识，

---

① 戚阿阳，王翠萍，李佳潞. 大数据环境下面向政府决策的信息资源开发路径探析［J］. 图书馆学研究，2018（21）：25-30.

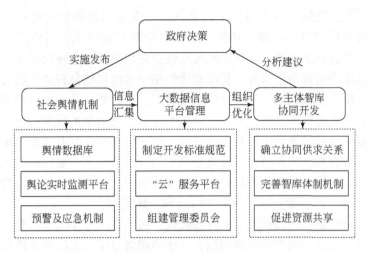

图 4-5　面向智库决策支持的信息资源协同创新

通过显性知识和隐性知识的相互转化来实现知识重组和优化配置。此外，也可通过"旋转门机制"，智库研究人员走出去担任政策研究中心人员，将研究成果真正用于指导政策的制定，同时前政府官员也会充分利用其掌握的专业知识，承担政策分析等任务，促使研究的推进和成果的转化，形成良性循环。

3. 技术资源协同创新

智库想要实现高质量成果产出，必然离不开相应的技术支撑，尤其是大数据技术的支撑。技术资源方面的协作创新不仅要求智库将合作成员的现有技术资源有效整合，如整合数据库、自动化集成系统来实现技术资源的协同，并开展云服务，实现海量信息资源的创新、增值以及用户的便利访问等。要加强信息平台建设，促进跨学科、跨部门人员良性互动关系网络的形成，构建良好的信任环境，确保信息渠道的通畅与决策研究的顺利进行。通过搭建资源共享平台，推动资源平台向决策支持协同创新联盟开放，实现知识共享、成果共享，增强合作。除此之外，智库还应该及时进行技术研发和创新，或引进新技术、先进设备进行技术的更新换代。例如，在大数据环境和人工智能背景下，智库应当协同研发或引进人工智能专家系统、个性化服务系统、数据管理系统等推动智库协同创新联盟向智慧服务方向发展。

（四）服务协同机制

智库决策支持信息保障各参与主体在服务协同创新目标的引领下，协同开展服务，共享服务平台，优化服务过程与服务环境，从而不仅能够提升服务能力与用户对服务结果的满意度，而且能够降低服务成本，增加服务收益。例如，民间智库一般难以获取官方信息，而官方智库有此优势，官方智库和民间智库可以通过智库信息保障协同创新平台获取自身难以获取的企业情报和用户情报，以此加强智库的研究能力和研究深度，然后把研究成果通过智库协同创新平台以良好的交互性可视化形式传递给智库消费者，以供他们使用。互联网企业主要通过智库协同创新平台提供其他主体需要的商业和社会方面的数据，并且互联网企业也能在智库协同创新平台上获得智库的研究成果，政府等主体需要哪方面的情报信息等，对互联网企业自身的发展和进一步有重点地收集情报起到促进作用。企业、社会和政府等用户主体在智库协同创新平台发布情报需求，对所需情报的数量、质量、重点等方面进行详细说明，使智库和互联网企业能够准确理解情报消费者的需求，在此基础上提供精准的情报信息服务。智库的优势在于对情报的分析加工能力，互联网企业擅长收集情报，用户主体则能提供大量的情报需求，因此要通过智库协同创新机制将他们整合起来，弥补孤立运作的劣势，发挥出合作的优势，使情报的获取、加工和消费都合理有序。另外，智库形成的咨询成果在支持决策、引导舆论方面具有重要价值，然而智库在对外宣传方面有待提高，因此智库可以充分利用图情机构知识传播门户的功能，拓宽智库成果传播的范围，加快智库成果价值转化，将成果真正用于引导舆论、支持决策、解决现实问题，实现"政、产、学、研、用"相结合和一体化。

智库决策支持信息保障协同创新在开始形成、运行直至合作结束的整个过程中不免会涉及管理、金融、法律、沟通等各种问题，这些问题会阻碍智库决策支持信息保障协同创新的顺利运行，中介机构在服务协同中发挥重要作用。智库决策支持信息保障协同创新的顺利实现，除了政府等职能部门指导协调促进合作之外，健全中介服务体系对加速智库决策支持信息保障协同创新也起着至关重要的作用。中介服务体系包括咨询服务中介、科技服务中介、信息服务中介等。解决这些问题的有效途径是建立中介服务体系。首先，建立咨询服务中介。在咨询服务中介里安排相关的专业人员为智库决策支持信息保障协同创新提供法律、工商税务、管理及政府相关政策咨询等，一方面可以避免协同创新中出现问题时到处跑不同的部门去咨询，从而节约时间和成本，提高工作效率；另一方面对于各主体利益的相关纠纷问题，咨询中介可帮助各方明白如何保护各自应得利益。其次，建立科技服务中介。该中介主要提供研发服务、技术服务、知识产权咨询与保护服务等，解决技术流动阻碍问题，促进智库决策支持信息保障协同创新过程中的技术服务需求。最后，建立信息服务中介。在协同创新过程中，智库决策支持信息保障协同创新存在信息不通畅的问题，而信息服务中介拥有较多的市场信息和需求信息，能够及时发现市场新需求、研究前沿的动态信息等，帮助智库决策支持信息保障协同创新组织准确捕捉需求信息，把握政策发展潮流。同时，还应建立并完善信息服务分级、分类管理的规则以及建立标准化和规范化的服务体系，在此基础上开发出具有不同行业特色的信息服务中介服务大数据库。

总之，智库决策支持信息保障协同创新机制能够实现各主体优质资源的分工、整合和共享，反过来又能够促进各主体协作发展，提升智库服务质量，使智库服务的发展走上良性循环的道路。

三、模式

自从麦肯锡智库提出"大数据时代"以来，数据驱动发展的思维方式已经全方位渗入各行各业，促使变革与创新，产生了巨大的效益。数据思想是对社会理念、用户需求以及技术手段发展水平的综合呈现，促使情报分析的技术、过程与方法都在随之而发生改变①，

---

① 李广建，化柏林. 大数据分析与情报分析关系辨析［J］. 中国图书馆学报，2014，40（5）：14-22.

也使智库决策支持信息保障的手段发生变化。当前数据驱动发展的环境主要凸显出三个方面的特征：①多元化数据来源促成对社会更深入的了解。互联网与物联网的快速发展，构成了"人–物"的万物互联格局，缔造出互通共享的新型数据社会。诸多由物或者人产生的即时数据，可以看作尚未开发和应用的"零次信息"，这对智库了解社会的运转极具价值。②精细化数据处理创造新的发现。随着数据处理技术不断发展，实现数据的精细化组织与处理，一方面可以展开分析单元的细粒度化组织，对来源分散的信息片段进行深入揭示和关联，并实现网络信息资源的细粒度聚合①；另一方面借助智能分析方法抽取和发现隐含的知识价值，利用多种机器学习模型及分析工具处理海量数据，有利于识别出不同数据之间的关系及规律。③数据价值推动社会变革。海量数据的产生及数据处理对象和方法的革新，提升了智慧分析环境的内涵，不仅有助于挖掘出更加丰富的价值，还能够对数据内部、数据之间的关系进行描述，实现全数据分析，甚至可以精准预测领域发展走向。所以，数据驱动环境带来的新的数据及价值，也将推动社会的方方面面发生变革。

数据驱动变革和发展的大环境下，带给智库的是新的挑战和机遇。对于处在新的现代化转型路口的智库而言，面临的压力与挑战主要有以下三个方面：①智库尚未适应大数据应用环境。虽然传统智库的信息搜集策略较为全面，但已无法适应当前大数据环境的要求②。对于有限信息资源，传统智库的处理能力尚有余地，但面对爆炸式增长的数据环境，在海量资源中寻找有用的一手数据并进行分析和决策，还存在一定困难。②智库产出因数据短板受到不满和质疑。领域专家对问题的判断多基于相同或相似领域的历史研究数据，而不是基于问题本身展开多学科视角下的数据收集和剖析。一方面，智库研究结果的形成往往只依赖于单方面的数据，得出的结论相对片面，公开发布后因不符合社会大众对于事物的认知和感受而饱受质疑；另一方面，由于缺少综合数据基础及跨领域专家的解读，在服务于复杂的公共决策、企业战略时，容易形成片面的分析结果。③商业数据公司的发展正在挑战传统智库的地位。互联网环境创造了诸多依托数据而兴起的智力企业，商业数据公司具有丰富的数据获取及解析能力，并且推出一系列面向政务、企业的创新型大数据研究项目与合作，提供高端信息技术咨询服务，对传统智库形成了压力和挑战。

虽然智库的发展正面临内外部的多方面挑战，但同时智库也处于时代变革的浪潮之下，数据驱动创新的旋涡带来前所未有的机遇，亟待智库深入利用并把握机会。第一，数据驱动环境带来的挑战是促使智库变革的动力。《麻省理工学院斯隆管理评论》调查显示，大数据正驱动企业信息资源管理的变革，绩效最高的企业呈现出五倍于其他企业的大数据使用率③。当下智库缺乏从海量资源中搜集、处理所需数据的经验和模式，那么在此背景下生产智慧产品的一系列工作都会受到影响，只有正视问题，及时调整发展策略，智库才可能继续为社会发展提供高质量决策支持。第二，数据驱动环境带给智库创新发展空间。数据驱动行业变革、发展本身具有一定的模式，应用于智库当中，就会加快智库要素的共

① 曹树金，李洁娜，王志红. 面向网络信息资源聚合搜索的细粒度聚合单元元数据研究 [J]. 中国图书馆学报，2017，43（4）：1-18.

② 安楠，祝忠明. 国外智库数据搜集策略及其在大数据环境下的挑战 [J]. 图书与情报，2017（3）：134-140.

③ Lavalle S. Big data, Analytics And the Path From Insights to Value [J]. Mit Sloan Management Review, 2011, 52 (2)：21-32.

享、整合、协作与创造，同时，智库也因其自身的运作特点能够实现与数据环境的融合对接，创造更为广阔的发展空间。

数据驱动社会发展的趋势为智库建设带来新的机遇，在海量数据及智能技术的支持下，有助于智库专家省去繁杂的资料分析工作，而更好地运用心智优势来发挥主观能动性。单个智库分析主体，无论是个人还是机构，看待一个问题的角度总是有限的，而当下社会，解决一个实际问题越来越需要围绕这一问题的相关不同领域的知识及见解，形成一体化解决方案。因此，智库的发展也应围绕这一需要而汇集各领域精英的"想法"，广泛动员相关数据资源，在数据技术的支撑基础上构建协同创新模式，促成各领域专家针对某一问题的想法交互与融合，以形成对研究问题全方位的认识与解决方案。

在海量数据分析的支撑下，智库的服务方式由智力密集型向数据密集型转变，运转的重心转向协同创新，目的是通过汇聚信息产生高质量并且具有创新价值的问题解决方案。要想促成信息流的高效运转，获得高效的智慧服务能力，需要在分析对象、分析主体各阶段融入智慧，使得数据得以激活和流动，最终得到实现智库运转机制的全面革新。数据驱动下智库的协同创新表现出如图 4-6 所示的智库协同创新模式①。

大数据环境下，解决某一实际社会问题越来越需要围绕该问题的全部数据。例如，若要解决污染问题，既需要环境、资源、生态方面的基本知识，还需要考虑如何形成绿色生产、循环经济，实现可持续发展。所以，数据驱动下的智库在资源对象处理阶段融入智慧，就是要获取尽可能丰富的数据作为基础支持，并且借助先进的数据处理技术，如物联网技术、语义网技术、智能分析技术等来获取、组织、分析、计算和呈现数据的逻辑及隐含在数据背后的规律，实现对数据价值的全方位描述与抽取，在数据汇聚中融汇价值，为创新发现及想法协同提供支持。智库决策支持信息保障协同创新阶段主要有以下四个处理步骤。

（1）数据共享与整合。数据流的基础是获取合作方来源广泛的多元化数据，一方面，需要利用互联网和物联网技术感知信息，获取实时数据；另一方面，通过网络爬虫技术和分布式技术访问各种载体形式的数据，获取全媒介数据。在此基础上，与智库现有数据库的数据进行统一整合。

（2）语义组织。要实现对不同来源数据的深度利用，就需要借助语义网技术实现数据的序化和关联。首先要对已有数据进行语义描述，定义数据内容的详细类别与含义，并用对象–属性–值（RDF）三元组表示；其次对具有相关性、相似性的数据构建映射关系，通过链接关系实现数据外部描述及数据深层内容的自由关联；最后即形成全面覆盖的关联数据网络。

（3）智能分析。借助智能分析技术，可以从表面上看起来似乎毫无联系的数据中挖掘出其内在的相关性。通过机器学习、迁移学习、认知计算等智能分析技术的运作，可以帮助智库研究人员减轻分析压力，自动形成潜在的知识发现结果，全面揭示数据的隐含价值。

---

① 白阳，张心怡. 汇聚想法：数据驱动下的智库协同创新服务模式研究 [J]. 情报科学，2018，36（7）：23-29.

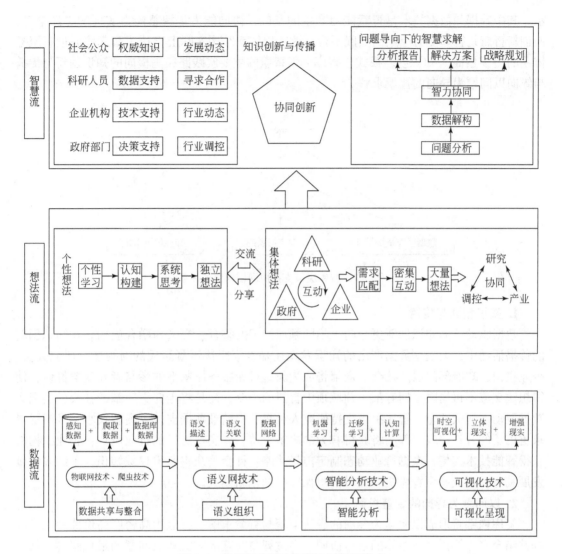

图 4-6　数据驱动下的智库协同创新模式

（4）可视化呈现。可视化呈现有助于使分析结果易于理解，减轻分析主体的认知负担，借助时空可视化、立体现实和增强现实等可视化技术全面呈现数据的内在本质和规律，提高分析主体的判读能力。

诸多技术集成运用下的协同创新过程，不仅提高了数据的利用程度，而且通过先进的分析手段使智库专家、情报服务工作者和技术人员从低价值的劳动中解放，将不同来源的数据资源和个人的精英思想置于更加有效的思考中，并通过交流促成智库智慧的升级。而互联网的发展改变了个体、群体及组织的交流方式，同时也改变了组织的协同结构，使其趋向于通过开放网络去寻找兴趣或目标一致的伙伴。所以，智库模式可以借助社交网络技术构建多方主体自由交互的平台环境，最大化激发智库的创新活力。

智库决策支持信息保障协同创新服务模式是以数据技术（数据管理系统）、协同能力（协同能力系统）和创新智慧（知识创新系统）为核心构建的三层体系结构，如图4-7所示。其中数据和数据技术是智慧能力产生的基础，协同能力是智慧能力实现的必经渠道，而创新智慧是智库能力应用的实践平台。这三层体系结构实际上表达了智库协同创新服务体系的"三层面"知识创新模式。智库创新智慧的主要实践路径是横向的知识创新与传播与纵向以问题为导向的智慧求解。

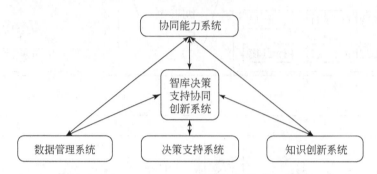

图 4-7　智库决策支持协同创新服务体系

1. 知识创新与传播

数据驱动下的知识创新更趋向于不同领域知识的整合、交叉与融合应用。在知识创新的传播活动中，无论是数据产出的知识发现还是专家想法流凝聚成的新智慧，研究人员、企业机构、政府部门以及社会公众都将成为新型智库服务体制下的参与者和获益群体，使得想法交流不再局限于拥有某一领域顶尖智慧的小众，而是将走向更广阔的社会，实现大数据驱动下的大智慧。智库决策支持研究人员将获得精准数据支持，突破狭小学术圈层寻求更广泛的合作；政府部门将获得有力的决策支持，以实现更好的行业调控；企业机构将获得智能技术支持，根据行业动态制定前景战略；社会公众将获得权威知识，了解多领域发展动态，形成新型智库决策支持信息保障协同创新模式。

2. 以问题为导向的智慧求解

智库内部将形成以问题为导向的想法汇聚与智慧求解，将运用高密度高价值的集成数据并结合多方协同创新主体的智慧协同，通过智慧交互的方式获取问题的最优解答。从问题分析到数据结构，再到智慧协同的新型智库流程，所产生的智慧产品，如分析报告、解决方案和战略规划，不仅是具有直接应用价值的服务成果，也是融合现有知识与人类智慧活动的产物，又将为新的社会问题贡献经验和数据。

这种新型智库决策支持信息保障协同创新服务模式，将立足于数据驱动环境，以数据技术为基础，以协同能力为核心，以创新智慧为应用，充分发挥协同创新的价值，为智库复杂决策提供有力支持。在实践应用与不断完善中，持续吸纳来自"数据"和"专家"的优势，为形成智库共同体而努力，并在构建全面的新型智库驱动创新环境过程中，助力国家现代化治理和企业创新发展战略的实施。

四、平台

基于智库决策支持信息保障的协同创新目标，有必要借助大数据、云计算、人工智能等新技术，打造智库大数据中心、人才交流平台和决策咨询服务平台，提高协同创新的平台支撑力度。

（一）智库决策支持信息保障协同创新平台基本情况

智库决策支持信息保障协同创新平台是一个集政策研究、决策咨询、资源共享的信息服务平台，其建设主要是为智库与智库、智库与政府、智库与情报机构、智库与企业等协同创新主体之间的互动交流提供了一个信息交流渠道，实现跨学科、跨机构、跨系统的智库要素整合与知识协同，盘活信息资源，激发智库创新要素活力，为用户提供信息、管理、技术、知识等服务，实现信息服务增值。平台应有专门的管理机构，制定决策支持信息保障联盟发展战略，根据不同机构的建设现状，整合智库决策支持信息资源，打造专门的大数据中心，实现资源共享、服务联合、平台共建，为联盟的发展提供资源支持（图4-8）。另外应该通过平台建立不同机构之间的人才流通机制，促进跨区域、跨部门的智库人才流动，重点培育智库专家，夯实合作联盟的人力资源基础。智库服务平台以移动互联网为纽带，建立智库决策支持信息保障协同创新各参与主体之间的交互机制，对接政府部门咨询服务需求，强化基于大数据支撑的智库产品供给。

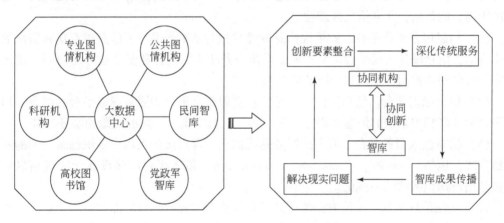

图4-8 智库决策支持协同创新大数据中心

智库的规划决策、研究开发、技术合作、人才建设、标准战略等都离不开信息支持，智库决策支持信息保障协同创新平台的构建实质上是为智库建设提供数据支持和情报保障。在大数据时代，信息的更新率、利用率在加大，利用智库决策支持信息保障协同创新平台，政府等机构可以传播或寻找需求，智库则基于需求信息寻找合作交流机会。因此，该平台的构建应考虑以下功能系统：实现对智库机构信息、政府需求发布信息等数据的存储、统计、分类、罗列和发布；实现智库信息需求与供给的动态、智能匹配与信息可视化呈现；实现以智库专业化能力为导向的特色个性化信息推荐服务等。在具体支撑模块方面，应重视构建诸如国内外智库行业监测与观察、智库论坛、典型数据库、案例库、知识库、专家库等，以促进智库信息交流与协作。可以说，在此平台下，多种主体共同参与新型智库建设，四大类智库作为核心主体既可以实现彼此之间的协同创新，在"个性"发展的战略路径上寻找"共性"需求，在共用信息服务的基础上实现"特色"智库建设。同时，还可以借助平台宣传智库最新的学术思想、观点、研究成果和政策主张，增加其品牌知名度和影响力。总而言之，智库决策支持信息保障协同创新平台建设可以促使多元主体联盟、多层次要素集成、多维度知识共享，实现各类智库资源与知识的整合、分工与协作。反过来，智库之间的协同创新可以有效保障智库决策支持情报来源，促进情报服务迈向工程化和协同化①。

（二）智库决策支持信息保障协同创新平台的功能与构架

智库决策支持信息保障协同创新平台能够融汇多方资源，形成全方位的信息服务与资源保障，从而保证智库决策支持信息保障协同创新活动的开展。智库决策支持信息保障协同创新中的用户需求，决定了信息保障协同创新平台的构架与功能实现。从需求、环境和平台建设条件上看，智库决策支持信息保障协同创新平台应围绕以下几个方面进行规划②。

（1）信息资源共建共享平台。信息资源共建共享平台建设在于进行信息资源的跨系统整合，从而实现分布资源环境下的信息汇集，以利于用户的一站式信息获取和利用。

（2）信息处理平台。信息处理平台提供统一的信息处理工具，以实现大数据信息处理能力的共享。其中大数据平台是信息处理平台的一种基本形式，用户可以按需进入平台来处理所拥有的数据，共享信息处理服务。

（3）信息服务集成平台。如果说信息资源共建共享平台进行了信息源汇集和信息的跨系统流动，信息服务集成平台则是各独立系统服务功能的整合和服务业务的协同。通过信息服务的跨系统调用，可以实现服务的互补。

（4）信息融汇平台。信息融汇平台是信息资源整合平台和服务集成平台的结合，即通过平台形式将相关系统的信息和服务融为一体，从而实现系统间的资源和服务互补。

（5）信息嵌入服务平台。嵌入式服务是将信息处理直接融入用户知识创新活动的一种创新方式，包括 e-science，e-research，e-learning 等。嵌入平台的建设在于实现信息处理提供与用户知识活动的一体化。

（6）其他信息平台。其他方面的信息平台包括上述几种平台功能的结合、重组，以及信息平台的拓展，如智库组织内网与智库信息服务网络的连接平台、信息交换平台等。

智库决策支持信息保障协同创新平台不仅仅是一个服务用户的平台，更是一个实现跨学科、跨领域、跨机构的信息服务平台，在此平台上能够实现信息资源的共享、情报信息的服务、决策科学的研究交流等，而且在智库与用户、智库与智库、智库与政府之间能够实现沟通、监督和相互促进的作用。在平台的建设过程当中需要注意的是要做好用户需求、智库情报服务和政府社会之间的统筹安排，能够实现信息的互通。另外，针对不同主体要实现个性化和可视化的服务，让平台的信息使不同的主体易于理解接受。在此平台下，官方智库、民间智库、互联网企业和用户这几大主体发挥各自的优势，满足彼此的需

---

① 李纲，李阳. 面向决策的智库协同创新情报服务：功能定位与体系构建 [J]. 图书与情报，2016（1）：36-43.

② 胡昌平，瞿成雄. 国家知识创新信息保障平台的协同建设 [J]. 山西大学学报（哲学社会科学版），2012，35（3）：240-246.

求，同时又能够找到共性点实现彼此之间的协同创新，以达到共赢的效果。

在智库决策支持信息保障协同创新平台建设中，各种形式和功能的平台具有使用上的针对性。同时，由于系统的可分性和组合性，平台可以在一个系统内实现多系统的功能整合，也可以是相互独立系统的跨界结合。另外，在跨系统的平台构建中，任何系统可以同时加入多个平台，因此平台组织又具有灵活性。

平台可分为信息层、管理层、服务层以及应用层等多个层次。

（1）信息层包括4个方面：①信息渠道，包括获取信息的各类渠道，不同部门、不同领域、不同主体都是信息获取的渠道，有公开渠道，也有灰色渠道和秘密渠道等；②信息类型，包括公开信息、灰色信息和秘密信息；或企业信息、政府信息、教育信息、科技信息、社会信息等；或人际情报、文献情报、数据库信息等；③信息同盟，是指智库决策支持信息保障协同创新各参与主体所产生和使用的信息；④信息制度，信息采集、使用、管理、权益的各种制度规范。

（2）管理层一般应包括信息规划系统、信息采集系统（信息检索与数据采集）、信息管理系统以及信息分析系统（信息挖掘与分析）。①信息规划系统主要是针对智库决策支持信息服务的需求制定信息保障计划，确定信息保障的目标架构和具体内容，组建信息保障团队。②信息采集系统则是由信息保障团队将传统信息检索与搜集手段与大数据研究手段相结合。对内外源数据进行实时且广泛的监测，对庞大而复杂的多源数据进行收集，并对采集的数据进行去重、过滤与识别，使数据融合①，形成高质量的决策支持信息资源。③信息管理系统功能是对信息成果进行管理、存储、传递、优化、使用和控制。④信息分析系统是根据问题需要，通过分类、回归分析、聚类、关联规则和偏差分析等数据挖掘方法②，对数据信息进行分析和解读，形成综合分析报告或决策方案等形式的信息研究成果。

（3）服务层。信息服务包括通过微信、网站等提供相关信息服务，也包括面向特定群体发布的研究报告、举办的论坛和讲座，以及定制化的信息服务。

（4）应用层。信息服务要面向应用，智库决策支持信息服务要面向智库、高校、政府、企业、行业（协会）、图情机构、科研院所、信息机构、科技企业、社会组织、研究机构、中介机构等多个参与主体，开展信息保障信息服务工作。

智库决策支持信息保障协同创新平台，重在自身信息处理与外部情报的获取，这就决定了智库内部保障中心的重要性。从大的方面来看，协同创新平台的构建，是以决策支持信息保障协同创新中心内部的信息保障中心为枢纽，既实现智库、高校、企业、科研机构的资源协同，又从外部信息保障体系中获取信息，兼顾大数据环境下智库决策支持信息保障的特殊需求，从而形成系统性的协同信息服务与保障。根据智库决策支持信息保障协同创新运行的特点，可以从智库协同创新系统内部着手，以智库决策支持信息保障协同创新中心为枢纽，构建智库多元一体化决策支持信息保障协同创新平台，其架构如图4-9所示。

智库决策支持信息保障协同创新中心，可以看作一个相对独立的子系统。从子系统的

---

① 梁春华. 大数据环境情报研究平台发展现状与思考［J］. 情报理论与实践, 2017（6）：63-66.

② 360百科. 数据挖掘［EB/OL］.［2017-10-11］. https：//baike. so. com/doc/3186393-3357840. html.

视角来看，智库决策支持信息保障协同创新中心所包括的组织要素，处于系统内部，而国家层面的信息资源与服务保障系统，区域、行业、专业化信息资源与服务保障系统，以及其他智库决策支持系统等，均处于系统外部。系统内部，通过决策支持信息保障协同创新中心的组织和管理，协同内部各种信息资源和服务，借助云服务平台和智库创新服务平台，促进大数据环境下智库信息保障效率的提升。该子系统同时与外部的各子系统发生着联系，交换着各种决策支持保障信息，从而从外部获取智库系统内部运行所需的决策支持信息与技术等，共同发挥决策支持信息保障协同创新作用。

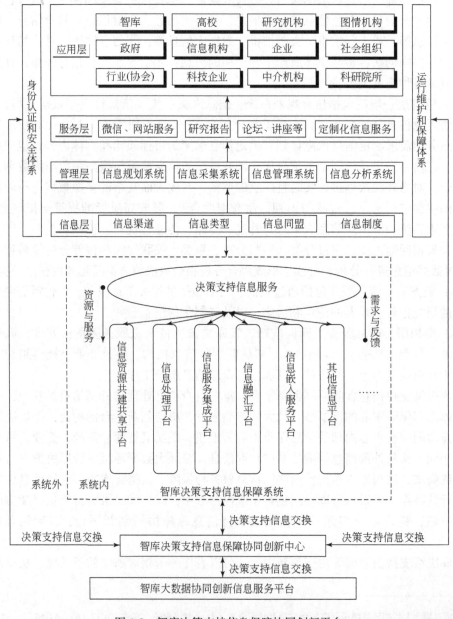

图 4-9 智库决策支持信息保障协同创新平台

智库决策支持信息保障协同创新平台包含大数据处理模块。大数据时代，数据和信息分散在不同领域不同组织的信息系统中，通过互联网进行交互。智库的决策支持来源于翔实的数据和信息。仅凭自身积累的数据，远远不能满足专业研究的需要和用户的信息需求。因此，智库收集和整合信息资源的重要手段是建设集成化、智能化、多功能的大数据信息服务平台，通过现代信息技术，将不同信息系统的资源进行汇集和筛选，形成系统融合、跨库检索和综合利用的海量数据集群。大数据信息集成服务平台架构可以采用由基础层、业务层和服务层三个层次构成的分层结构。基础层主要为数据资源库及负责优化和维护的管理模块，数据资源库为业务层提供数据支撑，智库应综合集成智库成果、智库专题数据库、"灰色素材"等信息资源，形成有效支撑智库专业研究的信息资源库；业务层是智库业务处理的核心部分，研究人员通过业务层协同合作，依托基础层的数据，通过大数据技术和工具，根据用户需求，形成专业的决策成果；服务层是智库与政府部门、企事业单位和社会公众等用户交互的部分，智库通过服务层的网站门户模块，接受用户的项目委托、信息咨询等服务需求，并通过可视化、个性化推荐等信息技术，将成果展示给用户。

（三）智库决策支持信息保障协同创新平台的运行与管理

1. 信息保障平台运行的原则

智库决策支持信息保障协同创新平台运行应该遵循如下几个方面的原则。

（1）开放性原则。任何系统都与外界有着联系，而不是一个封闭的实体，在大数据环境下，协同创新尤其要注重系统的开放性原则。智库决策支持信息保障协同创新平台的设计原则之一就是要具有开放性原则，能与其他的系统，如其他各类智库、政府、企业、高校、科研机构、情报机构等系统按照约定的通信协议进行通信，实现大数据环境下信息开放共享。

（2）共享性原则。智库决策支持信息保障协同创新平台的数据共享，有两个层面上的共享。第一，信息保障协同创新中心与其他层面的保障系统间的数据共享，如果自己获取数据或者处理数据难度大，就要委托依靠其他成员单位。业务也可以采取合作或者分包的模式，甚至采取购买信息服务的方式，使协同中心少走弯路，节约大量的时间和精力；第二，信息保障协同创新中心内信息共享。中心整合智库、政府、高校、企业和科研机构各类资源，甚至采用合作研发的模式，从而节省资金和人力。

（3）扩展性原则。智库决策支持信息保障协同创新系统的需求时刻在变化，这就要求平台能够紧跟市场，紧跟智库决策支持服务的需要，进行一系列创新。而决策支持信息保障协同创新平台不能是一成不变的实体，应该具有一定的扩展性。平台本身应该具备灵活的建模工具，能够通过建模工具，自由定制出符合不同产品研发需求的子系统。而如果一个系统初始开发中没有考虑系统的扩展性，那么这种系统也将不能适应智库决策支持的需求，很快会被淘汰，这就造成资源上的浪费。

2. 信息保障平台的管理

智库决策支持信息保障协同创新平台的管理涉及资源管理、用户管理、权益管理等（图4-10），以保障协同创新平台的顺利运行。

（1）资源管理。信息资源是智库决策支持信息保障协同创新平台开展服务的基础。加

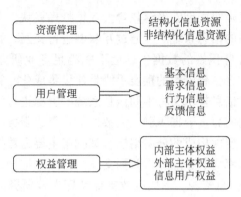

图 4-10　智库决策支持信息保障协同创新平台的管理

强信息保障平台的管理，首先需要加强系统资源的管理。

第一，结构化信息资源的管理。

结构化信息资源，主要包括各类文献信息资源、数据库资源、专利信息资源、标准信息资源等。结构化信息资源主要通过决策支持创新主体的原有资源储备的共享和系统外部获取所得来，是系统的主要存量资源。加强对这部分资源的管理，一是需要建立统一的资源描述框架，形成标准与规范的资源体系，为后期的服务提供打下基础。二是建立定期更新机制。通过内部资源的获取和外部资源的收集、整理与加工等，及时补充新的信息，充实平台的资源库。三是加强对现有数据系统的结构优化。对访问量的数据和信息，适时调整存储位置，提高响应速度。定期检查更新，删除冗余的信息，提升资源库的维护水平。

第二，非结构化信息资源的管理。

大数据环境下，非结构化信息资源和动态实时信息资源会发挥越来越重要的作用，需要搭建实时动态信息分析平台，结合智库专业人员的隐性信息资源，补充为平台的资源加以利用。其核心在于建立有利于协作共享、开放式、实时动态的大数据处理环境，通过数据挖掘、数据可视化等方式，引导各类大数据知识产出。需要注意的是，在决策支持信息协同的特定领域，需要特别重视信息的保密性和隐私权问题，因此，在开发大数据信息的过程中，既坚持开放共享原则，又要符合相关的保密规定和隐私权保护规定。

（2）用户管理。智库决策支持信息保障协同创新平台服务的顺利运行，离不开协同创新主体用户的支持。因此，管理和利用好用户信息，能够推动信息保障工作，提升服务的质量。对用户信息管理的目的在于更好地了解用户需求和使用信息平台的特征，为个性化的信息服务提供基础。同时，根据用户对决策支持信息保障协同创新平台使用体验的反馈，更好地改进平台的服务。用户信息的管理，主要包括以下几个方面。

第一，基本信息。主要包括表征用户基本特性的信息，如用户的性别、民族、工作单位、工作领域、学历与学科背景、爱好、特长等。这些基本情况可以反映一个用户的基本信息取向，如使用信息的领域特征、关注的信息面等。

第二，需求信息。主要包括用户的信息查找和获取意向，需要解决的主要问题等。用户需求信息的明确，建立在协同创新平台管理人员与用户的充分互动与交流的基础上。一方面，工作人员需要主动了解用户的信息需求，同时，可以通过引导、推荐等形式，改变用户的信息需求结构，建立主动式服务模式。

第三，行为信息。主要包括用户的在信息查找和利用过程中所采取的步骤、方式和方法、使用习惯等信息。用户行为信息可以通过分析用户的访问历史记录分析提取。

第四，反馈信息。主要是指用户在使用协同创新平台的服务后对服务过程的评价信息。及时了解和掌握用户的反馈信息，是改进信息服务的重要途径。将信息用户所反映的平台存在的信息服务死角问题、服务质量瑕疵问题，以及关于信息平台未来发展的建议等信息，及时跟进并解决，从而提升用户的认可度和满意度，保障信息服务的质量。用户数据模型的构建可以从以下几个方面进行：一是确定用户信息构建的对象；二是对现有的信息进行整理，明确哪些信息需要进一步完善和补充；三是通过多种形式开展调查，如下发问卷、在线调查、访谈等，并将调查的信息收集起来；四是对调查后的数据进行统计分析，实现用户的特征分类和用户的聚类，为信息服务的深入开展打下基础；五是在后续的服务过程中，对整理确定的用户信息进行评价；六是建立反馈机制，通过听取用户的意见和建议，以实现对用户模型的更新和修正。

（3）权益管理。"数据成为有价值的公司资产、重要的经济投入和新型商业模式的基石。虽然数据还没有被列入企业的资产负债表，但这只是一个时间问题。"[1] 智库决策支持信息保障协同创新平台的构建，涵盖范围广、参与主体多、资源内容丰富，需要对参与的主体的权益和数据资产进行明确并加以良好的管理。处理好参与主体间的权益，对于发挥信息保障平台的功能，带来更客观的社会、经济效应，具有重要的意义。

第一，决策支持协同系统内部主体的权益管理。

智库、政府、高校、企业和情报机构在协同系统内部的信息资源建设中发挥着重要的作用。一方面，协同创新平台建立在协同主体的原有的知识与信息储备的信息充分共享基础上，因此，在平台构建之初，需要对各主体所提供的信息资源量进行明确，并形成后期的利益分配机制。另一方面，在协同创新平台的运作和完善过程中，各协同主体会继续产出大量的共享信息。这些信息的得来，是协同主体开展活动中积累得出，付出了成本和汗水。因此，对动态的信息资源产出部分，也需要建立明确具体的利益分配和成本分担机制，充分尊重其知识产权，维护协同主体的权益，保护各协同创新主体参与协同创新平台建设的积极性。

第二，决策支持协同系统外部主体的权益管理。

智库决策支持协同系统外部，有来自国家层面的信息服务机构、区域和行业层面的信息服务机构、专业化图书情报机构甚至互联网企业的广泛参与。应建立科学的资源投入与回报机制，在平台的资源建设中，只要提供了资源与服务支持，就应获取由提供知识产权输出和特定的信息产品所带来的相应收益。潜在价值的概念表明，组织机构应收集尽可能多地使用数据并保存尽可能长的时间。同时组织也应当积极与第三方分享数据，前提是要保留所谓的"延展性"权利（专利许可术语）。这样一来，由数据再利用而产生的任何商业价值，原始数据拥有者都能从中分到一杯羹[1]。以市场化运作模式，推动信息保障协同

---

① 迈尔-舍恩伯格 V，库克耶 K. 大数据时代：生活、工作与思维的大变革 [M]. 盛杨燕，周涛，译. 杭州：浙江人民出版社，2013.

创新平台建设过程中的利益分享和权益保护问题。

第三，决策支持协同系统信息用户的权益管理。

信息用户是信息保障协同创新平台服务的对象。在参与平台建设的过程中，用户的作用无可替代。在对信息用户的权益管理过程中，一方面，要赋予用户公平使用信息平台的权利。信息保障协同创新平台提供开放式的服务，没有特权用户，所有用户均按照统一的标准与服务体系框架来使用信息保障协同创新平台。另一方面，信息用户应行使平台建设的监督作用。信息用户的意见和建议，对于指导信息保障协同创新平台的建设具有重要意义。因此，应充分保障用户的知情权、建议权、监督权等，提升他们的主人翁意识和参与意识，将用户切实纳入到信息保障协同创新平台的建设中来，使之成为平台建设不可或缺的一部分，推动平台的深入建设和可持续运行。

第五章 | 智库决策支持信息保障协同创新组织服务体系

本章概要： 智库决策支持信息保障协同创新系统的组织，是根据各参与主体发展需求，对保障系统进行整体规划和布局建设的过程。智库决策支持信息保障协同创新旨在调动各协同创新主体的参与积极性，使各主体的独特或优势创新资源得到充分整合利用，彼此间形成完善的创新机制与和谐的创新氛围，从而产生强大的创新效应和决策支持力。本章概述智库决策支持信息保障协同创新的组织现状、合作主体以及组织体系，并从组织模式、组织机制和组织建构三个层面讨论智库决策支持信息保障协同创新的组织服务体制机制。

第一节 智库决策支持信息保障协同创新组织服务体系概述

一、组织现状

我国的智库类型主要包括党政军智库、社科院智库、高校智库、企业情报部门、专业情报服务机构以及一些外围的政府、企业、科技公司、图书情报和商业信息服务机构。但是，从实践来看却存在以下问题：首先，当前我国智库发展水平不一、情报信息与需求脱节。党政军智库和高校智库虽然获得国家支持力度大，研究人员也相对较多，但其决策支持过于宏观或者偏重学术研究难以贴近现实解决用户面临的实际问题，而企业情报部门和专门的情报机构虽然能够面向用户或决策管理层解决当前遇到的问题，但是其生存竞争压力和专业人员短缺的问题日益突出，因而难以快速发展。其次，在大数据和信息时代，许多问题需要进行跨学科、跨领域、跨部门的合作研究，单一的智库难以获取全面、准确的情报信息，同时用户需求的不断提升，而各智库之间又缺乏必要的联系、合作和对接，无法实现各智库之间的协同创新，更好地满足用户的需求。最后，在大数据低价值密度的特性下想获得大量有效的信息资源并非易事，但在互联网的飞速发展之下，某些大型互联网商业企业（比如阿里巴巴、京东等）、搜索引擎公司（比如百度、搜狐等）等企业往往掌握很多专业领域的大数据资源，他们有自己的数据库和服务器，有一套完备的大数据处理系统。所以在智库与智库之间协同的基础之上，能够把这些大型互联网企业并入到智库协同的创新服务体系当中就能使智库情报服务更加高效便捷。这样不仅能够获得共享及时、有价值的大数据资源，而且能够形成更加全面的智库协同创新服务体系。

2013年以来，习近平总书记多次对智库建设作出重要论述、指示、批示。总书记对新型智库建设的要求，主要集中在以下几个方面。一是提出要加强中国特色新型智库建设；二是明确要求把中国特色新型智库建设作为一项重大而紧迫的任务切实抓好，体现了党和国家对高质量智库的迫切需要和殷切期望；三是对智库建设的重点任务和方向作出了明确的战略部署；四是给各类智库提出了明确的研究方向、任务和重大研究课题；五是明确指出了智库体制机制建设、组织建设和管理方式改革创新的方向；六是对党校智库、统一战线政协智库、国防军队智库、智库外交、"一带一路"智库网络等各类智库建设提出了明确要求并提出了一批重大决策咨询题目；七是明确指出当前智库建设存在的问题，具体指导当前智库建设；八是召开智库专家座谈会，以上率下带头落实"加强中国特色新型智库建设"决策部署；九是要求党委政府要高度重视智库建设①。

目前，我国的各类智库在研究领域、研究内容上重复、交叉、雷同现象严重，而（同类、不同类）智库之间的合作和交流普遍较少，特别是党政军智库与民间智库交流合作更少。一方面造成智库获取信息不全面，可信度不高，应用价值不大；另一方面造成资源严重浪费，社会效益低下。因此整合资源，实现资源合理利用，避免重复建设势在必行。智库情报服务体系直接面向用户，是情报用户与情报系统交互的窗口。智库情报服务体系是智库决策咨询研究体系的重要组成部分。智库决策支持信息保障协同创新就是将智库创新要素进行汇聚，结合大数据情报分析与专家之间有效的观念对话、思想碰撞，开展集体合作式的情报服务。为了提升智库情报服务的思路和基点，消除智库建设过程中的"情报软肋"，有必要在协同创新视野下构建智库决策支持信息保障组织体系，促使智库知识生产创新与集成更加专业化和规范化，这对于提升智库信息资源利用的效率（信息流通内容、信息传递渠道、信息传播质量等）、满足政府日益增加的智库支持决策需求起着非常关键的作用②。

二、合作主体

近年来，智库决策支持信息保障协同创新受到智库、政府、高等院校研究机构等相关部门的重视。在信息化程度越来越高的现代社会，随着计算机的应用越来越广泛，信息资源成为信息化社会最重要的资源，智库决策支持也逐渐呈现出对信息的依赖性。过去大量存在的信息缺乏有效分析、信息爆炸、信息泛滥、信息污染等问题，使得在大数据环境下应用新的、更具适用性的方法研究智库决策支持信息保障协作创新显得非常必要。在智库决策支持信息保障协同创新理念下，智库决策支持信息保障协同参与主体包括智库、高校、政府、企业、行业（协会）、图情服务机构、科研单位、科技企业、社会组织、中介机构等。从智库决策支持信息保障协同创新过程来看，智库要与国内外其他智库、高校、政府（部门）、企业、行业（协会）、科研院所等开展全方位协同，加强智库与高校、科

① 李国强，徐蕴峰.学习习近平"智库观"推动中国智库建设健康发展 [EB/OL].[2017-10-27].http://www.china.com.cn/opinion/think/2017-10/27/content_41804129.htm.

② 张海涛，张念祥，王丹，等.大数据背景下智库情报的服务创新——基于协同理论视角 [J].现代情报，2018，38（9）：57-63.

研单位和社会组织的合作，探索建立国家级智库、地方智库、高校智库和民间智库协同创新机制。通过搭建更加全面系统的合作框架体系，整合各方研究力量，联手开展研究攻关，搭建智库与政府、学界、学者与实践之间紧密互动的平台，相互配合，联合攻关，发挥互补优势，促使切实有效的解决方案形成。智库决策支持信息保障协同创新体系从宏观上分核心主体和协作体系，核心主体是指党政军智库、社会科学院智库、高校智库、民间智库，协作体系则包括政府、企业、社会、高校研究机构，以及图书情报和商业信息服务机构，这些合作主体和协作机构投入各自的优势资源，在信息服务中介机构、研究机构等相关主体的支持下，共同进行决策支持信息保障、应用和服务等活动。从微观来看，智库决策支持信息保障协同创新体系还应该包括智库决策支持信息保障协同创新活动中，专业研究人员、技术人员和信息人员组成团队，相互支持配合，围绕智库决策支持所做的信息服务和信息应用活动。智库决策支持信息保障协同创新的过程就是智库决策支持信息保障各主体之间知识共享、知识协同与知识创造进而形成决策优势的过程。

在大数据背景下，要想实现智库决策支持信息保障协同创新，必须把大数据信息资源开发与利用运用到创新中。随着大数据的爆发式增长，浩如烟海的信息资源已经成为一种战略资源。大数据并不能被简单地理解为海量的数据，它还包括解决问题的一种思路，即通过收集、整理政府、企业、社会等方方面面存在的数据，对其进行分析研究，进而挖掘出有价值信息，最终演化为一种新的智库决策支持信息保障协同创新模式。大数据技术的目标就是从海量的数据中挖掘信息，通过分析判断，提高信息利用效益的一种方式。因此，政府、企业和社会也成为智库决策支持信息保障协同创新的主要参与主体。

综上所述，智库决策支持信息保障协同创新服务体系主要包含三大类主体，第一类主体是以党政军智库、社会科学院智库、高校智库为代表的官方智库、民间智库以及政府情报服务部门、专门的情报服务机构等，这一主体是整个智库创新服务体系的核心。智库作为核心主体是我国决策咨询制度战略部署的重要对象，处于转型中的图书情报机构以及大型信息服务机构等，它们利用自身的特殊优势或潜在能力，支撑着整个情报服务体系架构协调运转；第二类主体是拥有大量大数据资源的互联网企业，它们掌握的数据资源能够为智库服务体系更好地提供数据基础，进而能够提升智库的服务质量和效率；第三类主体是提供决策需求信息的用户主体，包括政府、企业和社会等，其中政府处于主导地位，政府机构应尽可能地给予智库更多的信息资源建设空间，在政策导向、制度规范、资金支持、资源配套、平台建设等方面扶持智库情报服务创新与发展，同时企业、社会等也应起到一定的引导和监督作用。用户主体不仅仅是需求主体，他们作为情报的消费者，对情报产品的使用意见和反馈在一定程度上促进着智库的创新和发展，起到一定的指向作用。以上的三部分主体单独存在都无法发挥自己潜在的价值，因而将这几部分主体联系起来，彼此相互依赖、相互渗透形成体系就能够达到"1+1+1>3"的效果。

（一）第一类主体——智库及情报服务机构

我国智库目前以官方和半官方智库为主，党政军智库、社科院智库、高校智库占据绝大多数，仅5%左右为社会智库（民间智库），在一些地方存在"只有国家队、没有民间队"的现象。全国各地社会智库活跃程度不一，但真正以服务公共决策为己任的仍然比较少，政策咨询能力不够强。新型智库主体的活力和合力不够。智库边界不够清晰，智库机构与母体、建设主体之间的权责关系不清，实体化运转的步伐缓慢，智库研究人员的积极性、主动性和自主性受到一定的影响。另外，各类智库主体相对独立，比较分散、各自为战，再加上各类公共平台建设相对滞后，智库间的合作与协作明显不够。思想产品供需对接机制不畅。运行机制囿于陈规，缺乏时代特征，智库参与决策的机制不完善，社科类研究组织参与应用研究的力量不够强，且存在多头组织、力量分散、课题重复、成果质量不高的现象。所有这些都表明，建设智库决策支持信息保障协同创新体系，首先应加强党政军智库、社会科学院智库、高校智库、社会智库之间的信息保障协同，此举的根本目的在于突破不同主体间存在的有形和无形信息壁垒，实现不同主体间有效协作以及各协同要素的价值最大化，实现合作主体间的优势互补①。智库依据其属性和研究方向的不同，在智库创新服务体系的作用各不相同，获取情报服务的能力也不同。如政府发展研究中心、各级政府附属的政策研究室等，因其直接隶属于政府的特性，比较容易直接获取政府内部掌握的情报。对于政府拥有的静态数据能够较为完整地获得，而对于政府不断产生和变化的动态情报，党政军智库比较容易及时掌握。高校智库依托高校的图书馆和高校的科研能力，在获取文献情报和最新学术研究成果方面拥有天然的优势。一是高校的图书馆拥有不同学科领域的大量文献情报，并且不断从国内外购入新的文献情报充实文献储藏。二是高校智库的学术研究能不断产生新的研究成果。这两方面保证了学术方面情报的提供。高校智库所具有的天然的教育优势，能为智库协同创新联盟在培育专门人才、教育公众、社会服务方面起到带头示范作用。高校智库在参与联盟构建中也能提升其人才和技术与实际接轨的程度。另外，学科门类齐全是高校智库的优势之一，高校智库应充分发挥高校的学科平台优势，整合高校资源，形成学科的聚合与协同。在民间智库层面，专门的情报服务机构的职责就是收集情报，这些机构在各地广泛设立情报收集部门，派出大量专门的人员，使用必要的技术方法采集情报，大量、深入地收集需要的情报信息。因此，建立新型智库协同创新服务体系必须要求党政军智库、社科院智库、高校智库、民间智库在其中起主要的作用，切实加强这些协同创新主体之间的协作与合作。

图书情报机构长期以来担负着提供知识服务的功能，在智库协同创新中，必须加强图书情报机构与智库之间的信息保障协作。作为智库科学决策的一个重要环节，知识资源成为决定其研究报告质量与影响力的基本条件与重要保障，应该加强智库与图书情报机构之间的信息合作。图书情报机构应利用自身所长去服务于新型智库建设，健全我国智库咨询和科学决策体系。智库与图情服务机构的目的都在于围绕决策提供服务，其中图情服务机构提供更偏向大众化的决策类情报服务，智库提供更偏向战略层面的决策类咨询服务，而智库决策支持信息保障联盟的实现功能和服务内容也与情报息息相关，所以应考虑将与相关领域的研究和情报服务相关的图情服务机构纳为智库联盟的构建主体之一。将图情服务机构纳入智库联盟中，是一个多赢的重组整合。对于宏观层面的智库联盟而言，图情服务机构可以丰富智库联盟的实现功能和服务内容，提高产出成果的多样性和针对性，使智库

---

① 钟曼丽，杨宝强. 社会智库创新建设：外部协同及其内部运行机制的二维视角［J］. 情报杂志，2018，37（11）：36-41，88.

联盟的功能更加全面。同时，现阶段传统图情服务机构也在探索着向新型智库转型，对于图情服务机构而言，加入智库联盟无疑是近距离与相关智库吸取决策经验的一种途径，通过与智库联盟中的党政军智库、高校智库、民间智库的合作与交流，可以借鉴一些智库化转型的经验。此外，由于图情服务机构的人才、技术与资源优势偏向图情领域，通过与智库联盟内其他成员之间的协同合作，也可以扩大其提供的服务种类和提升其情报服务质量，使其整体服务水平更具智慧化；对于智库联盟的其他成员而言，也可以在与图情服务机构的合作中提升自己的情报能力。图书情报机构参与智库协同创新，通常可通过直接提供智库服务、知识咨询服务、情报技术支持、信息计量服务、智库成果复用商务部分的方式①，亦可直接整合进智库决策支持流程中直接提供情报信息支持服务。

（二）第二类主体——互联网企业

大数据是智库决策支持的重要信息资源。大数据资源常常掌握在大型互联网企业或组织手中，如互联网公司、软硬件服务商、搜索引擎公司以及其他类信息服务机构等。随着互联网的普及和发展，互联网已深度融入社会，大量互联网企业借助互联网的强大互通能力快速发展。当前存在的绝大部分互联网企业的主营业务可以归为以下四类：搜索引擎网站、综合门户网站、即时通信企业和电子商务企业。第一，搜索引擎网站。在国外的代表为谷歌，是世界流量第一的网站，也是市值第一的互联网企业。在国内的代表为百度，是中国流量第一网站，全球最大的中文搜索引擎。搜索引擎是情报收集的最有效的工具之一。目前我国传统新闻媒体（报纸、电视台、广播电台等）大都拥有了网络版，纸质科技学术期刊实现了内容全文的互联网同步出版，可利用的各类非超文本文件数以亿计，中文网络信息呈快速增长态势。随着中文数字化进程的加快和互联网的普及，竞争情报的收集已渐以网络载体为主。网络检索离不开搜索引擎，只有利用搜索引擎才能及时有效地获得网络情报信息。第二，综合门户网站。国外代表性的门户网站是雅虎，国内传统的三大门户网站包括新浪、搜狐和网易。综合门户网站包罗了多方面的情报信息，比如各类型的新闻是门户网站的强项，门户网站提供的网络社区也是了解不同人群信息的一个重要窗口。第三，即时通信企业。最具代表性的即时通信企业是腾讯，它是全球第一大即时通信服务提供商，中国市值最高的互联网企业。腾讯的即时通信服务产品包括微信、QQ、Rtx、TM等。企业通过即时通信工具能获取大量即时的信息，是极其重要的情报来源。第四，电子商务企业。包括阿里巴巴集团、亚马逊、eBay 等电子商务公司。电子商务企业的信息能帮助智库分析商业行为、产业趋势、人们的消费行为和偏好等，为智库进行促进经济增长和就业方面的研究提供帮助。另外，随着信息技术向社会日益渗透，智能电网、智能家居、智慧城市等不断进入人们的视野，它们也不断产生大量的第一手数据，成为智库可资利用的大数据信息源。

---

① 黄如花，李白杨，饶雪瑜. 面向新型智库建设的知识服务：图书情报机构的新机遇 [J]. 图书馆，2015 (5)：6-9.

（三）第三类主体——政府、企业和社会等用户

智库创新服务体系的第三类主体是用户主体，包括政府、企业和社会等，是智库服务的所有者和消费者。在我国，与公共决策制定和评估相关的经济、社会、产业等信息仍由政府及其附属部门掌握①。推动中国企业"走出去"战略则是智库履行社会责任的重要内容之一。政府在"一带一路"倡议实施过程中也号召社会智库要为中国企业提供决策咨询指导。从这一角度讲，企业亦是智库的合作主体之一。另外，智库与企业协同合作可以为智库筹集资金。作为思想产品的生产"工厂"，智库内聚集众多领域的专家学者，利用这一优势面向企业开展市场化的咨询业务既可开辟筹资渠道，又可保障研究所需的经费。如中国与全球化智库的"企业国际化人才培养"活动既为中国企业的人才培养提供了指导，也充实了智库资金。中国国际经济交流中心开展的"中国企业'走出去'战略高级研修班"在指导中国企业的同时也获取了一定的资金。而企业也可依托智库的专业化优势来提升自身的战略规划能力和业务能力。当前，智库与企业协同的模式主要有以下三种：接受企业的委托研究课题、与企业就某方面的研究课题签订中长期合同、智库内的权威专家到企业内担任某一领域的指导者或对企业员工进行培训。

同时，企业也是智库信息的主要消费者。智库提供不同于互联网企业，大量传统企业或中小企业在情报收集方面的能力是相当普通的，他们或是没有能力建立独立有效的情报服务部门，或是出于成本考虑直接向外购买情报服务。他们也需要大量有用的情报来进行商业竞争和企业自身的发展，情报的质量对他们来说十分重要。对于社会和政府也是同样的，由于自身获取某些情报的能力不足或成本过高，他们也需要大量从其他渠道获取情报信息，而且在消费情报时也会考虑情报的质量高低。因此，不论是企业、社会还是政府，这些情报的消费者对使用的情报会提出要求和使用后的反馈，这对情报服务的提供者会起到促进、改善和创新的作用。所以不可忽视用户主体在智库创新服务体系中的作用，他们也是智库创新服务体系的重要组成部分。

智库决策支持信息保障协同创新旨在调动各协同创新主体的参与积极性，使各创新主体的独特或优势创新资源得到充分整合利用，彼此间形成完善的创新机制与和谐的创新氛围，从而产生强大的创新效应和决策支持力。各主要参与主体在决策支持信息保障协同创新活动中发挥的作用如下。

（1）智库是决策支持信息保障协同创新的中坚力量，包括我国各级党政军智库、社科院智库等官方智库，高校智库、科研机构等半官方智库以及民间智库等智库研究机构。不同类型智库都有不同的构成，具有一定的优势和局限性②。官方智库依托于政府机构，研究资源充足，但是一般组织结构不够灵活，研究课题比较受限，研究结果容易产生偏向。半官方智库相对于官方智库，研究课题相对自由，研究结果比较客观。民间智库相对来说发展艰难、资金缺乏、研究综合性问题的能力不强，但是一般组织结构灵活，可以自由地

---

① 夏春海，王力. 中国非官方智库的机遇、挑战与发展路径 [J]. 前沿，2013 (3)：9-11.
② 刘西忠. 从民间智库到社会智库：理念创新与路径重塑 [J]. 苏州大学学报（哲学社会科学版），2015，36 (6)：21-26.

进行课题研究。不同类型智库进行协同创新服务可以取长补短，解决自身组织和运行的问题。智库作为新兴且具有强大生命力的信息服务机构，是研究、分析和参与制定公共政策的咨询服务机构，为国内和国际问题提供政策导向研究、分析和咨询，使决策者和公众能够就公共政策问题作出明智的决定。智库在决策支持信息保障协同创新中起需求引领、协调各方的重要作用，为政府提供相关政策服务，为企业和社会提供相关信息资源整合服务，为智库决策支持信息保障协同创新活动提供体制机制保障，并根据信息需求整合相关信息资源。智库是决策支持信息保障协同创新活动的技术和知识提供方。通过智库决策支持信息保障协同创新活动，智库能够将信息转化为决策力并产生社会收益。在为社会作出贡献的同时，能够得到相应的资金回报和政策支持，为进一步研究创造良好的条件。其主要职责包括：①探求社会问题、实现研究创新。②培养高水平智库服务人才。③提供专业化知识服务。

（2）政府主体在智库决策支持信息保障协同创新活动中起着至关重要的组织、管理和协调功能。通过智库决策支持信息保障协同创新，在政府部门的组织领导下，当地智库、高校、科研机构和企业能够充分利用自身优势，通过信息交流和项目合作将数据信息转化为决策力，促进本地区经济水平和综合实力的提升。政府包括国家相关部门、省级政府、各地市级政府和基层相关领导管理部门。各级政府部门是社会信息资源的主要拥有者，也是智库的主要服务对象，政府能够为智库提供发展政策和参与环境，为企业和社会提供信息利用和保护环境，为智库决策支持信息保障协同创新活动提供政策支持，并根据服务需求进行信息调控行为等。另外，政府是智库研究课题的来源，智库的公共政策研究是围绕着政府的需求而展开的。政府是智库服务的对象，智库协同创新服务的实质是多个智库以深度协作的方式为政府提供政策研究咨询服务。同时政府是智库成果的实施者，政府需要对智库研究成果进行政策审议并提出修改意见，最后根据智库提供的研究成果实施。智库的协同创新服务离不开政府的规划统筹、制度保障和资金支持。政府在智库决策支持信息保障协同创新活动中的主要职责包括：①提供政策保障。②组织协调各参与主体。③构建智库决策支持信息保障协同创新环境。

（3）图书情报和商业信息服务机构是智库决策支持信息保障协同创新活动中的主要参与主体，是大数据背景下智库决策支持信息保障协同创新的信息提供方之一。图书情报机构包括公共图情机构、大学图书馆和情报信息服务机构，商业信息服务机构是能够提供商业信息服务和情报信息的企业。图书情报和商业信息服务机构负责提供情报信息，与智库开展全方位的智库决策支持信息保障合作。

情报是决策的基础，情报机构可以为智库决策提供必要的、量身定制的情报信息；智库以服务决策为导向，为决策主体建言献策，并提供决策咨询服务。长年来，情报机构已经基本形成了一套较为成熟的情报收集、分析与处理工作流程，而智库自身也拥有一套较为独立的情报收集、分析与处理流程体系（甚至某些知名智库在情报研究工作上超越了部分专业性情报机构）。比较来看，智库与情报机构内在的情报机能模式具有一定的相似性，但因智库角色定位、历史积淀、职能关系等因素差异，也存在不同之处。著名情报专家马克·洛文塔尔将政府活动分为两个领域，两者由一张半透膜隔离开来。决策者可以（而且确实会）穿过透膜进入到情报领域，但情报官员却不能透过薄膜进入决策领域①。这说明智库和情报机构还有不小的差异，这种差异性也决定了两者的协同创新成为必要。协同创新有利于智库和情报机构之间形成协同作用，克服单一组织、机构在知识结构上的缺陷，实现智库人才、信息、技术、资本等要素的深度融合，是智库服务决策情报保障的重要途径②。

智库决策支持信息保障协同创新中的图书情报和信息服务主体，肩负着重要的信息服务功能。智库通过加强与图书情报和信息服务各主体的协作和共建，实现信息资源的集成和共享。协同创新联盟的知识创新过程是面向问题的专题研究，并表现为多学科交叉的特性。图书情报机构信息资源丰富、齐全，具有深厚的学科文献信息底蕴，可以面向团队和多学科背景的知识队伍，开展和提供专业化跨学科信息服务，减少科研人员投入在关注学科前沿动态、查找本领域的国内外研究现状等信息资源的时间，从而提高知识创新效率。其主要职责包括：①提供信息资源整理和加工服务。②提供特色数据库建设服务。③提供数字参考咨询服务。

（4）企业和社会是智库决策支持信息保障协同创新活动中的主要参与主体之一，是智库决策支持信息保障协同创新活动的市场需求和信息提供方。企业应在政府部门的指导和协调下，与智库保持紧密合作关系，与相关对口智库开展全方位的决策支持信息保障合作。同时，与相关中介服务组织进行沟通合作，对各个智库决策支持信息保障协同创新合作项目进行各方面评估和分析，确保各智库决策支持信息保障协同创新合作项目的顺利实施。

（5）中介服务机构包括信息咨询和评估公司及各种信息行业协会等。智库的知识成果从酝酿到成形，再到最终实施，是以构建一套完整、透明、高效的创新网络为前提的，新型智库的各个协同创新参与主体均可以视作为创新网络中一个个关键节点，而中介机构则是连接创新网络中各个创新节点，保证信息流、知识流、物质流得以顺利交换的"连线"。开放创新是一个创新要素不断重新组合的过程，智库在创造成果期间存在着与其他主体之间的沟通障碍、协调失调的可能，在成果推广时期也会遭遇多种现实困境，中介机构在整个开放创新网络中起着承上启下的润滑作用，扮演着非常重要的角色。中介组织的有效参与可以降低智库协同创新的风险与成本，提升每个协同主体的能力和效率。各中介服务机构主要负责对智库、研究机构和企业的各项决策支持信息保障创新合作研究服务项目提供成果质量评估服务、风险分析评估、政策咨询分析、信息推送服务、法律咨询和援助等服务，以及开展决策成果转化、信息扩散、信息资源配置、信息评估、管理与决策咨询等专业性服务，对各类服务主体与市场之间的信息转移、知识流动等发挥着重要的促进作用，能够有效化解研究风险、降低研究成本、提升研究成果转化速度、提升研究水平、创造更多的服务价值。在大数据环境下，中介机构会因为智库情报服务机构和政府的初始目标差异较小而提高供需的匹配效率，从而使智库智慧服务业的发展更加顺利。另外，中介机构

① 马克·洛文塔尔. 情报：从秘密到政策 [M]. 杜效坤，译. 北京：金城出版社，2015：4-6.
② 李纲，李阳. 面向决策的智库协同创新情报服务：功能定位与体系构建 [J]. 图书与情报，2016（1）：36-43.

也可以利用大数据服务，充分把握智库的研究发展方向，解决智库决策支持信息保障对接不畅问题。中介服务机构的职责包括：①提供信息咨询和法律援助服务。②提供交流平台和协同合作服务。③协助整合协同内外部资源。

通过分析上述参与智库决策支持信息保障协同创新各相关主体的职责，促使各个协同参与主体更好地认识自身对各种信息资源的获取与共享需求、信息化协同和交流需求及经济利益和非经济利益需求等。在明确各自对智库决策支持信息保障协同创新项目需求的基础上，各参与协作主体能够相互沟通达成清晰、一致的目标，并且根据共同目标做好各自的工作，履行各自相应的职责，共同开展智库决策支持信息保障协同创新，最大限度地提高智库决策支持信息保障协同创新的成效。

三、组织体系

组织体系是智库决策支持信息保障协同创新的主体构成体系。智库决策支持信息保障协同创新组织体系从整体来看可由核心层、保障层、外围层和联动层四大圈层组成①，依托信息保障协同创新服务平台，形成以新型智库为中心，以各层级多主体信息情报需求为导向，以决策支持信息保障协同创新为目标，整合优化信息资源与服务，构建智库决策支持信息保障服务体系的整体组织框架，最大限度、全方位、更高效地满足多主体情报信息需求，针对不同的需求给予差异化情报信息选择，并且能适应多主体的潜在和未来情报信息需求，保障智库决策支持信息保障协同创新的可持续发展。

（1）核心层。核心层是智库决策支持信息保障协同创新体系的构建主体，包括党政军智库、社科院智库、高校智库以及民间智库。核心层是智库决策支持信息保障协同创新组织体系建设的核心，主要是以政府重大战略需求为导向，统筹布局智库决策支持信息保障协同创新设施。信息情报与战略密不可分。核心层信息情报服务应立足于分析政府及社会需求，加强智库问题研究的前瞻性，提供精准的情报信息服务。信息保障应有利于各智库之间的相互合作与支持。信息保障设施的建设和提升要为智库服务国家经济建设、社会发展作出战略性贡献，需要通过各种信息保障对服务范围内各种信息情报需求进行研究分析，促进智库决策支持信息保障设施的整合共享，提升信息服务的开放度。

（2）保障层。保障层包括政府信息部门、高校研究机构以及图书情报和商业信息服务机构。该层主要为智库决策支持信息保障协同创新体系提供情报支撑。政府作为智库产品的主要用户，从用户需求和用户服务的角度来讲，具有提供相关情报信息数据和背景信息的义务和责任，政府信息部门掌握大量其他机构所不具备的信息。高校研究机构研究力量雄厚，专家云集，具有信息和知识优势。图书情报信息服务机构面向转型需要，有与智库合作的动机和优势，这些协同主体应依据本机构实际情况，结合智库决策支持信息保障协同创新体系建设的契机，找准自己的定位，利用协同创新情报保障系统，分析本单位的优劣势，扬长避短，在协同创新体系中发挥独特作用。情报研究可以帮助智库专家提供新的

---

① 储节旺，曹振祥. 综合性国家科学中心情报保障体系和运行模式构建——以合肥为例［J］. 图书情报工作，2018，62（8）：5-13.

研究方向，并且帮助专家解决研究难题。通过为智库决策支持项目提供情报服务，能全方位地保障智库研究团队文献获取、信息利用、知识服务的需求，最终促进社会发展，提高研究服务机构的影响力。

（3）外围层。外围层包括政府、社会、企业、科技公司等，外围层的主要任务是对智库决策支持协同创新体系提出面向经济社会发展的重大需求，推动智库决策支持信息保障体系围绕该目标形成各种协作同盟。核心层和保障层的情报系统通过决策支持情报服务保障平台形成面向外围层的综合服务能力。政府是智库服务的主要用户。研究显示，50%以上的企业对技术竞争情报、市场情报、竞争者等有重要需求[①]，89.77%的企业对产业技术竞争情报服务机构和完善的情报体系都有迫切的需求[②]。互联网公司等科技类公司掌握了海量的大数据资源，是智库决策支持协同创新联盟获取大数据的主要来源。由统一的决策支持协同创新情报保障平台通过信息资源整合与协同，对区域经济社会发展重大需求以及政策动态进行监测，为智库决策支持协同创新主体提供信息情报服务，形成智库决策支持信息保障协同创新体系。

（4）联动层。联动层的主要任务是通过各个层面和协同个体的联系互动，实现国家、区域、行业、专业和协同体层面之间的协同创新。通过从上至下的带动和从下至上的反馈，以及相互之间的协同作业，推动智库决策支持信息保障协同创新活动的开展。中介服务机构在联动层起非常关键的作用，中介服务机构通过对社会发展方向的把握，为智库信息服务行动计划提供方向指导和规划，整合各类信息保障需求，为各类信息服务保障提供桥梁和服务。该层信息情报工作通过对信息情报的采集、选择、评价、分析和综合，并对决策支持发展趋势做出预测，以形成新颖的、增值的情报信息服务产品，从而为智库信息保障协同创新战略和方法提供依据，提升智库服务的针对性。

上述智库决策支持信息保障协同创新组织体系面向各种协同创新信息情报使用主体，满足各参与主体的个性化情报需求，通过个性化、人性化的服务平台，以"一站式获取、快速响应、实时互动和动态发展"为目标，满足智库决策支持信息保障协同创新各类主体的信息需求。设计需要契合不同参与主体的使用目的以及使用习惯和特点，优化信息保障和协同作业程序，将决策支持主体情报需求和为主体主动提供情报保障的过程有机地整合到一起。创新保障模式，提高工作效率，与保障主体进行全方位的沟通互动，并根据环境变化及时做出反应，动态发展。特别是需要将大数据与协同创新情报服务平台相结合，推进决策支持信息资源共建共享。大数据技术的应用，使得数据获取更加多样化、智能化、便捷化、低成本化，可极大地提高管理效率[③]。信息资源共建共享，是解决大数据时代各种数据信息量爆炸与政府智库、高校智库、社会智库等单一主体经费不足和信息量不足的矛盾，适应创新主体对情报资源需求变化的有效举措。通过政府主导、统筹规划、统一标准、多主体联合建设，沟通协调，从而发挥整体效益，实现智库决策支持信息保障的优化

① 赵筱媛，李鹏. 产业竞争情报需求调查与分析 [J]. 情报杂志，2015，34（4）：27-31.
② 赵康. 面向开放创新的产业竞争情报服务探析 [J]. 情报理论与实践，2017，40（4）：20-25.
③ 唐斌. 大数据：生态文明建设信息资源的"去孤岛化" [J]. 湘潭大学学报（哲学社会科学版），2017，41（1）：67-71.

配置。

智库决策支持信息保障协同创新组织体系应由智库（主要提供决策需求、决策支持基本信息和分析手段工具）、政府信息中心（主要提供政策法律、标准情报和宏观分析情报）、情报信息服务机构（主要提供标准情报及科技情报、数据库）、企业信息部（主要提供企业科技情报及市场情报）、高校图书馆（主要提供专题数据库以及文献情报）以及数据服务商（主要提供多类型数据，通过数据挖掘提炼情报）、科技类公司（主要提供大数据信息和情报信息技术分析工具）多主体协同，以决策支持信息保障协同创新平台、专家及信息人才、信息基础设施、情报信息管理制度为核心，通过网站、论坛、讲座、专栏以及培训等传播和应用方式为政府、企业和社会提供差异化的信息保障服务。

智库决策支持信息保障协同创新组织体系的目标包括核心目标、附属目标和边缘目标[①]。核心目标是提升智库决策支持的整体水平和提升智库决策支持信息保障协同创新体系内各成员的实力以及各成员之间的凝聚力；附属目标为教育和舆论引导社会大众以及通过自我宣传，实现品牌打造和口碑传播，提高智库协同创新体系国内外知名度和影响力，加强智库联盟品牌建设；边缘目标为智库联盟根据所提供的服务和相关反馈进行局部调整和改进，力求供求对应和供求平衡，以及带动智库服务产品质量提升，推动整个社会的发展。

另外，智库决策支持信息保障协同创新组织体系目标还应该包括阶段目标，在不同的发展阶段，也应该采取不同的组织模式。具体的协同创新类型主要表现在目标协同、组织协同创新、操作协同创新和服务协同创新中。目标协同分别决定着组织协同创新、操作协同创新和服务协同创新，组织协同创新促进操作协同创新，操作协同创新为组织协同创新提供反馈，操作协同创新促进服务协同创新，服务协同创新为操作协同创新提供反馈，同时在组织协同创新、操作协同创新和服务协同创新中实现智库决策支持信息保障协同创新组织服务体系的整体目标。

智库决策支持信息保障协同创新组织体系是建立在多层次结构基础上。从宏观角度而言，国家层面的信息保障规划与统筹安排，是指导协同创新体系建设与发展的重要保障。从中观层面而言，区域性、行业性和专业化的系统，是协同创新系统信息保障的重要服务来源。从微观层面来看，智库内部需要构建扎实的信息保障部门，通过自身资源的整合和外部资源的利用，保障创新活动的有序开展。在组织协同创新中，由国家层面带动区域层面、行业层面、专业层面，区域层面、行业层面、专业层面给予国家层面反馈，区域层面、行业层面、专业层面带动协同体层面，最终达到所有相关参与主体的完全协同，实现国家、区域、行业和协同体层面之间的协同作用；在操作协同创新中，各相关组织机构通过在智库联盟中扮演不同的角色，彼此之间在行业主管部门的监督协调下协同工作，实现对智库联盟各方面的支持作用；在服务协同创新中，部分或全部成员通过彼此之间的协同提供服务。智库联盟在共同目标的指导下完成各层面的协同。

① 郑荣，孙笈. 协同创新理念下的产业智库联盟构建及其保障对策研究 [J]. 图书情报工作，2018，62（21）：15-23.

（一）国家宏观层面的信息保障协同创新

国家层面的信息保障协同创新组织活动，位于协同创新体系的顶端。其宏观层面的信息保障的功能主要有：

一是加强信息与政务公开，促进信息资源的开放水平。政府部门是重要的信息源。国家所颁布的各项政策、法律，都对社会的约束力及市场的规范化运作产生重要的影响。国家的各项激励和引导政策，也直接决定着协同创新的发展方向。协同过程中的知识创新、技术创新、管理创新等，需要面向国家的重大需求，重点解决国家发展面临的重大问题。因此，国家有关教育、科技、产业等方面的各类政策和信息资源，应通过良好的政务公开机制，实现开放式共享，便于各类创新主体获取，结合各自的协同领域开展各类创新活动。

二是构建完善的信息法律与政策体系，促进信息服务市场的规范化水平。政府的规范和引导作用，是弥补市场功能缺陷的不可或缺的一部分。在信息资源建设与服务提供的市场，需要完善的信息法律和政策体系，确保市场的规范化运作。例如，美国制定了许多信息政策，规范和保障了信息市场的有序运转，包括了政府信息的开放利用和共享。这些信息政策主要有：《信息自由法》（Freedom of Information Act）、《阳光政府法》（Government in the Sunshine Act）、《美国技术领先法》（American Technology Premiere Act）、《1995 年文书削减法修正案》（Paperwork Reduction Act of 1995）、《1996 年信息技术管理改革法的实施》（Implementation of the Information Technology Management Reform Act of 1996）、《1998 年互联网免税法》（Internet Tax freedom Act of 1998）、《2000 年互联网非歧视法》（Internet Nondiscri-mination Act of 2000）等①。

三是打造信息资源共享平台，推进跨系统信息保障工作。通过统筹规划，加强协调，发挥大型公共网络平台的作用，为信息服务与保障提供基础支撑。加强全国性信息资源保障平台的建设，提升知识与信息的保障水平。加强中国高等教育文献保障系统（China Academic Library & Information System，CALIS）、国家科学数字图书馆（Chinese Science Digital Library，CSDL）、国家数字图书馆、中国国家知识基础设施（China National Knowledge Infrastructure，CNKI）、国家科技图书文献中心（National Science and Technology Library，NSTL）等全国性的信息资源保障平台建设，提升国家层面的信息资源与服务保障能力建设。

（二）中观层面的信息保障协同创新

中观层面的信息保障协同创新，主要来自区域性、行业性和专业化的信息保障系统，其位于信息保障体系的中部，是信息保障体系的支柱。我国发达地区的协同创新能力强，创新环境优良，信息资源丰富，信息与知识获取的能力突出。因此，智库信息保障协同创新体系的构建，需要充分考虑地区发展的差异，针对地区的发展阶段和存在的不足，尤其是重视欠发达地区的资金投入和保障体系建设，合理配置资源，确保信息保障水平维持在

---

① 汪传雷.美国信息政策的演变［J］.情报探索，2001，1（2）：44-45.

较高的水平，充分满足地区发展的需要。各地区应针对地区发展的需求，切实构建起水平高、反应快，相关部门联动的信息资源保障体系，确保经济、社会发展的需求。

行业协会是行业性信息保障的重要机构。其主要由本行业的各单位自愿组成，属于非营利性质，为行业的各成员单位谋取最大的利益，是政府和企事业单位沟通与联系的桥梁。行业协会承担着与政府沟通并协调好行业内的单位等职责，在上传下达的过程中，承载着大量的科技信息与政策的传递、发布、共享等，在信息服务与保障体系中，具有举足轻重的作用。

专业化信息服务机构，主要有图书馆、信息情报机构、信息咨询公司等。专业化信息服务机构，面向智库信息保障协同创新，能够提供以下几方面的信息保障：一是文献信息保障。尤其是高校图书馆、公共图书馆等，拥有大量的文献信息资源，应在协同创新过程中，提供基本的文献信息保障。二是面向智库协同创新需求，提供深层次加工的信息产品。各专业化信息服务机构，应根据协同创新主体的需求，整合队伍，加强信息的深度加工，面向特定领域，提供定题、定向的信息收集、推送服务，如学科发展进展报告、科研动态报告、市场分析报告等。三是加强特色数据库的建设。面向不同行业、领域，根据创新主体的实际需求，广泛收集资源，建设特色数据库等。四是开展信息素养培训等，提升各协同创新主体员工的信息素养，促进其信息利用水平。

上述几类主体，在组织层面通过组建合作实体、虚拟组织、战略联盟以及学习型组织的方式，开展决策支持信息保障协同创新，共享各自的核心资源和能力，通过各种契约结成优势相长、风险共担、要素双向或多向流动的协作组织。

（三）微观层面的信息保障协同创新

微观层面的信息保障协同创新，来源于协同创新内部的信息服务机构。这是决定智库信息化水平竞争力的重要支撑。宏观层面和中观层面的信息服务与保障，是属于外因类型的信息保障。而真正获取信息、利用信息的主体，来自于协同创新主体的内部。外因必须通过内因才能发挥作用。因此，智库协同创新中心必须建立起良好的内部信息保障体系。一方面，内部信息服务机构，需要建立起适应协同发展需要的信息保障硬件设施体系，通过建立高素质的信息保障工作队伍，规范信息资源建设与服务的流程，实现内部资源的无障碍化流动，形成信息保障的基础。另一方面，通过充分吸收、利用国家宏观层面，行业协会、专业化信息服务机构等中观层面的信息资源和服务，进一步拓宽信息来源的渠道，提升信息资源的质量，汲取和利用多样化的信息产品和服务，来弥补自身资源和服务手段的不足，从而优化信息保障的质量。

从整体来看，国家宏观层面的信息保障，主要发挥着宏观指导、布局的作用，并在公共的信息资源保障平台建设上，发挥着积极作用。中观层面的区域性、行业性和专业化的信息保障系统，能够进一步满足地区、行业所属的智库、研究机构、企业、高校协同创新活动中的信息需求，提升地区、行业的信息保障水平。而作为微观层面的智库协同主体内部的信息保障系统，既从系统内部保障信息资源的建设和有序流动，同时从系统外部获取资源，实现外部资源内部转化的过程，提升创新活动过程中信息获取的成效。

智库决策支持信息保障协同创新组织服务体系的协同特色体现在组织构建和提供服务

两方面的创新。与现存智库主体相比，基于协同创新理念的智库决策支持信息保障协同创新体系的构建主体种类更加多样和全面，包括党政军智库、社科院智库、高校智库、图书情报信息机构、政府、企业、社会、科技公司、中介机构等主体。各主体之间进行重组形成智库联盟、智库协会、智慧集团、传媒集团、政策集团、企业集团、基金会等。提供服务上的创新特色体现在：由于智库决策支持信息保障协同创新体系成员种类的多样性和差异性，相比于智库自身也更容易在提供的服务内容上显示出创新性。

协同创新理念下的智库决策支持信息保障组织体系的模型框架见图 5-1。

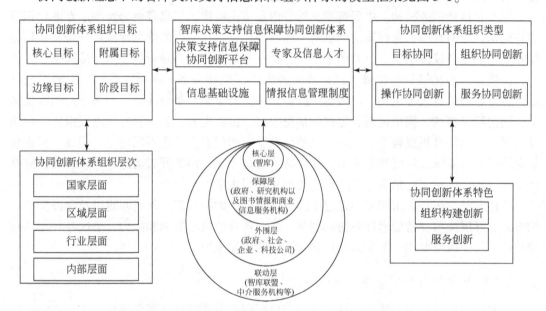

图 5-1　智库决策支持信息保障协同创新组织体系模型

第二节　智库决策支持信息保障协同
创新组织服务机制

一、组织模式

智库为决策提供信息资讯和咨询服务，这依赖于其信息情报机能的完善，智库信息保障机能是协同创新组织模式设计与开发全过程的体现。智库研究的整个过程（从确定需求直至产品反馈与评估）都需要信息保障系统的支撑与协助，同时智库信息保障流程在协同创新下也会不断优化与改进，进一步推进新型智库决策支持系统建设。一般而言，智库信息保障流程包括五个阶段：信息需求识别、信息保障设计、信息情报收集、信息分析与处理、信息评估与利用。在协同创新布局下，各个阶段的流程将会强化和"升级"。智库决策支持信息保障协同创新是一项系统工程。在决策支持信息保障协同创新组织体系中，模式的不同，产生的保障效果不同。但在不同的发展阶段，针对不同的目标，可以采取不同的信息保障协同创新组织模式。同时，在信息保障系统的组织中，需要有针对性的部署，把握组织要点，有效推进智库决策支持信息保障协同创新系统整体效能提升。

智库决策支持信息保障协同创新系统的组织，是根据各参与主体发展的需要，对保障系统进行整体规划和布局建设的过程。针对智库决策支持信息保障协同创新的特点，可以有面向职能的信息保障模式、面向问题的信息保障模式、依托协同创新情报服务平台的信息保障模式、基于信息资源整合的信息保障模式、基于项目导向的信息保障模式以及基于虚拟组织联盟的信息保障模式。

（一）面向职能的信息保障模式

智库决策支持信息保障协同创新组织根据业务分工，划分为若干机构和部门。各部门围绕共同的协同创新目标，开展工作。基于业务分工，面向职能的协同创新信息保障模式，是单一智库决策支持机构最常见的一种组织模式，其基本架构如图 5-2 所示。

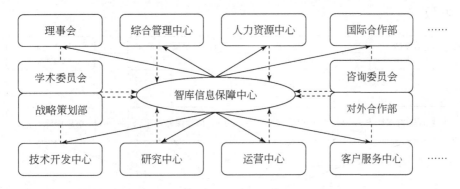

图 5-2　面向职能的协同创新信息保障模式

如图 5-2 所示，智库根据协同业务的需要，下设理事会、学术委员会、咨询委员会、综合管理中心、人力资源中心、国际合作部、战略策划部、对外合作部、研究中心、技术开发中心、运营中心，客户服务中心等，各部门可在智库信息保障中心的支撑下，开展决策支持协同创新活动。

信息需求的提出与满足。根据智库不同部门所提出的信息需求，智库信息保障中心一一给予响应和解决。各部门信息需求的特征与各部门的业务紧密相关，理事会的信息需求主要涉及协同发展的重大事项决策中的信息支撑；综合管理中心需要全面掌握协同的业务、管理中的信息；人力资源中心关注协同系统内部的人才需求及人力资源配置信息，以及协同系统外部的人力资源协作状况信息；国际合作部关注智库决策支持信息保障协同创新项目的国际合作信息；研究中心关注项目和项目前沿信息、国内外研究现状信息、研究需求信息等；技术开发中心关注数据分析技术、分析手段、设备、技术动态信息等；运营中心关注当前智库服务产品状况信息，服务产品的优势、劣势信息等；客户服务中心则关注智库需求信息，服务状况信息、品牌经营信息等。

智库信息保障中心根据不同部门的需求，一方面，从原有的信息库中检索、抽取相应的信息，生成特定的信息产品，传递给需求部门；另一方面，根据需求的具体状况，开展新的信息收集工作，结合原有的知识和信息积累，生成新的信息解决方案，提供给需求部门。信息需求的提出与满足呈现出一点对多点的服务特征。信息保障效果的反馈。学术委员会、咨询委员会、战略策划部、对外合作部对信息保障中心的信息服务提供指导性意见，并对其服务水平和质量进行评价并将信息一一反馈。通过对信息保障的反馈信息，可以促进信息保障系统，改进其不足，丰富服务手段，提高服务水平。这种反馈控制流程，通过对系统输出的评价，调整和改进系统输入的内容和方式，从而提升智库决策支持信息保障协同创新的效率和质量。

（二）面向过程的信息保障模式

智库决策支持信息保障协同创新面向决策支持问题开展协同创新活动，在每个决策支持活动开展过程中，存在解决与处理决策支持问题的各种信息保障需求，信息保障系统在智库信息保障中心支持下面向决策支持协同创新活动全过程开展信息服务与保障工作（图5-3）。

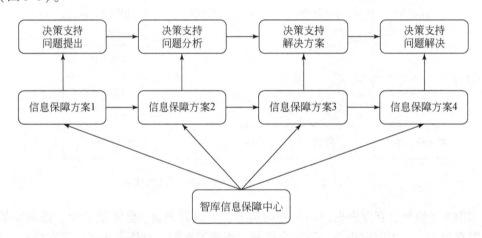

图5-3　面向过程的协同创新信息保障模式

智库决策支持信息保障协同创新中，拥有大量的决策支持研究团队，这些团队可能是临时组建的，来自于不同的机构和部门，围绕特定问题开展决策支持政策研究等工作。面向过程的信息保障模式，主要针对这类协同创新活动模式提供信息保障工作。围绕特定问题开展的决策支持创新活动，是周期性的创新活动，问题研究开展之初，至问题解决的整个过程，产生大量的信息需求，围绕特定的团队，特定的问题，信息保障工作有针对性地提供个性化信息保障方案。如开展定题服务，针对特定的问题开展信息收集、加工和整理工作，在提供信息资源与产品的同时，提供面向问题的知识解决方案，供服务用户参考，由此提升信息保障的深度，针对问题解决效果，开展信息反馈和评估等。

（三）依托协同创新情报服务平台的信息保障模式

智库通过协同创新情报服务平台提供的智库与政策需求"对接机制"完成任务委托，而专业化团队根据个性化需求及自身条件设计出合理化的策略方案。快速准确获取信息是智库的立根之本，智库依托自身智库资源以及平台所提供的全方位数据支持与情报保障服务，建立高效性的、综合化的情报收集体系。另外，对收集的情报进行分析与处理是优质情报产品产出的关键，在大数据时代，碎片化、异构化的数据形态依赖于更深层次的情报分析与挖掘，因此智库需要配备业务精熟、结构合理的专业人员，依赖"专家智慧协同"与集成化的分析工具与模型，用工程化的思维模式完成整合情报分析与处理过程。在情报评估与利用方面，则需对智库成果进行更深入的修订与完善、客观评价，并根据用户反馈，不断提升情报服务的质量。根据我国智库决策支持各参与主体现行阶段的发展现状，这种协同创新模式容易对智库情报机能产生"鲶鱼效应"，即高端前沿智库拥有较为完善的信息情报思路、方法、手段，在协同创新布局下能为其他智库提供智慧支持，对中小智库（或相关信息服务机构）具有引领、带动作用，如果在协同创新模式下对同类机构进行资源整合，完全有可能将其打造成为多样灵活性的新型智库，这样，智库决策支持信息保障群体在协同创新布局下整体效能不断得到强化与提升（图5-4）。

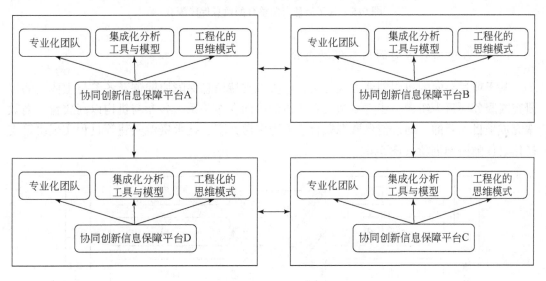

图 5-4 依托协同创新平台的信息保障模式

（四）基于信息资源整合的信息保障模式

信息资源是智库决策支持信息保障协同创新体系的中心，信息情报机构与智库虽属于不同的社会信息机构，但在功能与使命上存在密切联系，因此可以通过多种方式建立不同程度的协作关系，实现优势互补。鉴于大数据下的信息情报环境与传统环境有巨大差异，传统的图书馆、档案馆、情报所、网信办等层级化架构已不能满足大数据背景下信息情报工作的需要了。目前各层级政府都成立了大数据管理机构，因此，有必要在大数据管理机构的管理指导协调下成立新的信息服务事业机构，建立基于信息资源整合的信息保障模式。基于信息资源整合的协同方式通过建立各层级信息服务机构，建立合作关系，对本层级各种大数据信息资源进行汇总整合，并对资源进行分析挖掘，实现协同创新，最终建立信息资源之间的联系及统一的访问模式，为智库等各种信息服务主体提供信息资源保障服务（图5-5）。

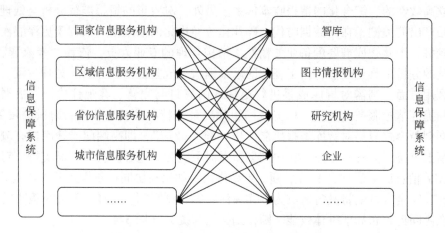

图5-5　基于信息资源整合的信息保障模式

（五）基于项目导向的信息保障模式

基于项目导向的协同创新方式是指智库决策支持信息保障协同创新各参与主体之间以研究或服务项目为纽带，建立双边或者多边的协同合作关系，各参与机构以高质量、高效率完成项目为目的，通过信息资源融合、人力资源共享、技术资源共建等过程实现决策支持信息保障协同创新（图5-6）。

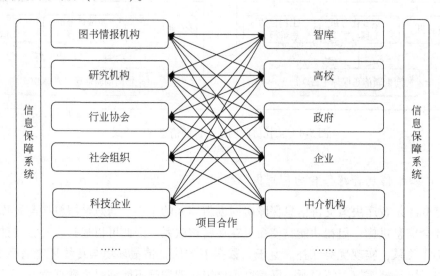

图5-6　基于项目导向的信息保障模式

（六）基于虚拟组织联盟的信息保障模式

虚拟组织联盟是智库决策支持信息保障协同创新的高级层次，如前所述，形成智库决策支持信息保障协同创新联盟的各类组织机构，包括智库联盟、智库协会、智慧集团、传媒集团、政策集团、企业集团、基金会、信息协会等，又可分为国家、区域、省份、城市等多个层面，在信息保障系统的支持下，通过从上至下的带动和从下至上的反馈，实现国家、区域、省份和城市层面之间的协同创新。虚拟组织联盟是动态的、多层面的、多种形式的、基于优势合作和利益调整的组织服务形式。在虚拟组织联盟中，智库与各参与机构可以实现多方面的融合及协同，合作收集、分析、利用信息资源，联合完成决策咨询服务项目，共同开展研究，联合培训工作人员及用户，以及进行信息同步与共享等（图5-7）。

图 5-7　基于虚拟组织联盟的信息保障模式

鉴于智库决策支持协同创新各参与主体及其信息服务机构均需要在信息保障协同创新系统（中心）支撑下为各参与主体提供信息保障服务，智库决策支持信息保障协同创新服务平台要发挥好支撑作用。

另外，智库决策支持信息保障协同创新信息保障系统在组织的过程中，需要把握以下四个要点。

（1）专业化。智库决策支持信息保障工作传统上在智库决策支持业务中，处于相对边缘化的作业。但在大数据背景下，信息保障工作则成为主体性工作，因此，除了追求主业务工作的推进外，需要以专业化的视角开展信息保障工作，投入必要的人力、物力和财力，确保信息保障系统的组织有效、有力。

（2）系统化。智库决策支持信息保障协同创新各层级及各相关主体信息保障系统，需要统筹考虑，顶层设计，注重规划，确保与其他主体的子系统紧密衔接，形成信息圈层和良好信息保障生态，充分发挥信息保障的协同价值和系统作用，为智库决策支持信息保障协同创新提供坚强的支撑。

（3）工程化。智库决策支持协同创新信息保障系统建设应该具有工程化思维，建设工程化支撑体系，才能确保智库决策支持信息保障协同创新系统落地，通过建立"事实数据+工具方法+专家智慧"的情报工程方法，保证信息数据、分析工具和专家智慧的有效结合，智库决策支持协同创新信息保障系统才能真正发挥作用。

（4）跨系统。信息保障平台应是跨部门、系统的平台，通过信息资源、技术与服务的系统集成，实现不同资源系统相互融合。因此，平台建设推进了适应开放式创新要求的跨系统资源优化组织，为联合创新提供了共享环境和协作空间。因此，信息保障平台应面向协同创新主体信息需求结构，通过系统互操作整合分布环境中的信息资源与服务，推动信息资源共建共享的开展，以此为基础实现信息资源的协同开发与利用①。

二、组织机制

（一）多维一体化协同创新机制

智库决策支持信息保障协同创新平台上各创新要素之间、创新要素与系统之间、系统与环境之间通过信息服务共享一体化，为智库决策支持协同创新生态系统持续提供创新资源；通过组织协调管理一体化，为智库决策支持协同创新生态系统构建和谐发展的创新环境；通过智库决策支持信息保障一体化，为智库决策支持协同创新生态系统提供不竭动力。

（1）信息服务共享一体化机制。智库决策支持信息服务共享一体化是指将各种创新信息资源跨区域、跨空间进行信息处理、信息链接、信息交换和信息转化后，在智库决策支持信息保障协同创新组织体内共享，通过整合吸收，挖掘自身潜力，为实现协同创新生态系统价值共创发挥最大效用。具体运行机制如下：建设信息服务机构、情报共享机构、信息中介服务机构等，为创新主体提供各类信息资源；设置智库信息资源库，实时更新各类信息，统一规划信息的流动配置；运用人工智能、云计算、物联网、大数据等信息技术全面挖掘协同创新中的数据价值，结合需求信息，对丰富多样的信息资源进行重组，提供持续创新资源。

（2）组织协调管理一体化机制。智库决策支持信息保障组织协调管理一体化是指为了协调各主体间关系、降低运行风险、保障创新主体收益，为实现创新生态系统构建和谐发展的创新环境，其着重于合作伙伴选择、组织结构重组、技术系统更新及运行环节实施等各个方面。具体运行机制如下：一是通过激励机制、共享文化等方式，协调创新主体间的合作关系，充分利用信息技术的即时性、远距离传输性等特点，减少主体间的信息不对称，建立相互信任的环境，逐渐形成共同的价值理念；二是充分考虑各主体自身及合作伙伴的核心知识与自律协调能力，分析共享知识之间的匹配性和互补性，识别各主体在平台中的功能定位，通过契约设计、相互承诺、合作协议等途径保障合作双方的关系质量；三是根据不同协调内容、协调主体和协调方法，制定决策支持信息保障协同创新生态系统组织管理平台运作流程和规则，进而提升合作创新效率。

（3）智库决策支持信息保障合作一体化机制。智库决策支持信息保障合作一体化是指

① 胡昌平，瞿成雄. 国家知识创新信息保障平台的协同建设［J］. 山西大学学报（哲学社会科学版），2012，35（3）：240-246.

围绕智库决策支持信息保障需求，构建信息服务区域合作机制，打破行业和地区壁垒，实现信息协同、战略协同、技术协同和业务协同，提高合作创新水平和效率，为智库协同创新信息生态系统发展奠定稳定基础。一是以信息资源集中为突破点，充分发挥资源要素的基础性作用，强化决策支持聚合力；二是搭建区域决策支持协同创新发展战略联盟，开展跨区域联合攻关，推进创新协作；三是依托各参与主体的研究优势和资源优势，搭建协同互补的协同创新链条，推动创新主体在不同环节的有机糅合和紧密对接，建立智库决策支持信息保障有机结合与分工协作的开放性和动态性复杂系统。

（二）跨组织信息共享保护机制

随着信息的重要性不断增长，信息已成为智库决策支持信息保障协同创新组织的关键资源。进入知识时代，作为知识经济代表的智库组织必须进行信息管理机制创新。适合的信息管理战略对于确保组织分配任务流程、文化至关重要，与信息管理相关的技术开发能够产生有效的知识创造、共享和利用。智库决策支持信息保障协同创新组织合作成功与否主要取决于信息共享，信息保护过度会降低合作透明度和互动，破坏共同学习和创新能力[1]。一旦有合作主体减少知识付出，核心主体就会采取积极措施阻止其继续获取本主体知识[2]。然而，如果核心主体不够重视学习和信息交流，忽视组织间学习的负面，核心主体可能不会获得合作的任何好处，因为其超出合作协议的核心信息和能力被合作伙伴转移。因此信息保护的重要性不应该被忽视，因为组织间学习使得合作伙伴轻易盗取和模仿核心主体的关键信息和技巧。简言之，智库决策支持信息保障协同创新参与主体必须同时考虑信息共享和信息保护，设计合适的管理机制以解决问题，强化合作效果。

1. 虚拟合作部门管理机制

在组织间合作的过程中，打破彼此的信息壁垒才能实现信息共享和整合，这是组织合作创新的前提和基础，在不同组织合作形成的网络中，信息共享被视为组织私有信息跨越边界成为合作组织内部共有信息的过程。信息资产具有高度缄默、分散和绑定个人的特征，即便在组织内部共享信息都是困难的。不同组织的信息客观属性不同，因此无法避免地给合作中的组织共享信息带来阻力，参与主体想要获取外部合作组织的信息，需要不断克服由于来源方和接收方各自信息域差异所造成的障碍。为了克服信息域差异带来的信息交流困难问题，各合作组织有必要设立一个联合的"跨组织合作信息管理"虚拟职能部门，从合作各方中抽出具有跨学科知识背景的员工，在原有的工作岗位基础上兼职负责合作及与信息共享有关的事务，更加有效地推动信息在组织内部传播和共享。

随着跨组织合作加深，组织间的信息边界愈发趋于模糊，不同的信息域也开始重合，此时信息保护问题逐渐凸显出来，组织应注意可能产生信息产权归属模糊不清问题，或者滋生合作成员"搭便车"不劳而获的想法。因此，组织间合作有必要在事前明确规定对合

---

① Muthusamy S K, White M A. Learning and knowledge transfer in strategic alliances: a social exchange view [J]. Organization Studies, 2005, 26 (3): 415-441.

② Patricia M Norman. Knowledge acquisition, knowledge loss, and satisfaction in high technology alliances [J]. Journal of Business. 2004, 57: 610-619.

作过程中的信息产权归属判定原则，杜绝信息产权归属问题成为合作组织间的纠纷隐患。跨组织合作具有动态性的特征，这种动态性表现在需要根据目标、环境等因素的变化对合作伙伴及组织结构进行调整。合作发展到一定阶段后，"跨组织合作信息管理"虚拟部门可转变为实体部门，而原来虚拟部门中的员工可以专职负责跨组织合作信息管理，再经过若干项目长期磨合后，合作组织可以进一步考虑是否有必要通过组合使其成为一个单独组织。

2. 信息流失风险预警机制

尽管跨组织信息学习共享是各参与主体学习和获取新知识的重要来源，但增加了核心主体信息、技巧和能力泄露给合作伙伴的可能性。卡莱等指出，泄漏核心专属性知识/技术可能在两种情况下发生①。首先，合作伙伴精心策划吸收和窃取合作伙伴的核心知识②。其次，合作组织的互动和联系导致了意想不到的知识外溢。两种情形均对核心主体竞争能力和竞争优势造成一定程度的损害，因此在从事跨组织合作创新时，需要注意防范合作伙伴是否有意吸收和内化企业自身的核心专属信息。此外，当信息意外泄露时，还要防止合作伙伴利用获取到的新信息，参与组织所在市场领域成为竞争对手。因此，在合作前设计信息流失风险预警机制，避免以上两种情况的发生对各参与主体来说是非常明智的选择。

各参与主体可以尝试通过以下几个途径保护信息，防止信息流失。根据相关研究，在智库决策支持协同创新联盟形成前实施一些事前措施，如伙伴选择、联盟范围设计和关系资本设置，降低合作伙伴机会主义行为的作用，以及利用合同保障、与特定联盟有关的投资，降低信息泄漏风险，进行跨组织合作企业的信息保护治理。此外，信息流动和交流管理已被视为一种保护信息的关键方法，信息流的结构能够影响合作伙伴学习的多与少，所以限制信息共享数量和交流频率能保护具有竞争性的重要知识。监控机制能够减少合作方搭乘顺风车行为，防止合作过程惰化及核心主体受损的可能性。

当信息成为各参与组织间交换的主体时，信息流失风险可以通过设计保护机制来缓解。对合作伙伴参与跨组织合作的企业应建立定期检查制度，对合作伙伴共享信息的透明度、是否表现出机会主义行为进行评估和监督，同时，检查各参与主体自身特定信息的共享是否给自身造成了关键知识泄漏，竞争地位损失，为跨组织合作是否继续以及信息共享和保护策略调整提供决策依据。

3. 创新运用信息库管理方法

跨组织合作共享信息的关键在于搭建跨边界信息获取的平台。效仿研究型大学和图书馆开放获取科学信息和学术论文的模式，将开放获取理念移植推广到各参与主体合作的领域中，建立基于网络的"跨组织合作开放获取信息库"平台，促进组织间合作所涉及信息的开放获取和共享。构建开放获取信息库平台的步骤包括宣传构建平台计划、制定配套保障制度、建设基础设施与网络、投放合作项目信息等。其中，宣传构建平台计划，是向合

① Kale P, Singh H, Perlmutter H. Learning and protection of proprietary assets in strategic alliances: building relational capital [J]. Strategic Management Journal, 2000, 21 (3): 217-237.
② Inkpen A C, Currall S C. The coevolution of trust, control, and learning in joint ventures [J]. Organization Science, 2004, 15: 586-599.

作组织推荐宣传基于网络的跨组织合作信息库平台对开放获取信息的利好以及具体实施和操作建议，使合作方认可建立该平台对信息获取的必要性和可行性，并参与具体实施计划；制定配套保障制度，是指制定一系列必要的规章制度确保信息库平台构建完成后其运作效果能够达到预期目标，真正做到合作组织间信息资源开放获取；建设基础设施与网络，达成共识有意愿投入的组织共同承担起信息库平台基础设施任务，以及网络的开发和建设任务；投放合作项目信息，将合作项目分门别类存储于跨组织合作的信息库平台供合作各方组织获取。组织通过灵活运用跨组织合作开放获取信息库平台发布共享合作信息，实现各方合作组织开放获取所需信息，扩展自身信息域范畴，降低组织之间信息域差异。组织成员日常注意记录组织间合作过程中的细节，形成书面化笔记材料，并将其存储于信息库平台，实现与合作方开放共享，以此确保发生在过程中的知识能够存储于介质，实现经验化的信息能够传承和积累。

此外，根据合作项目的实施计划，定期交流制度促进组织间交流，每一阶段工作完成后在固定时间地点进行研讨交流，学习合作方组织成员处理具体问题的经验。同时也要不断审视其运用信息获取方法的有效性以及信息开放获取的效果，需要根据具体情况进行调整。配套的奖励处罚机制亦不可缺少，合作后期的利益分配和绩效考评应充分考虑合作各方信息获取的实际情况给予奖励或处罚，尽可能丰富信息获取方法，帮助组织从合作中得到更多能力和效益的提升。

（三）"联动共生"协同发展机制

智库决策支持信息保障协同创新生态系统是由共生单元、共生界面、共生模式和共生环境4个要素构成的具有相对稳定状态的共生系统，共生要素之间的互动作用影响共生系统发展规律和动态转化过程[1]。因此，需要从上述4个方面构建协同创新信息生态系统"联动共生"发展机制，以促进协同创新系统的生态性和价值共创的持续性。

1. 共生单元优化

共生单元包括智库、高校、政府、研究机构、图书情报机构、企业等，它们既是构成系统共生关系的基本单元，又是形成共生创新的基础。每个共生单元在协同创新生态系统中承担的功能不同，其会根据自身特征及周围环境、优化功能与特色确定在协同创新生态系统中的最佳生态位，进而占据参与价值共创的优势地位。

2. 共生界面建立

共生界面是共生单元间开展共生行为的互动方式和机制，其影响共生单元间的能量流通，并通过信息共享机制、物质交换机制和利益分配机制[2]建立起密切有效的联系，保障协同创新生态系统发展的有序运行。构建信息共享机制是指加强创新共生单元之间的衔接，维护协同创新生态系统内合作伙伴关系，促进信息共享一体化协同创新发展；构建物

① 张小峰，孙启贵. 区域创新系统的共生机制与合作创新模式研究 [J]. 科技管理研究，2013，33（5）：172-177.
② 王丽平，李菊香，李琼. 科技服务业创新生态系统价值共创模式与协作机制研究 [J]. 科技进步与对策，2017，34（6）：69-74.

质交换机制是指加快协同创新生态系统内创新资源的循环流动，提高协同创新主体协作创新效率；构建利益分配机制是指协调共生单元之间的利益冲突，保障各成员的切身利益。

3. 共生模式选择

共生模式是指共生单元之间的合作形式，其反映了信息交流关系和能量互换关系，与共生界面、共生环境相互作用，决定协同创新深度与广度。共生模式选择为共生单元提供了适宜的生存模式，为协同创新生态系统协作机制维持价值共创提供了源源不断的内生动力。依据生命周期理论，协同创新生态系统在不同阶段采用的共生模式是不同的。在初创阶段，由于市场不确定和技术前景比较模糊，各协同创新主体之间是暂时性、随机性的合作关系。因此，此阶段宜采用点共生模式与寄生模式；在成长阶段，各协同创新主体对专业化要求越来越高，战略协同、组织协同与知识协同之间的逻辑关系得到高度重视，为降低交易管理成本，创新主体间的合作模式转为间歇共生模式、偏利共生模式；在成熟阶段，核心竞争力增强，发展处于稳定状态，为保证长期合作，可选择连续共生模式、互惠共生模式；在衰退阶段，缺乏创新活力，不能迅速适应市场变化，面临被淘汰的危险，为延长寿命，可选择寄生模式、点共生模式、偏利共生模式[①]。

4. 共生环境培育

共生环境是共生单元生存与发展的空间，是共生界面建立和共生模式选择的基础[②]。共生环境培育拓展了创新共生单元的发展空间，加强了协同创新生态系统价值创造活动。共生环境完善度越高、合作创新水平和层次越深、运行风险越低，越有助于形成多元化、融合化、动态化、持续化的协同发展模式。具体而言，可通过政府、金融、中介、投资、风险等支持机构，培育促进共生单元技术创新活动开展的创新资源环境；通过政策法规、管理体制等，培育促进共生单元协同创新活动开展的创新激励环境；通过价值取向、创新意愿等，培育具有积极创新发展氛围和严谨组织管理规范的创新文化环境。

（四）基于信息中介的信息转移机制

中介在产学研合作中被视为可以导致创新商业化的重要举措，然而获取有效的信息交流、信息共享和信息转移通常也需要不同类型中介协同工作的促成，"以知识共享和商业化为目的积极的及多方面的中介工作是至关重要的。"[③] 由于智库、大学（研究机构）、政府、企业及大的科技公司之间的社会网络通常不交叠，各种类型的信息中介影响着信息转移且在智库决策支持信息保障协同创新主体之间搭建了桥梁，起了边界扳手的作用[④]。中介可以将信息从一个区域转移至另一个应用区域，他们在不同组织之间传送了信息且表达了直觉、期望及一方对另一方的想法，有效的信息转移需要中介来建立信息生产者与接受

---

① 叶斌，陈丽玉. 区域创新网络的共生演化仿真研究 [J]. 中国软科学，2015 (4)：86-94.

② 欧忠辉，朱祖平，夏敏，等. 创新生态系统共生演化模型及仿真研究 [J]. 科研管理，2017，38 (12)：49-57.

③ 菅利荣，刘思峰，张瑜，等. 基于产学研知识集成的 ITRI 网络型模式研究 [J]. 科学学研究，2014，32 (11)：1689-1697.

④ 张瑜，菅利荣，皮宗平，等. 基于无标度网络的产学研合作网络模式 [J]. 系统工程，2013，31 (5)：54-59.

者之间的关系。组织间由于语言不同而产生的物理距离及文化差异增加了这些跨边界组织的重要性及跨边界的复杂性①，智库、大学、研究机构和企业间实施跨边界信息交流比在企业间不同组织之间的信息交流更具挑战性，因为语言和文化距离可能更大。信息中介通过诊断需求及清晰表达某种创新的要求，协同创新各参与主体之间可形成有助于信息流动的纽带和界面，建立一种可用于信息交流的动态框架，并通过财务和其他的方法来实现信息转移。

信息中介的主要功能是通过提供增值服务促进两个或多个交易方之间的信息交流和知识转移。智库决策支持信息保障协同创新的信息中介有多种不同的形式，总体可分为两类：内部中介与外部中介。内部中介，如信息办、采访办、合作办等；外部中介，如情报所、信息公司、数据企业及信息代理机构等。这些信息中介有些较擅长于转移编码的知识，有些较擅长交流和转移隐性知识。在信息转移活动中，信息中介通过在组织结构中的调整合并、组织实践及实施意愿而发生，这反过来受实际的和感受到的激励与障碍因素所影响。

（五）跨系统组织信息优化机制

智库决策支持信息保障平台是跨部门、系统的平台，通过信息资源、技术与服务的系统集成，实现协同创新主体不同资源系统相互融合。因此，平台建设推进了适应开放式创新要求的跨系统资源优化组织，为智库决策支持信息保障协同创新提供了共享环境和协作空间。因此，信息保障平台应面向协同创新主体信息需求结构，通过系统互操作整合分布环境中的信息资源与服务，推动信息资源共建共享的开展，以此为基础实现信息资源的协同开发与利用。

跨系统协同信息服务的构成要素。跨系统协同信息服务是由多个信息服务系统之间的交互关系构成的动态系统，每个信息服务系统都是一个独立的自治实体，包含技术资源、人力资源、信息资源、管理用户等基本要素。可以将跨系统的协同信息服务系统概括为由协同对象、协同内容和协同服务的环境组成的有机整体。协同对象也称协同主体，即参与协同的个体，它可以是个人服务人员或用户、组织服务机构、系统或子系统、相对独立的业务单元等，所有的主体都具有相对独立的目标、任务、资源以及活动机制。协同服务的个体因为某种关系如友谊、信任、咨询、工作流等形成了某种有效的联动。所有的协同现象或协同效应都要有两个或两个以上的主体参与，跨系统协同服务的推进不再仅仅依靠单一机构、单个人或者单一系统的努力，而是通过多层次多类型的系统合作。智库、高校图书馆、公共图书馆、档案馆、行业信息服务机构、数据服务商、网络搜索引擎等均为信息服务系统中的不同子系统。信息服务者及其用户群又构成信息服务系统的两个子系统，各子系统之间相互联系、相互作用。

协同是多层面的，可以分解为不同层次和角度。从宏观的战略协同角度出发，跨系统的协同信息服务可划分为信息服务机构之间的协同和信息服务机构与第三方协同两种协同

① 张波，谢阳群，何刚，等.跨边界信息资源共享及其在企业创业过程中的作用分析［J］.情报杂志，2014，33（11）：181-187.

范式。信息服务机构与第三方系统的协同是指信息服务机构和智库、高校、图书馆、研究机构等协同创新主体存在广泛的协同服务。具体而言，此类协同需要信息检索系统、数字图书馆系统、知识管理系统、竞争情报系统、内容管理系统等各种系统之间的资源共享和协同服务，共同构成智库面向决策支持协同创新的复杂生态系统，提升智库创新的协同保障能力。此类型协同要求信息服务系统具有面向外界的服务能力。

（六）知识产权有效协作机制

信息资产的保护机制与知识产权有直接关系。知识产权授权许可被视为一种特殊的管理机制，授权许可既可以促进信息共享同时也有利于信息保护，帮助各主体间的信息流动，缓解信息流失风险以及合作者之间信息互动博弈的紧张关系。在决策支持信息保障协同创新活动中，把每一次信息转移的授权许可协议都详细说明是不具有经济性的。相反，为了减少交易成本，更合理的做法是合作双方对项目开发中可能涉及的技术、信息及知识产权进行事先确定，通过规范完整的知识产权授权许可使用合同向合作伙伴进行一揽子授权，同时对使用许可使用的期限和地域范围加以说明。此外，合作组织之间还通过交叉许可协议（Cross-licensing Agreement）与合作伙伴在合作项目开发中在互惠互利的基础上交换知识产权使用权，使用彼此合作规定范围内对方的专属信息和知识。再如，"保护伞采购协议"（Umbrella Agreement）用来声明，组织的信息根据合作具体需要和程度进行共享，并且合作伙伴只能把这种信息使用到与合作有关的问题中，否则便面临侵权风险。

解决大数据背景下智库决策支持信息保障协同创新中出现的知识产权问题，要多措并举，多管齐下，构建有效的协作机制，以最大限度地预防和化解知识产权分歧和冲突，提高协同创新的效益。

（1）重视协同前的知识产权战略规划。随着我国法律制度的完善，人们更加清楚地认识到法律才是维护个人权益的最好武器。参考《中华人民共和国环境保护法》防治环境污染的"三同时"制度，作为协同创新的牵头单位，相关组织必须重视协同前的知识产权战略规划，坚持一切可能涉及知识产权问题的协同要素，包括协同创新计划的制定、协同创新主体的选择、协同创新资源的投入、协同创新协议的签订、协同创新机构的组建等，都必须与知识产权战略规划同时考量、同时设计、同时生效，确保协同创新所有要素与知识产权战略规划协调、契合。尤其是在协同伙伴的选择上，要充分利用大数据的预测功能，根据预定的创新目标和方向，分析、确定在相关知识产权上的认识和态度上最易于趋同的主体范围；再根据对各主体的技术、人员、设备、管理等数据的预测分析，确定最有利于协同创新任务和目标实现的特定主体。

（2）突出协同创新章程和协议的规范作用。借鉴公司设立制度，智库决策支持信息保障协同创新组织应遵循如下组建程序：牵头单位初定创新方向和目标→牵头单位筛选、确定其他协同伙伴→牵头单位拟定知识产权战略规划、协同创新协议草案等→各协同主体沟通协商（修正创新方向和目标、签订协同创新协议等）→协同创新主体共同制定组织章程→组建相关协同创新机构→成立协同创新组织。由于智库决策支持信息保障协同创新主体间一般为平等民事法律关系，故在知识产权法、合同法、竞争法等国家法律、法规无强制性、禁止性规范的前提下，协同主体应该用足"法无禁止即自由"这一私法原则，充分发挥协同创新章程和协议的规范作用，在其中对协同创新资源的投入，协同创新主体的权利、义务和责任，协同创新成果的权属及分享等问题作出详尽、充分的规定。在具体操作中，可以聘请法律、经济、管理等领域的专家参与协同创新协议和组织章程的制订，也可以合理借鉴国内外某些运行成功的信息保障联盟体的制度经验。要特别强调协同创新组织章程的"宪章"地位和作用，明确其对各协同主体的约束力，保证其效力不因某个协同主体的变更而受影响。

（3）健全协同创新知识产权管理和保护体系。首先，在组织层面，智库决策支持信息保障协同创新组织内部要设立专门的知识产权管理机构，由其负责制订知识产权细化措施，并承担知识产权的申请保护、合约谈判、转移许可、争端调处、宣传教育等具体事务。其次，在制度层面，要完善协同创新组织内部的知识产权管理和保护制度。加强项目人力资源管理，在各协同创新主体及研究人员之间全面推行保密协议制度，防止项目成员流动中的知识产权流失现象。再次，在观念方面，要加大知识产权宣传、教育力度，创新知识产权宣传、教育形式；要强化研发人员岗前知识产权培训制度，提升协同主体及研发人员的知识产权意识和观念。最后，在技术层面，要运用监测软件等工具来保护知识产权。在大数据时代，可供人们使用的电子文档、智力成果存储的监测软件工具越来越多，这些软件能够实时监测到数据情况，也能够定位和追踪敏感文档和重要信息，增强对知识产权、商业秘密等智力成果的管理和保护能力。

（4）完善协同创新知识产权的利益分享机制。在协同创新组织成立前，各协同创新主体应当通过协同创新协议、组织章程等书面文件，就协同创新智力成果的归属达成协议，避免因权属约定不明引发的知识产权利益分享纠纷。在协同创新过程中，要合理评估各主体投入的信息资产的价值，细化对各协同创新主体权利、义务和责任的规定，综合利用协商共享和强制共享两种分配机制，实现信息权益在协同创新主体之间的合理分配；要积极畅通协同创新组织内部的创新成果信息公开渠道，增强协同主体间的信任度。在操作层面，要确立沿协同创新链条各个节点贡献的比例分享信息资产利益的机制，调动各协同创新主体的积极性。

三、组织建构

（一）智库决策支持信息保障协同创新组织机理

协同创新是各个创新要素的整合以及创新资源在系统内的无障碍流动。协同创新是以知识增值为核心，以企业、高校科研院所、政府、教育部门为创新主体的价值创造过程[①]。在大数据环境下，智库决策支持信息保障协同创新是指智库、政府、高校、企业及研究机构、图书情报机构、中介机构和用户等创新主体为了实现决策支持信息保障协同创新而充分利用大数据信息资源开展的大跨度整合的创新组织模式。智库决策支持信息保障协同创新的过程是基于大数据信息资源传播共享之上的创新主体有目的、有意识的价值创造过

---

① 陈劲. 协同创新与国家科研能力建设 [J]. 科学学研究, 2011 (12)：1762-1763.

程。创新主体之间的知识转移的最终目的就是为了实现大数据信息资源的增值①。

传统的协同创新包括"产学研"创新、区域产业创新等，虽然同样着重于知识和技术的开发与利用，但是这个创新的过程中知识的概念只是作为一种参与要素，而在智库决策支持信息保障协同创新领域，知识和信息作为主要因素。当前，互联网上网页存档、用户点击、网页链接、商品信息、用户关系等数据形成了持续增长的海量数据集，这些多模态信息扩充了知识的范畴，对智库决策支持产生新的价值。决策支持信息保障协同创新主体通过转移信息和知识，充分开发利用各参与主体所拥有的网络信息资源，以完成智库创新主体的目的，实现信息价值增值过程。知识转移价值增值是一个组织将知识转移到另一个组织的过程中，通过知识的使用和创新来带动和提升相关活动，进而实现知识价值的过程②。智库决策支持信息保障协同创新主体组织之间的网络信息资源的转移共享为丰富智库信息供应链提供了基础。海量网络信息资源经过积累、创新、扩散，并经过决策支持创新主体的吸收消化，最终以多元价值的形式表现出来。在信息积累阶段，通过智库决策支持信息保障协同创新组织内部已有信息以及网络信息资源的积累，搭建智库网络协同创新的平台，为信息和知识转移营造良好的背景，并为后续的智库知识创新奠定基础；在协同创新阶段，通过大数据分析技术，对网络信息资源的共享和吸收，并与原有的信息和知识加以融合，将新知识应用于智库决策支持中，实现网络信息资源的价值增值；在信息扩散阶段，网络信息资源转化后的智库知识服务产品，通过满足用户的需求，并获得新的创新知识智慧。在价值增值过程中，大数据信息资源开发技术为网络信息资源的采集、开发、更新、传播提供了保障，为用户提供智力支持。为保证大数据网络信息资源得到高效、全面地开发利用，智库决策支持信息保障协同创新主体之间需要保持战略上高度一致、协同发展。

在大数据环境下，尽管智库仍然是接触用户的最佳主体，但不再是能够直接获取决策支持信息保障需求信息的唯一主体。大数据为智库、政府、企业、高校、图书情报机构和研究机构提供直接把握决策支持需求信息的机会和可能性，从而形成了大数据环境下智库决策支持信息保障协同创新机制（图5-8）。在智库决策支持信息保障协同创新过程中，各协同主体为达到决策支持协同创新目的，在环境、知识客体、合作模式等因素的影响下，与各种资源、人员、组织、环节形成匹配关系，产生协同效应。对于智库决策支持信息保障协同创新，重点抽离出智库决策支持信息保障主体、知识协同演化至形成知识优势的过程、环境影响因素等方面，对这些因素内在机理的研究和分析可以映射到信息生态学中。智库决策支持信息保障各参与主体可以类比为信息生产者、信息传递者、信息使用者和信息分解者；环境影响因素可以用信息生态中的信息环境因素来解释，信息环境包括应用工具、应用平台、支撑技术等物质技术硬环境，也包括社会人文保障软环境等；形成知识优势的演化过程正如信息生态的演化过程。

---

① 黄南霞，谢辉，王学东. 大数据环境下的网络协同创新平台及其应用研究［J］. 现代情报，2013，33（10）：75-79.

② 张莉，齐中英，田也壮. 知识转移的影响因素及转移过程研究［J］. 情报科学，2005（11）：1606-1609，1634.

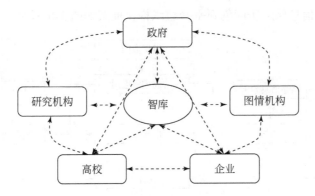

图 5-8　智库决策支持信息保障协同创新机制

（二）智库决策支持信息保障协同创新平台组织构建

大数据情境下，智库、高校、研究机构通过大数据公司或运用组织自建的大数据管理系统，能够准确洞悉社会发展趋势，汇聚相关大数据信息资源，开展决策支持协同创新，突破了各参与主体闭门造车的窠臼。大数据为智库决策支持信息保障协同创新创造了一个统一支持决策目标的虚拟信息平台，是对实体协同创新平台的有益补充，对于进一步打破协同创新主体之间的信息壁垒具有重要意义。构建网络协同创新平台有利于充分发挥网络协同创新的作用，平台通过利用大数据技术对网络信息资源开发，服务于智库决策支持协同创新主体。

智库协同创新平台组织可定义为由政府或某一组织牵头，通过政策支撑、投入引导，项目依托，汇集具有科研关联性的知识、技术、专家、大数据等多主体创新要素，形成一定规模的智库决策支持协同创新平台条件设施，便于开展关系到智库重大决策支持需要的信息保障创新活动，支撑智库及相关机构进行科学研究和决策研究。智库决策支持信息保障协同创新平台的重点在于大数据信息资源的开发和价值增值，而过程中产生的知识创新、技术创新也会给各参与主体带来极大的溢出效益。大数据信息资源包含有大量的非结构化信息，包括智库大数据联盟采集信息、知识加工信息、资源共享信息、网络信息等。

大数据信息资源要经过加工成为新知识，尤其是成为符合决策支持协同创新组织需求的知识，需要利用现有技术，通过协同创新平台的进一步融汇。大数据信息资源一方面通过大数据分析技术加以提炼，另一方面通过组织内部知识积累形成。新知识生成后再一次成为可获取的知识，并为决策支持协同创新提供基础。在此过程中，知识创新和决策支持同步展开，知识创新为决策支持提供基础，决策支持为知识创新提供支撑，两者协同发展。要使网络协同平台高效运转，需要保证战略、协调、沟通、合作4四个方面顺利进行。协同创新主体之间必须战略协同，主体之间的矛盾不可避免，如果战略不能达到一致，大数据信息资源的积累、开发可能陷入僵局，利用价值将十分有限。通过合作的方式，既能有效减少协同创新主体之间的矛盾冲突，也能保障大数据信息资源的进一步处理。在创新主体之间发生矛盾冲突时，需要主体之间进行有效、双向的沟通，当沟通无效时，有相应机制来协调创新主体之间的矛盾。

智库决策支持信息保障协同创新平台组织构建框架如图 5-9 所示。

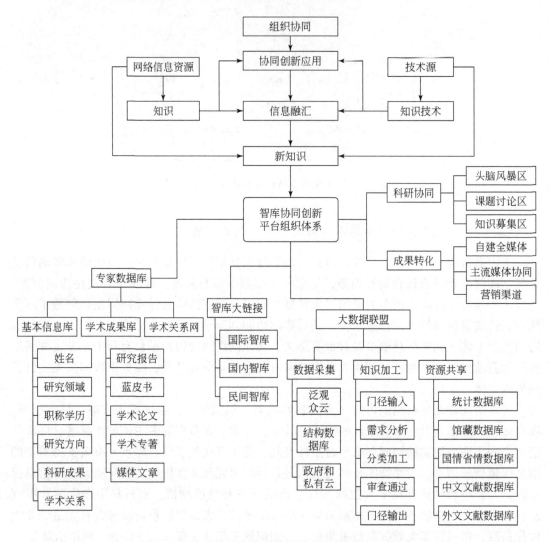

图 5-9　智库协同创新平台组织框架

（三）智库决策支持信息保障协同创新平台应用策略

1. 应用路径分析

使决策支持信息保障协同创新平台化，是智库开发利用大数据信息资源的有效手段之一。构建平台的目的是实现创新资源投入产出效益最大化，确定应用路径应考虑协同创新平台的使命，协同创新主体的关联类型、关联程度、合作意愿，还要考虑对大数据信息资源的开发利用的需求①，其主要应用路径如下。

---

①　黄南霞，谢辉，王学东. 大数据环境下的网络协同创新平台及其应用研究［J］. 现代情报，2013，33（10）：75-79.

（1）基于行业的智库决策协同创新平台的着力点在于将行业的需求、发展与协同创新结合起来，这对专业型智库尤为必要。这需要结合行业需求成立行业智库联盟，对创新资源进行整合，尤其是大数据信息资源。通过挖掘行业信息资源，发现行业的新需求、新动向，预测行业发展前景，从而委托智库联合政府或高校、研究机构进行项目研究，满足行业发展的需求。行业协同创新平台不必受空间的限制，可实现跨区域的协同整合。

（2）基于地域主导的协同创新平台应用路径是指在政府相关部门的引导示范下，成立区域层面的智库联盟，充分利用政府、企业和社会的优势创新资源，面向区域创新需求，聚集适应于地域特色的区域内大数据信息资源。协同创新主体对大数据信息资源的开发要注意其可持续发展性，信息资源的价值挖掘要促进区域经济社会发展。区域协同创新平台也需要考虑当地配套设施建设，尤其是信息基础设施的建设。

（3）基于需求的平台应用路径是指在决策需求引导下，充分利用政府、高校、研究机构、企业、图书情报机构的信息能力，大力发挥骨干智库在平台建设中的作用，引导中介机构和实力较弱的智库参与，利用包括大数据信息资源在内的优势创新资源，面向决策需求，建立联合开发关系，构建协同创新平台。需求协同创新平台以决策需求为导向，信息资源需在各个环节参与，以实现及时响应智库决策支持信息保障需求。

2. 建构策略分析

在决策支持信息保障环境中，重点智库在协同创新平台发展中起重要作用。为鼓励和提高重点智库参与协同创新平台建设的积极性，政府可以通过设立专项经费、支持重点项目、扶持优惠政策等方式鼓励有条件的重点智库独立创建平台，独立或共同开发大数据信息资源，带动其他中小型智库和其他相关机构广泛参与。对于重点智库以外的其他中小型智库来说，要增强参与平台建设的意愿。政府可以鼓励中小型智库形成智库联盟，通过战略合作、项目合作、信息共享、专家交流等方式组建各类创新平台，采用联盟机制、战略合作等方式，加强智库间的信息交流，共同开发大数据信息资源，有利于推进智库参与平台建设，建立运行的良好合作关系和信任机制。要建立智库决策支持信息保障协同系统，一是要解决契约、产权归属和非法行为约束等问题，建立正式的相关法律法规制度，规范并监督智库的参与行为。二是要建立有效的进入和退出机制，允许按相关制度退出平台建设，保证退出但不影响平台的运行。三是要通过多种方式加强主体间的信息交流合作，推进合作关系良性发展①。

在大数据和云计算环境下，智库决策支持信息保障协同创新平台建设不仅要充分考虑各因素的影响，而且要兼顾柔性、系统、动态、开放、创新和协同等特点。要不断提高信息服务质量，改善传统智库决策支持信息保障对接方式，优化智库决策支持信息保障信息传播渠道。大数据环境下的智库决策支持信息保障协同创新系统要从整体上实时把握外部环境、内部环境和以用户为中心的需求变化，利用智能方法实现对环境的动态感知，针对决策需求的集成化、个性化需求，智能地匹配技术和信息，准确简便地优化对接过程。同时，针对大数据带来的信息爆炸、信息泛滥、信息污染、信息侵权、信息垄断和信息使用

---

① 黄南霞，谢辉，王学东. 大数据环境下的网络协同创新平台及其应用研究 ［J］. 现代情报，2013，33（10）：75-79.

素质不高等信息失衡问题，在信息生态学的指导下，以螺旋周期模型实现动态反馈循环，通过系统自身的调节作用和自适应，优化信息对接过程，抵御信息污染的负反馈效应。同时，面对大数据时代数据量大、缺乏挖掘手段等问题，协同创新平台要嵌入智能挖掘模块，对智库决策支持信息保障协同创新对接各方的数据利用、数据挖掘方法进行深入分析，发掘潜在客户需求，发掘信息生产者和信息转化者，指导信息开发工作下一步的方向。也可以针对已有的服务进行服务行为分析和满意度调查，这对于维护信息生态个体因素的互利共生关系，延长客户生命周期等都有裨益。

步入大数据时代，由于云计算、物联网、人工智能等概念、技术的涌现，已使利用大数据信息参与智库决策支持协同创新成为可能。在大数据时代，深度开发、利用信息资源，使信息资源服务于智库决策支持协同创新，促进知识创新和技术创新。智能挖掘、深度整合大数据信息资源正深入社会各个领域。构建智库决策支持信息保障协同创新平台对于协同创新参与主体深度开发利用信息资源，扩大合作方式，优化决策支持信息保障协同创新将发挥重大作用，有效支撑国家治理体系和治理能力现代化建设。

第六章 | 智库决策支持信息保障协同创新情报服务体系

本章概要：在以信息技术为标志的知识经济时代，智库情报服务正在向着以大数据为资源、以情报为基础、以集成化的信息系统平台为支撑的智慧型服务这一大方向深化发展。在大数据时代，情报来源渠道、情报分析能力、情报用户需求均瞬息万变，智库机构必须建立以情报为核心资源的协同创新运行机制，提升智库的情报服务机能。智库决策支持信息保障协同创新情报服务体系在此过程中可以发挥非常重要的作用。本章概述智库决策支持信息保障协同创新的情报服务功能以及大数据情报服务新功能，并从情报服务理论、情报服务模式和情报服务创新三个层面讨论智库决策支持信息保障协同创新的情报服务体系。

第一节 智库决策支持信息保障协同创新情报服务体系概述

情报服务体系是智库决策支持信息保障协同创新的基础。智库作为公共政策研究分析机构，针对国内、国际问题开展政策导向性研究、分析和咨询，为决策制定者提供及时、全面、准确的决策支持。因此，智库决策支持信息保障的范围、数量、质量、服务内容、服务方式等都将直接影响到智库决策支持服务的效果。拥有完善的情报服务体系是智库产生高质量决策咨询成果的重要保障。

一、情报服务功能

（一）智库与情报工作

现代智库离不开情报工作，情报工作在智库建设中起重要的前端作用[①]，情报研究在多渠道调研分析、信息建设与情报挖掘、监督评价等方面推动智库发展[②]。可以说，从服务决策角度来看，"智库"与"情报"之间有着密切的关联性。资源是智库的信息和情报来源，起到基础性作用[③]。智库的资源获取与增值能力是智库发展的关键能力。尤其是在

[①] 王世伟. 试析情报工作在智库中的前端作用——以上海社会科学院信息研究所为例［J］. 情报资料工作，2011（2）：92-96.

[②] 王延飞，闫志开，何芳. 从智库功能看情报研究机构转型［J］. 情报理论与实践，2015，38（5）：1-4.

[③] 白阳，张心怡. 汇聚想法：数据驱动下的智库协同创新服务模式研究［J］. 情报科学，2018，36（7）：23-29.

信息资源的获取方面，信息是智库进行形势分析和政策研究的基础，能够获得准确而全面的信息是智库功能实现的前提条件①。因此，信息资源既是智库的"生产要素"和"决策依据"，同时也是其"创新动力"和"竞争条件"②。作为公共决策信息支持和咨询服务机构，智库天然具有数据、信息与情报的搜集、分析、检索、加工、提炼与传送服务等功能，这些功能也正是情报机构产品设计与开发的全过程。然而，由于职能上的差异，智库研究的情报功能远远不如情报机构，而情报机构在服务政府决策上的功能远逊于智库，但两者在数据挖掘、信息检索与服务决策上有着极大的相似性。换句话说，快速准确获取相关信息是智库和情报机构生存和发展的共同根本，智库研究需要情报研究作为辅助和支撑，智库在信息检索与数据分析上的缺陷可以寻求情报机构的帮助。构建现代新型智库，将情报工作流程嵌入智库运行机制中，可以为智库提供更好的信息共享和知识服务体系、技术方法和理论工具。情报机构依托自身资源与技术平台可以为智库提供全方位的数据支持与信息保障，而情报研究的价值也可以在智库研究中得到完美的体现。情报机构的信息服务机能作用于智库的建设与发展，智库建设与发展可以提升和强化情报机构的信息服务机能。因此，智库与情报机构两者之间有着理论上的契合关系。然而，由于理论界对智库组织建设研究不够深入，对智库的情报机能重视不够，导致对智库研究起到基础性和支持性作用的情报机制建设尚未得到应有的重视③。

智库与情报自产生以来就颇有渊源，从其服务的对象、目标、方法、机理等方面看来，二者始终呈现你中有我、我中有你的水乳交融之态。智库的建设因其面临的理论与实践双轨并行的发展任务，可以解决情报学的理论与实践脱节的难题，从某种程度上引领着情报学的发展；情报机构自身的丰富资源及多元化的学科特征，为智库提供创新知识及战略决策服务所需的信息保障，对智库建设起到前端的基础支撑和辅助支持的作用。他们的融合体现在智库从理念、产生到运作中无所不在的情报影子④。

（1）智库的情报能力。当今对情报机构转型为智库的呼吁以及情报机构本身就是智库的观念，来源于智库本身就具备极强的情报能力以及情报机构自身的转型需要。服务于决策作为智库的重要属性，它所承载的诸如对外界环境的感知能力，对外界变化的应急反应能力，对外界态势的前瞻预测能力，获取竞争对手的信息能力，对竞争对手的监督和分析能力，政策战略的制定和评估能力，信息的安全及自我保护能力等，实质上皆为情报能力。情报的两大基本功能：一是解释和说明，二是预测和评估，这也正是智库提供决策服务所应具备的本质属性。换言之，智库具有对情报能力的天然需求。

（2）智库的情报活动。国际上知名、成熟的智库，会定期、不定期地向决策层提供深层次、高质量的"情报产品"，这种科学有效的"情报产品"的产出过程，伴随着相应的情报活动。智库的工作流程和决策战略一般来说本着深入调查、资料收集、分析研究、制定方案、持续关注的"五步走"原则，恰恰体现和对应着情报搜集、分析与服务的活动流

---

① Wiarda H J, FKline H F, Press W, 等. 拉丁美洲的政治与发展 [J]. 拉丁美洲研究, 1992 (3): 51.

② 杨雅馨. 基于云计算的智库协同创新服务模型研究 [D]. 大连: 辽宁师范大学, 2018.

③ 李纲, 李阳. 情报视角下的智库建设研究 [J]. 图书情报工作, 2015, 59 (11): 36-41, 61.

④ 李品, 杨国立. 智库建设中情报的功能定位与功能实现 [J]. 图书情报工作, 2018, 62 (8): 93-99.

程，注重的是分散情报的积累与整合。随着计算机存储技术与网络传输技术的发展，数据库与知识库对信息和知识的集成与序化显著提升了智库的服务能力。欧洲最大的国际关系研究的数据库——"国际事务在线"（World Affairs Online）由德国国际政治与安全研究所主导建立，涵盖在国际关系研究领域的各类资源，为智库的服务提供高质量的资料来源[①]。通过知识逻辑与知识推理构建的领域知识库，在提供基础知识的同时，将专家智慧融入系统，形成自动分析的智力产品。由此，为智库发展建设各类专题特色数据库和智库型知识库也成为学者的呼声之一[②]。在信息网络日益发展的当下，情报产品向集成、电子及网络化发展延伸，逐步细化为"一次""二次""三次"以及"思想型""信息型"等"情报产品"，智库也随之形成自身较为成熟的情报产品体系、研究方法及形成机制等来支撑决策需求，在这种环境下，智库的情报活动也与时俱进地拓展到网络空间、风险管理、舆情监测等领域，对原有的情报库不断填充、激活、累积和更新来规避关键情报的缺失。情报活动对于智库来说，起着支持其产品与服务有效输出的关键性作用。

（3）智库的情报机能。智库的内在机能涉及战略性建言献策、社会舆论引导、高端人才储备等功能作用，高端优秀的智库会通过广阔的情报视野来提升其机能的效用。换言之，智库资政启民服务的有效发挥须借助于情报机能的融入与完善。智库内在机能的核心是影响力，影响力依赖于智库的产品与服务的质量，质量保障则建立在情报产品的需求、设计、收集、分析、处理、评估以及利用的基础上，可见，智库的情报机能是情报产品设计与开发全过程的体现，若保障智库内在机能的有效发挥，需强化对情报机能的介入融合。除此之外，智库还融合了情报意识、情报功能、情报战略等方方面面，以捕捉外界海量的信息、知识及情报，为决策服务产出高端的智库产品和设计方案。

（4）智库的运行机制。在运行机制上，智库蕴含情报处理功能与流程，智库的最终产品与智库服务类似于情报工作的处理路径与演进规律。智库的影响力与运行必须建立在高质量的情报产品及其服务上，信息、情报收集、处理和分析能力是构成优质智库产品的基础，也是情报研究的本质所在。智库研究必须重视对情报运行机制的建设，情报研究可以借鉴智库的服务机制。在工作内容上，智库研究和情报研究都要为战略决策提供服务，两者都有一个知识创新与服务决策的过程。其中，智库是以"问题"为导向，面向重大公共事件提供智力支持，这一点与情报工作"以需求为出发点为用户提供智能决策支持服务"完全吻合，情报需求导向恰恰为智库的问题导向提供了基本保障，智库建设完全可以将情报工作的需求导向融入问题导向中。在成果体现上，智库的研究成果面向公共决策事件，为重大问题制定科学方案，主要成果表现为研究报告、政策摘要、新闻简报、政府专报、新闻快讯等。情报工作最终以满足用户需求为目的，成果形式也主要体现为研究报告、专题报告等情报产品。因此，智库研究与情报研究存在的相似性，为人们理解智库决策支持信息保障情报服务奠定了较好的基础[③]。

---

① German Institute for International and Security Affairs. Information Products for Public Use ［EB/OL］.［2023-07-30］. https://www.swp-berlin.org/en/publications.

② 高咏先. 国内高校智库数据库建设现状及图书馆服务策略研究 ［J］. 图书情报工作, 2017, 61 (10): 43-49.

③ 向洪, 曹如中, 赵宗康. 大数据背景下智库情报服务平台构建研究 ［J］. 图书馆理论与实践, 2017 (10): 42-47.

（二）智库与情报机构的融合发展

智库与情报工作紧密相关，情报工作对智库决策支持信息保障情报服务有诸多借鉴之处，两者融合发展和协作并进是未来的趋势。智库与情报机构的工作实践既具有相似之处，也存在差异性①。两者的相似之处在于：

其一，智库天生具有情报机能。情报机能是智库整个运行体系中的重要组成部分，是智库信息保障工作的重点与核心。情报机能使智库在实际运行中通过情报研究推动智库产品向情报化、智慧化和决策性增值，从而充分发挥智库的决策服务职能，提升智库的决策支持能力与水平。

其二，两者在工作机制与最终目的上具有显著的一致性。它们的工作均离不开数据及其分析，采用相应的工具与方法挖掘信息、数据内部隐藏的有价值的信息，并为决策提供信息资源支撑，在两者中均占据核心位置。同时，为决策服务是两者共同的终极目标。

两者的差异也是十分显著的，表现在：一是两者的决策产生过程有不同之处。智库存在大量的专家智慧，是基于综合分析的智慧产物；情报机构的决策方案大多是通过情报研究而得出，对专家智慧并不那么重视。专家智慧可以检验情报研究的合理性，而情报研究可以为专家智慧提供重要的信息支持，因此，两者合作会极大地促进智库分析能力的提升。二是两者的决策定位有一定区别。智库作为政府决策支持的第三方机构，可以名正言顺地参与政府决策，具有影响政府公共政策制定的能力，存在显著的价值导向，而情报机构基于情报研究的决策具有市场机制和参与政府决策的间接性，因更多的是面向经济与商业领域而对公共政策影响力有限，情报研究更多的是客观、独立的而不具有明显的价值导向。决策定位的差异为智库客观并面向市场需求的决策方案提供了重要补充。由此可见，两者的合作有助于实现相似之处的累加增值和差异之处的优势互补，从而最大效率地提升智库能力，并进一步拓展情报组织的发展空间和智库机构的信息机能。

研究表明，近年来，智库与情报机构同样逐渐呈现出相互融合的发展趋势，情报工作与智库研究可以建立互利双赢的合作关系，情报研究是以情报搜集、情报分析、情报服务、情报管理等为研究对象的过程，其在资源共享、信息服务、知识管理等方面的理念和数据挖掘、信息加工、情报服务方面的功能，与智库研究理念不谋而合，完全可以为智库研究提供优质的数据支持②。而智库运行机制和服务决策的功能也值得情报机构借鉴，情报机构功能完全可以向服务政府公共决策延伸，为政府公共决策咨询提供深层次的数据分析与信息服务。我国著名情报学专家包昌火认为，强大的智库和情报力量一直是美国无与伦比的软实力③。随着"一带一路"倡议的提出和科技创新战略的不断深化，未来我国智库与情报机构应深化合作，为国家治理和经济发展提供全方位支持。

---

① 孙琴. 突显情报功能的智库能力提升 [J]. 图书馆, 2018 (1)：59-64.
② 彭瑛, 李树德, 曹如中. 智库与情报机构融合发展模式研究 [J]. 情报杂志, 2019, 38 (8)：90-96.
③ 包昌火. 对我国情报学研究中三个重要问题的反思 [J]. 图书情报知识, 2012 (2)：4-6.

（三）情报功能在智库决策支持中的作用

完整的智库信息活动和工作流程可归纳为三个步骤：前期的资源获取和信息搜集，中期的政策研究和决策分析，后期的方案拟定与思想输出。这一过程实际上嵌入了情报处理流程，智库的信息资源通常来自于调查研究、实验研究、各类公开数据源以及图书情报机构的数据库资源等，这需要借鉴情报收集策略与技术。为政府部门提供决策咨询服务是情报工作的核心功能和业务能力，这有力地保障了智库的政策研究与决策分析工作。智库最终产品是战略决策和创新知识服务，而决策的形成和知识的创新是遵循情报理论中信息链的演化路径和规律的。由此看来，智库工作流程中的三个阶段从情报服务功能角度布局的话，依次需要情报资源获取功能、情报分析处理功能、情报评估利用功能的支撑[1]。

1. 智库情报资源获取功能

大量的信息、资源和数据是智库开展决策咨询服务工作的前提，尤其是大科学、大工程的实施，更需要智库充分发挥其信息资源和智力资本优势。情报研究可以通过资源建设、信息激活、提供情报产品、构建情报信息网络等发挥前期的支撑作用。国外知名的智库都有其自身的特色专题数据库，如美国兰德公司开发了 CalWORKs 数据集、背景数据图书馆、公共健康备用数据库、兰德恐怖主义信息数据库等。在我国，缺乏"大数据"意识的政策分析，使得智库的资源始终依赖于外部的统计数据，对专题数据的长期积累和开发缺乏敏感性。目前国内专题研究数据库多为商业数据库，不利于原创成果的产生。情报研究可以根据智库的信息需求来指导其信息建设，为智库建设储备资源，提供保障。首先，根据智库特定的需求可建设原始的基于政策分析的特色专题数据库来进行原始数据与信息的积累；其次，把智库开展工作过程中制造和产出的二手信息和规律数据有效地整理保存，进行再生数据与信息的积累；最后，开发及公开"共享平台"，开通"情报源"通道，提高智库的公众影响力。帮助智库打造知识库、思想库、策略库，并对这些专题数据予以持续跟踪、更新及积累，接下来就要把储备的数据信息加以激活，挖掘可利用资源的显性信息和隐性信息。这需要智库研究人员在把握国家宏观政策的态势下，从问题导向出发，加强对信息规律的把握，根据问题的异样化特点，创新适用性强的情报分析方法和工具。信息化建设的基础和信息资源的加工都是为了形成信息产品，情报分析产生的诸如调研、分析报告、简讯、公告和年报等系列产品不仅可以为智库的前期建设提供支撑，还可以充当智库本身系列研究成果的重要成分。此外，搭建国际情报信息网络，构建智库决策支持系统也是高端智库的发展趋势，如斯坦福研究所除了在美国加利福尼亚的总部外，在国内的华盛顿、新泽西，国外的中东、日本以及中国香港等都设有办事处，情报研究通过构建全球性的信息网络及决策支持系统可以更好地支撑智库的情报服务。大数据时代，情报对于智库的资源支撑向着标准化、流程化、协同化及集成化方向发展，智库的情报源也拓展到所有可以利用的网络、数据和人力资源。对大数据环境下海量信息、异构信息的获取、利用，对多源信息的共享、融合成为情报对于智库资源支撑的优势，智库建设可以借助情报手段，对全样本进行分析，以发现大数据环境下时事政策变化中的新变量，发掘无

---

① 李品，杨国立. 智库建设中情报的功能定位与功能实现 ［J］. 图书情报工作，2018，62（8）：93-99.

关变量数据的显性关联，挖掘出更多的相关性解释机制，来提高智库产品的时效性与科学性。此外，大数据资源的共享、利用及分阶段管理成为智库决策系统情报支撑及信息处理中心构建的关键。帮助智库打造、长期积累并持续跟踪知识库、专题库，可以变情报的信息优势为智库的决策优势，提升其思想观点的质量和决策的影响力，助力于智库现代化建设。

2. 智库情报分析处理功能

除了前期的资源建设基础，情报功能对于智库建设的有效发挥，还体现在通过自身的技术方法、统计工具提供研究分析服务助其满足智库的决策支持需求。情报研究成熟的方法体系与优良的计算传统对于智库的决策分析起到强大的辅助作用，它使智库的分析工具、研究方法突破传统文献分析与统计分析的局限，通过情景感知、PEST、决策树、层次分析、可视化等研究方法解决智库基于问题导向的知识发现、知识推理、舆情监测、信息提取等研究。大数据背景下的情报分析工具与技术已不断地融入智库建设中，如 HPCC、PentahoBI、Splunk、Apache Drill、Hadoop 等，这些工具一方面拓展了智库情报功能的广度和深度，另一方面提高了智库进行情报分析研究的效率与效用。此外，对于重要的决策咨询与部署研究，情报研究与智库在方法论上的融合与协同分析，符合时下科技创新和人文社会科学研究的流行范式，不仅可以实现优势的互补，还能优化智库的决策支持机制。情报研究对于情境与战略环境的研究以及技术与人文语境的双重分析，推动智库之于人文理念下的交互式情报功能的拓展。情报研究对于数据的实时分析与预测，对于智库的短期决策支持，尤其是深思熟虑以及动态应急方面具有较高价值的契合性，可提升政策咨询对智库能力提出的精准可靠，又不失实效性的需求。大数据对传统智库的建设发展带来了延伸，更有利于其把握经济、社会热点及动态，使精准服务成为可能。同时，也对智库的数据获取、分析处理以及快速响应能力提出了更高的要求。大数据环境下的情报分析具备关联性、增值性、多层次、多维度等特征，以此来协助智库增强时事政策的深度研判及预测能力，使其较为自如地应对行为分析、信息不对称、风险评估等问题。从情报视野对智库在大数据环境下的能力体系、运行机制加以整合，可有助于提升智库技术方法体系的路径，寻找优化智库人才结构体系的方法以及打造信息共享体系平台，使得智库的情报工作趋于自动化、规范化、系统化，走向新的研究范式，也就是情报工程化思维下的智库服务模式。国外相关研究表明，目前已有7%的机构达到情报工程化阶段。这种思维融合了技术理性与人文价值，有着技术与非技术要素并重的态度。借助工具分析与专家智慧，它嵌入到智库的政策研究、咨询决策与知识创新中，可实现内外部资源的集成利用，激活智库的运行机制，避免零散单向的智库情报研究，兼顾"情报用户"与"意见融合"，保障智库产品的全面、科学、客观与独立，使得大数据环境下的智库建设可以实现情报信息资源建设的多元性，服务模式的多样性以及决策咨询服务的灵活性。

3. 智库情报评估利用功能

智库为社会生产实用性知识和解决方案，服务于政府决策的属性来源于"思想输出"及"知识创新"的创造性劳动，因此，其生产成果就必须以客观、科学、全面的情报分析作为依据和保障。提供智库研究成果后期保障的情报分析具有情境性与人文性等复杂关联，这种主观关联的实现需借助于专家的知识和智慧加以判断。而智库作为输出思想、决策与知识的平台，亦需要吸收不同学科背景的专家，高水平专家有价值和深度的建议是智库品牌的基本保障。可见，情报对于智库的保障功能带有与生俱来的契合性和使命感，智库若需产出快速响应决策者的研究产品，实现其行为与属性的融合，情报保障体系的支持是必不可少的。大数据环境下的情报分析固然可以追溯事件的规律和本源，但数据资源和技术方法也仅仅是从前端的角度为智库的情报产品提供集成化的平台。智库后期建设所需凝聚的智慧，具有远见与洞察力的决策方案和深度诠释，还应依赖于专家的情报素养、情报意识所带来的情报决策行为，专家集体智慧的群策群力是优质智库产品产出的关键保障。中国特有的文化背景使得智库究竟是服务于"决策"还是"决策者"一直饱受诟病，解决智库的"情报政治化"等干扰问题，避免"唯领导是从"的迎合上级偏好的决策传播是情报之于智库后期保障的关键。具体的实践措施还应依赖于情报助力于专家智库的建设，组建内培式和外聘式两种专家团队模式，汇聚跨背景、跨学科、跨专业、跨行业、跨领域、跨区域、跨形态的精英专家，构建优质完善的团队资源组合，搭建专家智慧共享碰撞的互动平台，力求达到问题解决方案的最优化选择，实现情报生产者与决策研究者的互联互动。情报可提供执行团队优化、绩效评估措施、保障机制构建、专家权重排名等服务，保障智库的专家库建设，实现类似美国"旋转门"机制的研究与政策的相互强化与平衡。此外，情报之于智库建设的后期保障功能的一个重要发挥就是对智库研究成果的后期监督评价，科学合理的评价体系是优化智库的社会功能，保障组织有效产出的必备工具，只有准确定位智库的社会功能，达成合理的预期，对智库的水平、公正性、客观性、科学性进行合理评价，才能引领智库向中立、客观、专业的方向发展。情报可以在智库的评价领域中发挥自身的态势分析、竞争力比较分析等优势，针对不同智库及其成果类型探索出多样化的智库及其成果评价指标体系，为未来智库建设成效评估奠定基础。可引入情报研究的老本行即对智库报告进行定量评价，计算智库产品的产出量、点击率来衡量智库的规模和影响力等；对智库参与的国际事务会议、决策活动等进行定性评价，关注智库的宣传活动和受关注程度；利用调研方法检测智库的报告效果，立足于报告的观点和建议检验其依据事实的真实客观性，来评估研究产品及报告的可信度与科学性等①。

（四）智库决策支持情报服务平台

大数据时代，智库情报来源渠道、情报分析能力、情报用户需求均瞬息万变，智库机构必须建立以情报为核心资源的运行机制，加强智库的情报服务功能，构建智库情报服务平台。这不仅可以弥补智库的结构缺陷，有效整合智库和情报服务两者的功能，实现用户需求与决策服务之间的有机联系，而且还可以使智库决策支持服务的内容、形式、空间得到较大的拓展②。

1. 智库情报服务平台的构建

智库情报服务平台是对资源检索、数据加工、信息处理、情报传送、智能服务等方面

---

① 李品，杨国立. 智库建设中情报的功能定位与功能实现 ［J］. 图书情报工作，2018，62（8）：93-99.
② 向洪，曹如中，赵宗康. 大数据背景下智库情报服务平台构建研究 ［J］. 图书馆理论与实践，2017（10）：42-47.

功能的有机集成，是一个建立在互联网、大数据、云计算等基础上，将智库研究与情报研究有机衔接和相互渗透的资源共享平台。构建过程中既要保证智库对公共政策提供智能决策的支持，也要遵循情报工作的规律与方法，更要体现出问题发现能力和数据资源转化能力，最后形成智能决策支持服务。因此，智库情报服务平台既是对数据、信息、知识、情报等各种资源的整合，也是资金筹措、人才管理、成果转化、资源共享和绩效评估等各种能力的体现，通过一系列活动，借助各种定性与定量分析工具与方法，将数据资源转化为具体的智能决策支持成果。智库情报服务平台既要将环境扫描、需求研判、任务设计、数据分析、信息处理、知识发现、情报传送、智能服务等基本流程融合在一起，也必须具备学习、认知、控制、评价、反馈等基本功能，最终体现出对公共政策的智能决策支持作用与功能。因此，智库情报服务平台应遵循"资源+能力+方法"的思路，如图 6-1 所示。

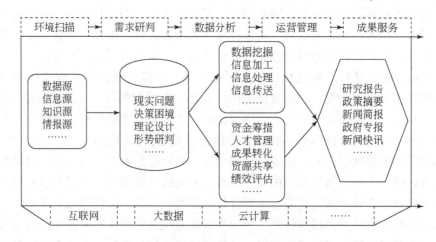

图 6-1　智库决策支持情报服务平台

智库情报服务平台模型将智库和情报工作的思路与方法有机融合，以用户决策需求为出发点，以为用户决策提供智力支持为落脚点，在过程中根据用户决策需求对资源与能力进行深度整合，将信息采集能力、知识创新能力、服务决策能力分阶段呈现出来。第一阶段，进行环境扫描。主要运用数据挖掘技术对数据、信息、知识、情报等数据源进行扫描，以便于寻找和发现问题，并根据实际情况提出相关理论假设。第二阶段，进行需求研判，主要基于决策、市场或社会三个层面展开需求分析。无论是智库的问题导向还是情报的用户需求，都需要在不同程度上对外部环境进行扫描、对宏观形势进行研判、对用户需求进行确认。第三阶段，进行数据分析，主要是在明确需求后有针对性地运用相关技术与方法对数据进行深度分析与提炼，初步形成有内在价值的信息产品。第四阶段，进行运营管理。主要是展开资源与能力方面的推进工作，无论是智库还是情报工作，都具备针对相关资源进行高度整合的能力。其中，资源无外乎是数据、信息、知识、情报等，而能力方面则包括资金筹措、人才管理、成果转化、资源共享、绩效评估等不同机制的构建。第五阶段，进行成果服务。主要是将经过高度提炼加工整合以后形成的研究成果，如研究报告、政策摘要、新闻简报、政府专报、新闻快讯等，根据不同的性质，分别推送到不同的用户手中用于决策。智库情报服务平台模型是一个动态的复杂系统，致力于打造出满足用户决策需求的解决方案,即将情报嵌入到智库内在运行机制中,又很好地整合情报工作的原理与方法,实现一体化管理与信息流层面的优化,可以提升智库产品的质量和专业水平。

2. 智库情报服务平台工作内容设计

研究表明,情报工作的理论与实践为智库运行提供关键支持,也是实现决策科学化、提升国家治理能力、增强国家软实力的重要体现。理想状态下的智库情报服务平台是在大数据环境下物理空间、社会空间和心理行为多种因素的有机集成,使决策所需要的知识结构从无序到有序,用规则的确定来应对结果的不确定,使决策不确定化嬗变为决策科学化,做到智能感知、智能分析和智能处理,是技术流、资金流、物流、信息流的融合。为此,这里结合智库的运行特点与情报工作的基本环节,对智库情报服务平台的环境扫描、需求研判、情报检索、数据分析、成果服务5个方面的基本流程展开详细说明。

(1)环境扫描。环境扫描实质是一个数据采集的过程,是智库研究的基本前提,也是智库情报服务平台的常规任务,及时得到全面而准确的情报信息资源是提升智库研究质量、促进智库发展的关键所在。从智库决策支持信息保障协同创新信息资源建设的需求来看,既要保证足够数量的原始信息资源的收集和建设,又要注重二次、三次信息资源的建设,同时还要注意开发和利用网络信息资源。智库成果的产生可以借助数据挖掘工具并使用情报分析的方法,有意识地展开和推进外部环境监测、标杆跟踪追迹、国际态势分析、政策风险预警、决策预案制订等系列工作。各专家团队依托情报服务平台的信息与情报能力、战略环境动态感知能力、知识创新能力、沟通与传播能力,在人、财、物、时间、信息等资源配合下,依托智库拥有的数据资源与情报平台,根据任务开始有目的地搜集相关资料,快速而准确地获取数据信息,并且运用大数据思维多维度、全方位、由表及里地对数据进行深度解读,初步得出一些发生、发展及处置的基本结论。数据采集过程具有很强的专业性,涉及许多方面的专业知识与技能,智库情报工作人员一般都具备这方面的经验,检索效果也会相对理想。在这一阶段检索得出的数据资料具有一定的价值,可以在一定程度描述关联事件的本质,但并不能直接运用于决策。

(2)需求研判。需求研判是智库情报服务平台的中心工作,其实质在于通过跟踪分析智库的信息需求,接受委托任务和确定智库项目。在以信息技术为标志的知识经济社会,智库对情报的需求不再满足于简单的文献检索与信息提供,而是有着个性化和深层次的要求。他们重视情报对智库需求的满足程度,期待无缝对接式的信息获取方式,一步到位的高效信息服务效率。著名情报管理专家克拉克在《情报分析》一书中指出,情报分析总是面向特定目标展开,需要各个工作环节的合理运作与配合,而对情报需求的识别最为重要,"情报分析成功的关键取决于对情报需求的准确挖掘和刻画"[①]。因此,需求识别实际上是一个明确任务的过程,这一过程必须感知政府决策困境、相关领域基本动态、行业发展趋势,帮助智库确定研究领域、研究方向、研究目标和任务,实现智库与决策需求的无

① 克拉克·R. 情报分析:以目标为中心的方法 [M]. 北京:金城出版社,2013.

缝对接，避免出现闭门造车的现象。钱学森说："情报是激活了的知识"①。因此，智库研究之先，情报工作往往先期启动，这有助于提升智库的战略环境感知能力。需求识别的根本就是要以用户为中心，要求以智库的个性化需求为牵引，提供最贴切的信息服务，还要通过分析智库研究者特征和信息使用习惯，主动收集智库研究者可能感兴趣的信息，并以个性化方式呈递给智库研究人员。

（3）情报检索。情报检索阶段是智库情报服务平台的关键所在。在完成需求识别后，接下来需要确定课题研究所涉及的学科范围，有针对性地选择关联数据库，甄别数据库所收录文献的真实性和新颖程度，正确选用检索词和逻辑算符。在明确检索需求后，任务设计阶段还需要对智库研究主题与内容进行分析，进一步明确主题与内容之间、内容与内容之间的逻辑关系，并用一定的概念词来表达这些主题内容。所有这些完成后，即可编制检索表达式进行数据资料的搜集检索。情报检索阶段决定着检索策略的质量并影响检索效果，智库情报服务平台必须根据自身条件，配备业务精湛的专业人员，组建结构合理的专家团队，设计具体的工作方案，着手对任务进行个性化分解，进一步明确工作性质及任务所需的资源与工具。其中需要注意的是，智库所需资源，如电子期刊、图书资料、行业数据库等可以根据需要与相关机构建立长期且相对稳定的合作渠道，也可以购买相关数据库或委托外包公司，从而节约成本。而大型分析系统和设备则可以通过租赁来完成。在这一过程中，情报机构的主要任务是为智库项目制定检索策略，确定检索数据库，明确检索关键词，合理安排查找步骤。

（4）数据分析。数据分析是智库情报服务平台能力的体现，具有较强的专业性，需要接受过专门训练的竞争情报工作人员才能完成。由于智库情报工作人员接受过系统的信息教育，拥有丰富的信息分析实践经验，熟悉信息搜集、分析、加工、处理和传送的各种技术与方法，具备将数据信息转化为知识、情报和谋略的能力。这些专业人士利用集成化的情报分析工具与模型及知识推理、关联等方式，依据大数据思维，对相关海量的、碎片化和异构化的数据进行分析与提炼，并对关键性的数据进行抽取，将其归纳成为有价值的信息，完成情报整合与处理过程。这一阶段是情报工作发挥"耳目、尖兵和参谋"重要作用的时期，为智库决策提供情报支持。智库情报服务平台中的数据分析需要全面的知识与技能及丰富的经验，对智库研究课题的明确程度、对检索资料的分析程度、对数据库功能的认识、对数据系统特性的把握、检索逻辑顺序、检索式的编制、检索的方法与技巧等，都会影响平台的整体效果。

（5）成果服务。成果服务是一个信息推送过程，也是智库情报服务平台建设的目的所在。智库研究多为应用对策性的智力成果，不可能直接转化为现实生产力，其价值无法使用利润指标来衡量，而是看其在多大程度上影响了公共观念和现代政策。因此，需要情报机构运用现代化的技术手段及丰富的网络资源优势，通过多种途径，将处理后的信息主动传递给公共决策者，应用于社会实践，最终实现智库成果的社会效益和理论价值。一般情况下，智库成果评价会由专门组成的专家团队进行客观评价，在认真听取用户反馈意见的

---

① 刘植惠. 情报学基础理论讲座 第七讲 钱学森同志关于情报学的新见解 [J]. 情报理论与实践, 1988 (4): 42-44.

基础上，有针对性地对情报进行最后的修订与完善，在确认情报质量以后，将相关情报及时传送给用户，以便用户进行决策参考。此外，根据 2002 年埃布尔森在《智库能发挥作用吗？公共政策研究机构影响力之评估》发布的标准来看，评价智库成果价值的指标主要有引用率、被引频次、影响因子、他引率等①。

二、数据情报服务

在以信息技术为标志的知识经济时代，智库情报服务正向以大数据为资源、以情报为基础、以集成化的信息系统平台为支撑的智慧型服务这一方向深入发展。大数据分析为情报分析提供了新的研究方向②。基于当前我国智库建设中存在的研究力量分散、信息交流不畅、平台条块分割、成果转化率不高等问题，智库决策支持信息保障情报服务将大数据思维与情报技术相整合，旨在"搭建互联互通的信息共享平台"，不仅"整合现有智库优质资源"，实现"智库与实际部门的合作研究"，还可以发挥跨学科、跨领域、跨机构的协同创新效应，是一种基于核心能力和关键要素的整合③。

然而，由于智库研究除了运用分析工具与方法展开对各种数据、信息、知识、情报加工处理外，还必须融入专家的经验判断与智慧思考，还原一个知识创新的完整过程。这是因为，尽管大数据分析可以实现对诸多事件背后的变化规律及情报考量，但无论是基于大数据分析本身还是所得出来的结论，都离不开智库专家的经验洞察与深度解读，特别是在后期情报服务过程中，更是需要专家学者对智库研究成果进行诠释，融入政策决策中去，才能实现其价值最大化。而且在不同文化和政治背景下，大数据对同一问题的分析所得出的结论，可能会有不同的解读。因此，智库情报服务工作是技术理性与人文精神的有机结合，情报来源不准、情报传递不及时、情报质量不高、数据分析不科学、专家缺乏经验都会影响决策效率和应急处理的结果。

此外，由于影响智库情报服务功能的因素很多，为了提升情报工作流程在智库运行机制中的效率，必须做好以问题为导向的智库信息资源规划与情报保障工作。①在数据支持层面，必须构建各类不同的数据库、知识库和策略库，以增强智库的数据支持与情报保障能力。②在知识创新层面，必须开发与利用各类集成和应用工具，保证智库情报分析处理的自动化、标准化和流程化，实现对数据的深度解读与价值挖掘。③在情报决策层面，在尊重个人成果的基础上注重智库专家团队的集体智慧，同时在重视对现实形势的深度研判和情报预测能力的基础上，更加注重情报功能在智库决策运行机制中的拓展和情报价值的转化与实现。④在常规管理方面，既要构建智库运行的组织管理体系，做好资金、人员、后勤、媒体、沟通、交流等辅助性工作；也要构建完善的科研管理体系，建立研究成果评

---

① 向洪，曹如中，赵宗康. 大数据背景下智库情报服务平台构建研究 [J]. 图书馆理论与实践，2017 (10)：42-47.

② Chen H C, Chiang R H L, Storey V C. Business intelligence and analytics：from big data to big impact [J]. MIS Quarterly，2012，36 (4)：1165-1189.

③ 李纲，李阳. 面向决策的智库协同创新情报服务：功能定位与体系构建 [J]. 图书与情报，2016 (1)：36-43.

价和激励机制，鼓励独创性的思想成果，多出高质量的优秀研究成果。

（一）智库大数据库情报分析概述

在大数据背景下，各领域都在不同层面上关注大数据带来的影响，探讨本领域如何利用大数据提供的契机，谋求本领域在研究和实践方面的创新和突破。智库作为社会治理决策咨询服务机构，自然会关注其在智库决策支持信息保障情报服务领域中的重大价值。大数据环境下智库情报分析可总结为以下三点：注重决策支持情境研究，开展情报服务协同分析，实时数据分析与预测①。

1. 注重决策支持情境研究

当今世界网络化的复杂关联要求智库将情报问题置于充分的情境环境中进行分析，以保证智库决策支持过程更严谨，分析结论更准确。在对情报分析失误教训的反思和总结中，情境的作用被突显出来，成为避免情报分析失误必须要考虑的重要因素。英国莱斯特大学 Phythian 教授在其报告中指出，充分的情景信息非常重要，忽略战略环境、领导风格和心理因素等大范围问题的分析会导致情报失误②。为保证情境能够成为提高情报分析质量的有效支撑，情境信息首先要尽可能全面。这就非常有必要借助领域专家提供情境知识，专家所掌握的专业背景知识是构建情境的重要资源。Silberman 和 Robb③ 指出，由专业知识丰富的专家完成的、细致的策略分析是不可替代的。这其中还包含着更深层面的含义，即全面收集情境信息仅仅是第一步，还需要对情境信息进行正确的解读。Silberman 和 Robb 同时强调，必须认真思考如何培养深入了解目标情境的分析骨干，忽视这一问题会严重削弱国家在 21 世纪新的情报挑战面前的反应能力。当构建问题的情境时，要考虑从横纵两个维度进行。横向维度是根据问题在本领域所处层级的具体情况进行情境梳理，因为同一问题在不同国家、不同地区、不同组织中可能有不同的解决方案，相应的方法策略和技术的适应性也因层级的不同而有差别，甚至会遭遇排斥；纵向则是从时间维度构建目标的历史情境，对于时间维度上重要历史节点，要厘清所涉及组织和个人的来龙去脉。

2. 开展情报服务协同分析

协同分析必然会成为大数据时代情报分析的一大发展趋势。数据类型多种多样且数量庞大，结构化、半结构化和非结构化数据混杂其中，靠单一机构或个人能力很难完成对大数据的收集处理工作。同时，由于情报问题趋向复杂化，在解决这类情报问题时就非常需要信息数据的共享、工具技术的整合和人员的跨界合作。基于协同理论，迟玉琢将协同分析理解为：基于大数据分析需求，企业、政府、学术机构等为了完成复杂条件下重要情报分析任务而开展的以跨界合作为主要形式的情报分析模式①。协同分析整合了数据、人员和技术资源，使参与分析过程的组织发挥各自的能力，实现优势协同互补，这亦符合当今

---

① 迟玉琢. 大数据背景下的情报分析［J］. 情报杂志，2015，34（1）：18-22.

② Phythian M. Intelligence Analysis Today and Tomorrow［J］. Security Challenges，2009，5（1）：67-83.

③ Silberman L H，Robb C S. The Commission on the Intelligence Capabilities of the United States Regarding Weapons of Mass Destruction：report to the President of the United States［R］. March 31，2005 electronic edition，https：// catalogue. sipri. org/cgi-bin/koha/opac-detail. pl？biblionumber=28909.

科技创新范式①的发展趋势。基于大数据背景的协同分析涉及以下几方面内容。

（1）信息和数据共享。来自组织内部的需求带动了对外部数据有意识的引进，以追求数据所带来的价值为驱动。在保护隐私、保护数据安全的前提下，数据可实现在不同组织间自由的流动，由此形成整个社会的数据基础设施。美国防务系统网站 2014 年 8 月 22 日消息称，为提高效率、节省费用、促进整合、共享和安全，中央情报局将与亚马逊网页服务公司合作，将美国情报系统从以机构为中心的信息技术模式转向基于云计算的共享服务模式，集中各机构的数据、采用通用的桌面和标准化的数据访问和分析工具，由此转变 17 个情报机构多年来采用的烟囱式的、独享信息的工作方式。

（2）综合运用多种类型数据源、方法、技术和工具。情报问题的复杂化需要多种类型数据源从不同层面和视角对目标进行全面揭示，而各学科领域方法的交叉运用和相互借鉴也越来越广泛地体现在科学研究过程中。同时，技术和工具的整合也成为分析处理大规模、多类型数据集的必然要求。IT 行业的领军企业如 EMC、惠普、IBM、微软等率先感知这一趋势，纷纷通过收购大数据技术企业的方式实现技术整合。在未来，综合运用多种方法、技术和工具开展多种类型数据源分析的特征在大数据环境下会越来越明显。

（3）跨领域合作。基于开放创新模式理念，跨领域合作首先意味着理念的开放，即参与协同分析任务的主体要主动模糊内部和外部的边界，贡献内部的数据、人员和技术优势，同时从外部获得自身可利用的资源。基于共享数据搭建的协同分析资源技术平台，各主体间以协调、互惠为前提开展领域间互动合作，共同致力于任务的完成，并实现自身与其他主体的资源优化和价值增长。为推动大数据研究进程，美国政府及各机构积极采取措施开展多种跨领域合作。继 2013 年 3 月公布"大数据研发计划"，联合 6 大部门合作开展大数据研究后，美国政府于 2013 年 11 月中旬发布大量新的大数据合作项目，分别针对医疗研究、地理情报、经济和语言学等多个领域，刺激私营领域与公共事业部门的跨界合作。协同涉及知识、资源、行为、绩效的全面整合，协同分析的实现有赖于自上而下机制引导，自下而上利益需求推动来合力促成。这里涉及两个保障性问题：协同机制的建立和协同分析平台的创建，这是两项系统性的工程，需要较长的周期来积累和完善。仅就目前的情况判断，由于协同分析工作成本较高，涉及多领域多机构的参与，因此更适合用于解决战略性情报问题。

3. 实时数据分析与预测

战略管理大师亨利·明茨伯格指出，战略具有深思熟虑和动态应急两个特征②，这也正是情报分析要完成的两类情报任务。在传统情报分析环境中，提供准确可靠的决策参考要以充足的分析时间为前提。在大数据背景下，对情报分析的需求不再单一趋向其中的某一特征，而是要求同时满足上述两点，既要求分析的准确可靠，又对时效性提出更高要求，这与实时数据在支持短期决策方面所具有的较高价值相契合。大数据实时分析系统可以满足这种决策支持需要。另外，在当今技术环境下，一个公司日常运作所产生的各类数据都会达到 TB 级。随着数据体积越来越大，实时分析处理成为许多机构在数

---

① 陈劲，阳银娟. 协同创新的理论基础与内涵［J］. 科学学研究，2012，30（2）：161-164.
② 王馨. 战略情报研究模式反思与探索：计划、动态还是协同［J］. 情报理论与实践，2013，36（8）：1-5.

据管理方面首要面对的挑战。实时数据分析与预测会涉及三方面的问题。

（1）通用的大数据实时处理技术平台。

虽然对实时数据进行处理和实现实时预测并非易事，但实践探索一直在进行。Twitter 开发了开源实时分析计算工具 Storm，英特尔公司与大数据实时分析处理领先企业 SAP 共同打造大数据实时分析平台，百度、阿里巴巴、中国电信等公司与大型企业和机构都致力于大数据的实时分析和处理研究①。根据本机构所在的领域特性，提出大数据存储与实时分析的方法和技术，并开发和搭建具备相应功能的大数据处理工具和平台。在协同分析的未来发展趋势面前，大数据实时分析过程必然涉及多技术的协同工作②，搭建通用的大数据实时处理技术平台是大势所趋。但目前，大数据实时处理技术平台已经有所突破。2019 年 10 月，中国工程院院士、浙江大学陈纯教授在第六届世界互联网大会上提出："数据中所蕴藏的价值就在于分析的过程。随着移动互联网、物联网，尤其是 5G 的到来，带有时间序列的大数据将具有无与伦比的价值，是最近几年研究的重点。大数据分析处理技术将进入实时智能时代。""数字经济建设中，采用'事中'甚至'事前'模式实现感知、分析、判断、决策等功能的智能系统都需要大数据实时智能处理平台的支撑。"陈纯教授同时表示，他及他的团队，在大数据实时智能处理领域研究中已突破多项业界难题，取得多项科研成果。浙江大学，浙江邦盛科技有限公司等一批产学研平台都在致力于实时智能技术的研究，自主研发的大数据实时智能处理平台"流立方"，已经投入多家金融机构及政府公共服务部门等的实际应用中。目前基于"流立方"的时序大数据实时智能处理平台已经在近 400 家大中型单位成功应用，行业涵盖金融、交通、政务、电信、公安等领域③。

（2）数据筛选标准和实时决策类型指标。

实时数据主要有三种来源：事件数据，指呈现事件全景要素的相关数据；空间数据，指来自 GPS 的输出数据；机器产生的数据，指来自感应器、RFID 芯片、机器人和各种设备收集和产生的数据④。对实时数据进行分析的前提是要建立数据筛选机制，主要是由技术工具过滤掉大量无用数据，完成有效数据的筛选，旨在避免无用数据过多，噪声过大而影响对真正目标的发现。Mike Barlow 在其编写的《实时大数据分析：新兴架构》（*Real-Time Big Data Analytics*：*Emerging Architecture*）白皮书中指出，数据科学向下一个逻辑前沿——决策科学的转移，是大数据领域的新兴趋势。数据的收集最终还是要指向决策功能的实现。实时决策类型指标体系应至少包括实时数据监测指标、决策类型指标以及两类指标间的映射关系。指标体系用于指导当监测到的实时数据达到某一种指标的范围时，需要相应作出相应类型的实时预警或决策。

（3）根据情报问题的特性，选择适合的大数据实时分析处理模式。

---

① 刘军. Hadoop 大数据处理［M］. 北京：人民邮电出版社，2013：48-51.

② 王翠波，吴金红. 大数据环境下技术竞争情报分析的挑战及其应对策略［J］. 情报杂志，2014，33（3）：6-10.

③ 陈纯院士：大数据将进入实时智能分析处理时代［EB/OL］，［2019-10-24］. https://news. hd. weibo. com/2019-10-24/doc-iicezzrr4559688. shtml.

④ Philip Russom. Big Data Analytics［EB/OL］. https://origin- tableau- www. tableau. com/sites/default/files/whitepapers/tdwi_bpreport_q411_big_data_analytics_tableau. pdf/，2011.

大数据处理模式主要可分为流处理模式和批处理模式。两类处理模式均可用于对实时数据的处理，区别在于对数据时效性的界定存在差异：流处理模式以秒为单位度量数据时效性，实时性是这一类处理模式最重要的衡量标准，致力于对最新数据进行直接处理；而批处理模式的实时性不及流处理模式，是以小时甚至天为单位度量数据时效性，对最新数据采集后先行存储再行分析。不同处理模式需要采用不同的大数据处理方法和平台作为支持，需要根据情报问题对实时性的具体要求来合理选择对应的大数据处理模式①。

（二）智库大数据库情报分析案例

随着大数据时代的来临，面向海量数据的挖掘、计算、分析和整合来为智库分析提供决策支持逐渐成为一种趋势。麦肯锡研究报告指出，如今数据已经渗透到每个行业及职能领域，成为智库重要的生产要素②。与传统的基于经验所作出的"拍脑袋式"的决策相比，智库情报服务改变了传统的智库与情报服务的内容与形式，是以大数据为驱动的智库决策支持系统。智库工作人员根据某个议题，有针对性地选择从海量数据和信息中挖掘出有价值、符合议题的情报资源，从而增强了智库研究成果的可信度和科学性。从现实来看，由于传统智库情报获取能力并不强，往往没有相对固定的情报来源，也缺乏对多源异构数据资源的管理，而情报机能正好弥补了这一缺陷，在大数据资源的利用上做到了互惠互利。所以，大数据正在挖掘、放大智库的创新思想和创造能力，充分利用各个领域产生的海量数据，有助于智库研究进行知识发现与创新应用。在大数据背景下，新技术能够帮助智库收集人们生活中产生的各类数据，存储技术的发展和存储设备成本的降低使得对大规模数据的保存更易于实现。但随着数据的不断积累、数据规模的几何级增长，人们越来越意识到组织中的数据已多到无法有效利用，如果不能从这些海量数据中获益，数据的存储也将变得没有任何意义③。MIT 和 IBM 曾联合对全球 100 多个国家的 30 多个行业近 3000 位主管、经理和分析师展开调查，结果显示：表现好的机构比表现差的机构要多出 5 倍的数据分析工作，"分析产生价值"成为普遍共识，一半的受访者表示优化数据分析工作是其组织的首要任务④。由此可见，在大数据时代，数据和信息的分析被提升到前所未有的高度，智库情报研究和情报分析工作迎来了重要的发展契机。

本研究以商业情报系统为例，就智库大数据库情报分析予以说明。从需求来讲，通过竞争情报分析，可以获知所在行业发展趋势，提高市场认知能力；获知竞争对手业务动向，提高竞争掌控能力；获知重要客户关键信息，提高客户拓展能力；获知产品品类市场评价，提高产品营销能力；获知企业品牌综合影响，提高品牌经营能力。利用情报系统平台，通过大数据挖掘，可以在海量互联网数据中获取有价值信息，在信息时代时刻保持主

① 王翠波，吴金红. 大数据环境下技术竞争情报分析的挑战及其应对策略 [J]. 情报杂志，2014，33（3）：6-10.

② Manyika J，Chui M，Brown B，et al. The Big Data：the Next Frontier for Innovation，Competition，and the Productivity [EB/OL]. [2023-07-31]. https://www.mckinsey.com/capabilities/mckinsey-digital/our-insights/big-data-the-next-frontier-for-innovation.

③ 迟玉琢. 大数据背景下的情报分析 [J]. 情报杂志，2015，34（1）：18-22.

④ Steve L，Eric L，Rebecca S Y，et al. Big data，analytics and the path from insights to value [J]. MIT Sloan Management Review，2011，52（2）：21-31.

动。对网络上出现的有效信息或企业相关信息及时察觉并快速反应。对客户需求、客户的诉求及时响应。对产品动态、产品口碑、实时把握。实时监测企业品牌口碑，提升企业品牌形象。其解决方案和应用模式如图 6-2 所示。

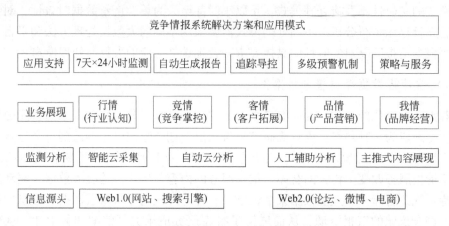

图 6-2　竞争情报解决方案与服务模式

第二节　智库决策支持信息保障协同创新情报服务体系

在大数据时代，情报来源渠道、情报分析能力、情报用户需求均瞬息万变，智库机构必须建立以情报为核心资源的协同创新运行机制，提升智库的情报服务机能。加强智库的情报服务功能，构建智库情报服务平台，不仅可以弥补智库的结构缺陷，有效整合智库和情报服务两者的功能，实现用户需求与决策服务之间的有机联系，还可以使智库决策支持服务的内容、形式、空间得到较大的拓展。智库决策支持信息保障协同创新情报服务体系可以发挥非常重要的作用。

一、情报服务理论

（一）智库协同创新情报服务理论基础

大数据时代，数据即服务，数据即情报。数据的量大（Volume）、多样（Variety）、高速（Velocity）、价值密度低（Value）的"4V"特点既给情报服务带来了机遇，又对情报服务产生了新的影响。因此，在大数据环境中，智库情报分析人员做好情报服务工作尤为重要。情报服务工作既可以帮助智库提高自身价值或竞争能力，从而适应复杂多变的社会环境，又可以增加智库的情报收集、处理、分析和挖掘的能力，从而生产出更多高质量的智慧产品，以促进国家经济繁荣、社会进步、人民安居乐业。

智库作为咨询研究服务机构，其主要任务是提供咨询，为决策者提出各种设计设想、献计献策、服务政府决策；反馈信息，对实施方案实施追踪调查研究，把运行结果及时反馈到决策者那里，便于政策纠偏和改进；进行诊断，根据现状研究产生问题的原因，寻找解决问题的症结；预测未来，从不同的角度运用各种方法，提出各种预测建议方案供决策者选用。智库作为重要的智慧生产机构，是一个国家思想创新的泉源，也是一个国家软实力和国际话语权的重要标志。我国的智库发展起步较晚，与国外权威智库相比，在建设经验、研究效率和创新能力上还有待提高，而随着大数据时代的到来和科技的不断发展，现代智库的发展也面临着新的机遇和挑战。我国必须发挥好体制优势，不断整合智库及相关机构的情报服务资源和能力，构建智库情报服务体系，服务国家治理体系和治理能力现代化建设。

2016 年 5 月，中共中央总书记、国家主席习近平在全国科技创新大会上提出："要加快建立科技咨询支撑行政决策的科技决策机制，注重发挥智库和专业研究机构作用，完善科技决策机制，提高科学决策能力①。而从现实来看，我国智库建设存在服务主体与客体信息封闭和沟通不畅、数据分析挖掘不够深入、服务方式单一、研究力量分散、服务人员专业素养和创新能力不足等问题，因此要整合各方智库机构的资源优势和服务能力，形成"集群效应"，实现跨学科、跨领域、跨机构的协同创新研究，以更好地服务于决策。换句话说，就是要在协同创新视野下进行更加有效的智库情报服务。

协同理论从 20 世纪 60 年代由德国 Hermann Haken 教授提出以来，着重研究系统与系统之间的相互作用的变化规律。协同理论认为，通过协同作用，组织集成并不是组织要素的简单数量相加，而是通过人的主动集成行为，使组织系统的各要素之间以及各子系统之间能够协同地工作，从而使组织要素彼此耦合，赢得全新的整体放大效应。因此，协同理论倡导主体多元化、合作方式协同化等理念，强调多种资源的协同整合，追求资源利用价值和服务质量的最大化，最终达到"1+1>2"的效果，这为智库情报服务模式上提供了理论依据。当前智库的信息化建设日益推进，智库决策已经从传统"拍脑袋"式的经验决策逐步向以数据资源为驱动的更加准确、科学的决策方式转变。大数据的出现和科学技术的快速发展给现代智库发展带来了一定的冲击和挑战，但同时也带来了新的发展机遇，现代智库在信息收集和用户需求的分析上需要协同自身和外部环境作出与用户战略目标相融合的决策支持情报；在信息处理上能够协同数据挖掘技术等发现数据潜在价值，让"数据说话"；在服务方式上协同现代科学技术和互联网实现远程服务等多样的服务方式。在大数据环境下，协同理论是实现从用户发展战略的需求分析、数据信息挖掘、服务方式以及各服务主体协作等方面智库情报服务模式创新的重要理论基础，也是实现智库信息资源共建共享，提高我国智库整体服务质量的重要保障②。

（二）智库协同创新情报服务发展要求

大数据是以互联网为代表的第四次工业革命的重要产物，影响着人们生活的方方面

---

① 习近平：在中国科学院第十九次院士大会、中国工程院第十四次院士大会上的讲话［EB/OL］.［2018-05-28］. https://www.gov.cn/xinwen/2018-05/28/content_5294322.htm.

② 张海涛，张念祥，王丹，等.大数据背景下智库情报的服务创新——基于协同理论视角［J］.现代情报，2018，38（9）：57-63.

面。在大数据时代，现代智库所面临的信息环境也更加复杂，高新技术的不断涌现也要求智库的发展要与时俱进、不断创新。所以，大数据的出现对智库情报服务在用户需求分析、数据处理方法、服务模式和服务主体上都产生了重大影响，同时也对其发展提出了协同创新的新要求①。

1. 对智库在用户需求分析上的影响和要求

随着经济的快速发展和企业信息化建设的不断推进，网络大数据已经成为现代企业不可或缺的资源，相比传统的纸质文档，大数据大量、多样和虚拟的特性使智库在用户信息获取上难度增加。同时，传统智库的服务内容已经不能满足现代国家和社会的发展需求，现代社会更需要的是结合自身发展现状、既能解决眼前问题又能融合国家和社会远期发展战略目标的决策支持情报服务信息。因此，智库在分析用户需求时应协同分析用户具体问题和用户战略目标，这就对智库决策支持信息保障情报服务产品提出了新要求，建立协同情报服务模式，以使智库决策支持能够具有针对性和长期有效性。

2. 对智库数据处理方法上的影响和要求

在大数据时代，信息资源已经不仅仅局限于文本文献，以互联网为载体的网络信息资源呈现形式更加的多样化，既有图片和文字，又有音频和视频，还有键值数据以及物联网数据等各种类型数据。因此，现代智库在数据处理方式上就要有所改变，尤其在信息的收集、分析、挖掘和服务等方面更要提高处理效率和准确率，单独依靠智库自身的技术设施和技术力量，已难以满足现代智库的需要，利用互联网、云计算、人工智能等大数据处理技术手段，协同技术服务力量，来提高智库决策支持服务效率和服务质量成为必要。与此同时，现代智库也可以建立自己的专业数据库以及共享数据库，以更好地开展专业化情报服务研究和决策支持服务，让决策成为以大数据协同创新为支撑的科学决策。

3. 对智库信息服务模式上的影响和要求

在互联网大数据时代，智库等服务主体可以充分利用网络和大数据的优势来消除地域、时间等障碍，根据协同创新的目的和要求，组建不同类型的智库决策支持信息保障协同创新情报服务模式，为更多的用户提供更加专业化的情报服务。同时，也可以利用全球协同服务模式针对不同类型的智库用户提供个性化的在线服务，以减少人员交通等成本。网络也是一种宣传手段，与各种平台、媒体开展协同传播，分享信息，能让更多的用户知晓智库的业务和产品。另外，基于协同创新理论，各智库服务主体可以联合设立网络信息服务平台，甚至云服务模式，实现情报信息的共享，数据的协同，保证智库得到最准确、最全面、最有价值的情报资源，同时这也有利于智库之间相互交流、互相学习、相互提升，促进我国智库的整体发展。

4. 对智库服务主体的影响和要求

大数据的首要特征之一就是"大"，这也就意味着服务主体要对大量的信息进行收集、分析和处理。因此，服务主体首先要掌握大量、多范围、广渠道的可靠信息数据资源，并拥有相应的设备、技术方法和情报信息处理人员来从大量的低价值密度的数据中挖掘出有

① 张海涛，张念祥，王丹，等．大数据背景下智库情报的服务创新——基于协同理论视角［J］．现代情报，2018，38（9）：57-63.

价值的情报信息，采用云计算，共享技术、人员、信息等资源，有利于减轻智库等服务主体的负担和压力。其次，服务主体的研究人员要从过去"拍脑袋"的经验判断转为以大量数据分析和计算为主的科学决策，这就对研究人员的专业素养提出了更高的要求，要求智库专家和情报信息技术专业人员共同合作，整合知识和能力，开展联合创新，形成"知识共同体"，共同面向智库用户提供知识服务。最后，各智库服务主体要在竞争中重视信息的共享，发挥各自的优势，取长补短，使各机构能够形成自身优势的同时，协同合作形成情报服务体系来应对大数据带来的各种挑战。

（三）智库协同创新情报服务体系构建原则

大数据环境下智库情报服务体系的构建需遵循一定的原则。根据大数据的 4V 特征以及智库决策支持信息保障协同创新的情报服务要求，大数据环境下的智库情报服务模型的构建应遵循以下几个原则[①]。

1. 系统性原则

大数据时代，智库从最基础的数据采集到最终的情报服务这一过程中的各个阶段并不是孤立存在的，情报服务机构在大数据采集过程中，既包括智库内部的情报协同，也包括智库外部的情报协同，并且智库内部和外部的情报协同要形成一个有机的整体和系统，并且从数据来源到情报服务是有顺序性和层次性的。

2. 适用性原则

智库研究目的会有不同，而数据无处不在，数据处理工作量巨大，必须考虑智库情报服务模式的适用性。一方面，大数据批处理模式需要大量的数据积累，可以提供稳定的智库情报数据来源。而流处理模式适合处理实时动态数据，数据实时产生决定了智库情报服务的原始数据为实时动态数据。因此，在构建大数据环境下的情报服务模型时，既要考虑智库情报服务的稳定可靠性，又要考虑模型的实时动态性，这样才能保证情报服务的可靠、准确、及时。适用性是大数据环境下智库情报服务模型存在的前提。

3. 用户参与原则

除了外部协同，大数据环境下的智库情报服务尤其需要智库研究人员和智库情报分析人员的深度参与。智库情报分析人员在开展情报服务时要充分了解智库研究人员所需的要求，才能准确、及时地为智库决策支持开展情报服务。此外，智库研究人员对所开展的情报服务质量进行反馈，从而有助于情报分析人员借助协同创新开展高质量的情报服务。

4. 经济性原则

由于资源和资金的约束，智库必须考虑决策支持信息保障协同创新的经济性问题。协同创新情报服务的范围、质量、深度、广度等因素直接决定开展智库协同创新的成本和投入，并对智库运营能力提出挑战。尽管运行质量好、运营成本低是智库协同创新情报服务系统模型构建的要求之一，但取舍之间，会考验智库的管理能力和价值观。因此，经济性原则也是大数据环境下智库协同创新情报服务模型的构建原则之一。

---

① 赵蓉英，魏绪秋. 大数据时代情报服务模型探索研究［J］. 现代情报，2017，37（8）：12-16，25.

(四) 智库协同创新情报服务体系

现阶段，我国的智库类型主要是党政军智库、社科院智库、高校智库、社会智库、企业情报部门和专业的情报商业服务机构。但是，从实践来看却存在以下几个方面的问题：首先，当前我国的智库发展水平不一、情报与需求脱节。党政军智库、社科院智库和高校智库虽然获得国家支持力度大，研究人员也相对较多，但其情报决策过于宏观或者难以贴近现实解决用户面临的实际问题，而社会智库、企业情报部门和专门的情报机构虽然能够面向用户或决策管理层解决当前遇到的问题，但是其生存竞争压力大和专业人员短缺的问题日益突出，因而难以快速发展。其次，在大数据信息时代，许多决策性问题需要进行跨学科、跨领域、跨部门的合作研究，单一的智库难以拥有全面、准确的情报信息，同时随着用户需求的不断提升，各智库之间缺乏必要的联系、合作和对接，无法实现各智库之间的协同创新，以更好地满足用户的需求。最后，在大数据低价值密度的特性下想获得大量有效的信息资源并不是很容易，但在互联网的飞速发展之下，某些大型互联网商业企业（比如阿里巴巴、京东等）、搜索引擎公司（比如百度、搜狐等）等企业往往掌握着很多专业领域的大数据资源，他们有自己的数据库和服务器，有一套完备的大数据处理系统。所以在智库与智库之间协同的基础之上，必须加强智库与其他情报服务机构的合作，尤其是能够把这些大型互联网企业纳入到智库信息保障协同创新服务体系当中，就能使智库情报服务更加高效便捷。这样不仅使智库能够获得共享及时、有价值的大数据资源，而且能够加强协同体之间的优势互补，形成更加全面的智库协同创新服务体系。

因此，有必要在协同创新视野下构建新型智库信息保障协同创新情报服务体系。构建面向决策的基于协同创新理论的智库情报服务体系可以促使智库知识生产创新与集成更加专业化和规范化，对于提升智库情报资源利用的效率（信息流通内容、信息传递渠道、信息传播质量等）、满足政府日益增加的智库支持决策需求起着非常关键的作用。

新型智库决策支持信息保障协同创新情报服务体系基本框架如图 6-3 所示[①]。

智库协同创新情报服务体系主要包含三大主体，第一部分主体是以党政军智库、社科院智库为代表的官方智库和高校智库、研究机构、社会智库、企业情报部门、专门的情报服务机构为代表的民间智库，这一主体是整个智库创新服务体系的核心，是面向用户创新平台的根本组成部分；第二部分主体是上文提到的拥有大量大数据资源的互联网企业，它们掌握的数据资源能够为智库情报服务体系提供数据基础，进而能够提升智库的服务质量和效率；最后一部分主体是用户主体，包括企业、社会和政府等，这部分用户主体不仅仅是情报的需求主体，他们还是情报信息的主要提供者。另外，他们作为情报的消费者，对情报产品的使用意见和反馈在一定程度上促进着智库的创新和发展，起到一定的指向作用。以上的三部分主体单独存在都无法发挥自己潜在的价值，因而将这几部分主体联系起来，彼此相互依赖、相互渗透形成体系就能够达到"1+1+1>3"的效果。

智库协同创新情报服务体系具体可包含智库内部协同和外部协同，内部协同包括智库

---

① 张海涛，张念祥，王丹，等．大数据背景下智库情报的服务创新——基于协同理论视角 [J]．现代情报，2018，38（9）：57-63．

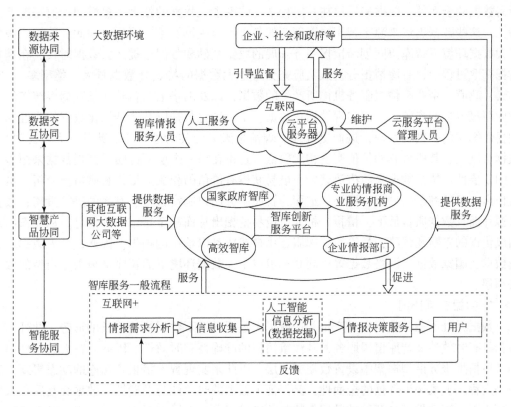

图 6-3 智库决策支持信息保障协同创新情报服务体系基本框架

情报信息人员和智库研究人员之间的协同，外部协同包括智库与其他情报信息服务机构之间的协同。但不管是内部协同体系和外部协同体系，均以数据、信息、情报作为智库情报服务的主要内容。因此，数据、信息、知识和智慧成为智库情报学研究的主要对象，智库情报（智慧）是由"数据–信息–知识–智慧"链而来。由此可见，数据是智库协同创新情报服务的起点，也是智库协同创新情报服务体系的主要内容。大数据时代，数据并不在于数据量大、复杂性高，而在于有价值数据的实际应用。大数据背景下，智库协同创新情报服务工作由数据服务转变为智能服务。在此过程中，智库情报分析人员从众多协同创新各参与主体数据源中提取出有价值的数据，并把这些数据转化为可以有效利用的知识，再把这些知识结合专家认知凝练升华为国家治理智慧，最终为智库用户提供决策支持智慧服务产品。这个从原始数据到智库智慧服务产品的产出与应用的协同创新过程，也构成了大数据环境下智库决策支持信息保障情报服务协同创新的全过程。

根据智库决策支持信息保障协同创新情报服务体系的主要构成要素——"数据–信息–知识–智慧"链，大数据环境下的智库决策支持协同创新情报服务体系主要包含以下4个组成部分：一是数据来源协同；二是数据交互协同；三是智慧产品协同；四是智能服务协同。

1. 数据来源协同

智库决策支持协同创新情报服务体系数据来源层重在强调大数据环境下开展情报服务

所需数据的全面性。数据来源层在一定程度上体现了大数据的量大、多样和价值密度低的特性，这些数据当然来源于智库协同创新的各个参与主体及不同渠道。因此，数据来源层是大数据环境下智库协同创新情报服务开展的数据基础和数据前提。大数据时代，在情报数据获取过程中，智库情报分析人员应充分考虑大数据的特点（数据量大、类型多），将个人、政府、企业、情报服务机构所产生的数据，以及网络上的各种信息数据等统统纳入智库情报数据的来源，从而实现结构化数据、半结构化数据以及非结构化数据的隐性知识和显性知识的识别与发现，进而更好地实现情报服务分类管理利用。此外，大数据时代，数据量巨大，其所含有的价值密度相对较低，这也在另一个层面说明了情报数据来源多样性的重要性：情报数据来源广泛繁杂，极易获得有价值的相关数据，智库情报分析人员才会作出正确的判断、分析、预测，进而为智库服务用户制定合理、有效的决策策略；数据来源片面且数据质量低下，情报分析人员极易挖掘出片面甚至是错误的信息，从而作出片面或错误的判断及预测，最终给智库服务用户造成难以估量的损失。因此，个人数据、企业数据、国家数据、网络数据等协同状态组成了大数据环境下的智库情报服务模型的数据来源层。

2. 数据交互协同

数据无处不在，数据实时产生，造就了大数据环境下数据快速增长的形势。此外，大数据具有时效性。智库情报服务尤其注重情报的准确性和时效性。因此，在大数据环境下的智库情报服务模型框架中设置数据交互层，以此来实现智库情报资源库的动态更新。这在一定程度上既保证数据的全面性，又保证了数据的时效性与准确性。数据交互层是大数据环境下智库情报服务开展的数据保障和关键过程。这个层次要求智库情报分析人员在数据收集、存储、分析的过程中要充分考虑大数据快速增长、实时变化的特点，将实时数据、动态数据纳入到情报数据分析中，既保证数据的来源，又凸显了情报分析工作的动态性，从而更好地处理、挖掘和分析所收集的数据，获得有用数据来预测并指导社会生产生活、国家政府治理、企业组织良好运行或经营等智库决策支持活动。但是，这种快速增长、动态实时的特点，对智库决策支持分析水平和能力就提出了很高的要求，一般智库很难储备到这样的专业人员和技术设施，只有与相关技术服务机构开展协同创新，进行技术服务合作，采用云计算和多样化技术服务模式，才能满足智库决策支持需求。在构建大数据环境下的智库情报服务流程框架时，必须充分考虑数据的上述特点，设计数据交互层，从而实现智库数据与情报资源库的实时、动态交互，使数据源库中的数据及时获得补充，加强智库的技术分析能力，保证智库情报分析的质量，达到智库情报服务的目的。

3. 智慧产品协同

智慧产品产出层是大数据环境下智库情报服务开展的智慧产品加工过程。在该过程中，智慧产品由数据-信息-知识-智慧链而来。知识时代，知识就是资本，知识就是力量；大数据时代，数据即服务，数据即情报，大数据环境下的智库情报服务流程需要将智库情报用户的情报需求纳入到智慧产品产出的过程。情报分析的最终目的是为智库用户提供情报服务产品，即智慧产品。由于智库情报用户对情报需求及目的性等的不同，智库情报分析人员需依据情报用户的需求及目的，从情报资源库中获取相关数据信息，对其进行处理、分析，挖掘出有价值的数据，接着对这些数据进行分类汇总或聚类后，依据数据信息的种类、特点及规律等，发现并揭示数据背后所蕴含的相关性信息。随后，智库情报分析人员对获取的信息进一步地抽象、升华和凝练，从而形成知识（或知识产品），从而为该情报用户提供其所需的情报产品，做到定制化服务、个性化服务。最后，智库研究人员继续对情报分析人员所形成的知识（或获取的知识产品）进行深度升华，并转知识为智慧，最终形成智库智慧产品。因此，智库内部项目团队合作是必要的。总之，智库决策支持协同创新情报服务体系智慧产品产出层存在数据–信息–知识–智慧的转化。

4. 智能服务协同

智慧产品是智库情报分析人员和智库研究人员共同劳动与智慧的结晶。仅仅实现智慧产品的产出不是情报服务的最终目的，而智慧产品服务于智库用户，被智库用户最终得以有效应用是大数据环境下情报服务开展的最终目的之所在。因此，在大数据环境下的情报服务模型框架中设置智能服务层是十分有必要的。智库情报分析人员通过对情报资源库中的数据进行分析获取有价值数据，转化为信息，并抽象、凝练为知识，深度升华为智慧，最终形成智慧产品，并将智慧产品及时推送给智库用户。智库用户依据智库所提供的智慧产品，进行相应的管理、经营与决策，发挥出智慧产品所应有的价值，提升智库用户的竞争能力与创新力。在这个过程中，智库和智库用户之间的衔接和协同非常重要，智库智慧产品的最终目的是提升智库用户的竞争能力与创新力，在用户采用实施该智慧方案的过程中，智库要深度参与、全程参与，通过各种可取方式增强用户对智库智慧方案的理解，指导方案的实施，防止方案执行走样，在这个过程中，存在智库和智库用户之间关于智库智能服务的深度协同。

此外，在智库情报服务过程中，无论是智库情报分析人员还是智库研究人员，智库和智库用户，都应及时交流沟通，共享信息和能力，进行决策支持信息保障协同创新。将智库用户对智库的需求、情报用户对情报的需求、希望达到的目的清晰地表达给智库情报分析人员，并将情报分析人员所形成的智慧产品的实际效果或应用价值及时地反馈给智库研究人员和智库用户，及时让智库研究人员和用户了解其情报产品的价值或质量，从而更好地改进智库情报服务工作；智库情报分析人员应将自己情报分析的进度及时反馈给智库研究人员和智库用户，让研究人员和用户及时了解情报分析的进度，并将情报分析所产生的智慧产品及时推送给研究人员和用户，及时跟踪智库智慧产品的实际实践和应用过程，通过上述所有环节的协同创新提高智库情报服务的质量。

二、情报服务模式

要加强智库与其他智库、情报服务机构、政府、企业等社会机构之间的情报开放合作交流，防止智库情报建设成为"孤岛"。通过建设不同范围的"智库信息联盟"，开展优势互补、深度融合、多学科交叉的智库协同创新情报服务，有利于克服这种"孤岛"效应。智库通过加强与政府决策部门的合作交流，掌握政府情报信息，可以推动智库研究更加符合现实需求。智库信息保障协同创新情报服务是信息主体间在情报信息资源、人才、技术等要素的深度合作和创新发展。按实现途径不同，可分为智库协同创新情报服务内部协同和智库协同创新情报服务外部协同。智库信息保障协同创新的根本目的在于突破不同主体间存在的有形和无形情报信息壁垒，实现情报信息不同主体间有效协作以及各协同情报信息要素的价值最大化。

（一）智库协同创新情报服务内部协同

智库协同创新情报服务内部协同是指智库内部针对特定的主题打破各学科以及各研究部门之间的壁垒，通过现代信息技术构建资源平台，实现智库决策支持信息资源的无障碍流动。张旭和张向先认为根据高校图书馆智库信息服务的需求及目标用户情况，按照高校图书馆在智库服务中的职能及各个服务主体参与信息服务的形式，高校图书馆智库信息服务模式主要包括主导模式、协同模式和辅助模式①，这 3 种模式在智库团队小组的组织结构、服务流程、适宜的智库信息服务类型等方面存在差异。智库机构协同创新情报服务模式与此有相似之处，每一个智库机构本身的情况及各研究团队的情况各不相同，面对智库客户的需求，智库机构必须提供高质量的研究成果，结合自己的实际情况开展情报服务协同创新，补齐短板，形成整体优势。基于上述分析，可以按照智库情报信息分析人员的信息处理能力以及智库研究人员的专业能力的强弱，把智库机构协同创新情报服务模式分为如图 6-4 所示的委托协同模式、信息协同模式、专业协同模式和主导协同模式四种模式。在这四种模式当中，由于智库协同创新专业研究人员和情报信息分析人员共同构成的智库团队小组成员组成和结构各不相同，智库协同创新情报服务内部协同团队小组的组织结构、服务流程、信息服务类型就不相同。通过智库协同创新情报服务过程，有助于实现智库内部研究内容与方法的互融互通，研究人员与情报分析人员的价值共创，促进智库决策支持协同创新。

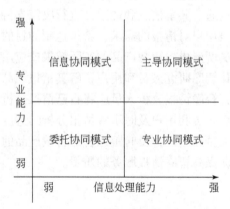

图 6-4　智库协同创新情报服务内部协同模式

1. 委托协同模式

委托协同模式是智库机构在研究专业技术人员和信息情报人员缺乏，专业能力和信息情报处理能力都比较弱的情况下，智库机构应该采取的协同创新情报服务模式。在这种模式下，智库一般将项目委托给专业能力和信息处理能力较强的外部智库机构或者情报服务

---

① 张旭，张向先. 高校图书馆智库信息服务模式研究［J］. 图书馆学研究，2017（14）：59-65.

机构，智库机构内部发挥信息处理和专业技术服务的配合作用，实现智库信息资源保障功能。一般模式如下：

（1）组织结构。智库团队小组核心成员由外部智库团队和智库内部团队构成，对智库内部信息资源的储备及专家的信息管理能力要求较低，主要起配合外部智库团队的作用，外部智库团队和智库内部团队起主导作用。

（2）信息服务类型。适合智库机构的研究专业技术人员和信息情报人员缺乏，导致智库处于专业能力和信息情报处理能力都比较弱的情境，智库主要为外部智库机构提供信息资源保障服务，主要依靠外部智库提供信息资源保障的形式提供智库情报服务。

（3）服务流程。在智库确定情报服务立项后，委托外部智库提供信息保障等服务。智库内部根据外部信息服务需求采集整合数据库资源，并对智库项目课题研究的整个过程进行跟踪，提供数据监护服务，形成专题数据库，配合外部智库在对各类数据库进行挖掘分析的基础上形成决策支持专题数据库，并将决策支持专题库信息传递给委托智库，收集意见建议进行反馈调节，最终实现对外部智库机构的信息保障服务，辅助外部智库机构开发智库产品，提供给目标用户，同时将智库产品存档积累形成决策支持解决方案库。具体服务流程如图 6-5 所示。

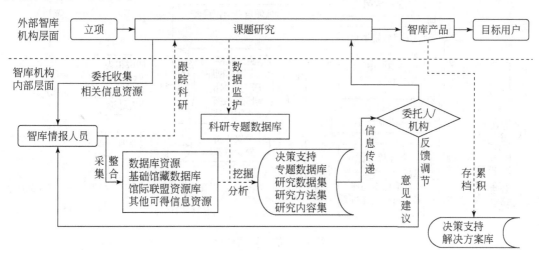

图 6-5　委托协同模式

2. 信息协同模式

信息协同模式是在信息情报人员缺乏，信息情报处理能力比较弱的情况下，智库机构应该采取的协同创新情报服务模式。在这种模式下，智库一般将信息服务业务委托给信息处理能力较强的外部智库机构或者情报服务机构，智库机构内部发挥信息处理的配合作用，智库研究专家协同外部信息情报人员构成智库团队小组核心成员，利用外部情报信息处理能力以及核心团队成员学科专家人才的自身经验和学识，实现智库信息资源保障功能。一般模式如下：

（1）组织结构。智库团队小组核心成员由外部智库情报团队和智库内部研究团队构成，对智库内部信息资源的储备及专家的信息管理能力要求较低，主要起配合外部智库团队的作用，智库内部研究团队和外部智库情报团队起主导作用。

（2）信息服务类型。适合智库机构在信息情报人员缺乏，情报处理能力较弱的情境，主要依靠外部智库提供信息资源保障开展协同创新的形式提供智库服务。

（3）智库产品。智库情报人员的参与度较高，信息协同模式有助于智库内外部之间的相互借鉴，促进理论和方法的创新，能够提供智库情报服务领域的深度研究及创新服务。

（4）服务流程。智库把情报服务委托给外部智库机构，外部情报服务团队与内部研究团队协同创新。在确立智库信息需求后，外部智库机构对项目进行目标分解，确定情报服务核心团队学科专家人才结构及数量，协同核心团队研究专家开展项目背景的调研采集活动，配合智库研究专家对采集整合的数据库资源进行挖掘分析，整理分析形成决策支持专题数据库，在此基础上，智库内部研究专家结合自身的学识经验和外部情报人员的信息处理能力进行挖掘分析工作，形成研究报告提供给目标用户，根据反馈的意见建议进行调节完善，最终满足用户需求，形成智库产品传递给委托人/机构或目标用户群体，并对智库产品进行存档积累，形成决策支持解决方案库。具体服务流程如图6-6所示。

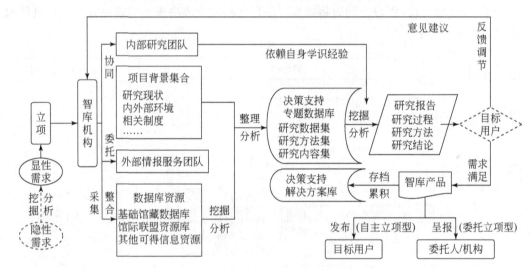

图6-6　信息协同模式

3. 专业协同模式

专业协同模式是智库机构在专业研究人员缺乏，专业研究分析处理能力比较弱的情况下，智库机构应该采取的协同创新情报服务模式。在这种模式下，智库一般将专业研究业务委托给分析能力较强的外部智库机构或者研究机构，智库机构内部发挥分析处理的配合作用，智库情报信息专家协同外部智库机构专业研究人员构成智库团队小组核心成员，利用外部智库机构专业研究能力以及核心团队成员学科专家人才的自身经验和学识，实现智库信息资源保障功能。一般模式如下。

（1）组织结构。智库团队小组核心成员由外部智库研究分析团队和智库内部情报信息团队构成，对智库内部研究专家的专业研究分析能力要求较低，其主要起配合外部智库团队的作用，智库内部情报团队和外部智库专业研究团队起主导作用。

（2）适宜的智库信息服务类型。适宜智库机构在专业人员缺乏，专业研究分析处理能力比较弱的情境，主要依靠外部智库提供专业研究信息资源分析保障的形式实现提供智库服务。

（3）智库产品。智库专业人员的参与度较高，信息协同模式有助于智库内外部之间的相互借鉴，促进理论和方法的创新，能够提供智库情报服务领域的深度研究及创新服务。

（4）服务流程。智库把情报专业研究分析服务委托给外部智库机构，外部专业服务团队与内部情报服务团队协同创新。在确立智库信息需求后，外部智库机构对项目进行目标分解，确定情报服务核心团队学科专家人才结构及数量，协同核心团队研究专家开展项目背景的调研采集活动，配合智库研究专家对采集整合的数据库资源进行挖掘分析，整理分析形成决策支持专题数据库，在此基础上，智库内部情报专家结合自身的学识经验和外部专业人员的信息处理分析能力进行挖掘分析工作，形成研究报告提供给目标用户，根据反馈的意见建议进行调节完善，最终满足用户需求，形成智库产品传递给委托人/机构或目标用户群体，并对智库产品进行存档积累，形成决策支持解决方案库。其服务流程如图6-7所示。

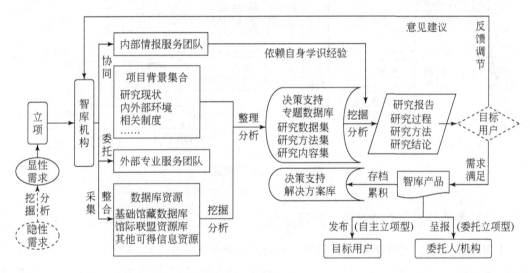

图 6-7   专业协同模式

4. 主导协同模式

主导协同模式是指以智库机构自身专业研究人员和情报人员为智库团队小组核心团队成员，充分发挥自身研究和情报群体的信息处理和学科研究知识能力，发挥情报服务主导作用，适当咨询外部情报和专业研究专家提供服务，开展情报服务协同创新。

（1）组织结构。以智库机构专业研究人员和情报人员为核心，并适当咨询外部专家人才的形式提供智库服务，对智库外部的协同能力要求较低。

（2）信息服务类型。适合智库机构在专业能力和信息情报处理能力都比较强的情境，主要依靠智库机构内部提供信息资源保障服务，对外部智库提供信息资源保障服务依赖较低。

（3）智库产品。智库内部情报服务的主导性较强，外部专家学者的参与度较弱，但这类智库开展协同模式有助于各智库之间的相互借鉴和提升，促进理论和方法的创新，开展协同创新能力输出，能够提供智库机构整体的深度研究及创新服务。

（4）服务流程。在确立智库信息需求后，智库对项目进行目标分解，确定内部核心团队学科专家人才结构及数量，协同核心团队学科专家人才开展项目背景的调研采集活动，对采集整合的数据库资源进行挖掘分析，适当吸纳提供外部咨询服务的学科专家人才的意见和建议，整理分析形成决策支持专题数据库，在此基础上，依托内部核心学科专家人才自身的学识经验和信息处理能力进行挖掘分析工作，形成研究报告提供给目标用户，根据反馈的意见建议进行调节完善，最终满足用户需求，形成智库产品传递给委托人/机构或目标用户群体，并对智库产品进行存档积累，形成决策支持解决方案库。具体服务流程如图 6-8 所示。

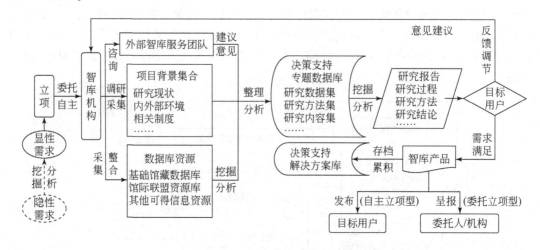

图 6-8　主导协同模式

（二）智库协同创新情报服务外部协同

协同理论强调，智库决策支持信息保障协同创新作为一个系统性整体，在运行机制的设计方面必须要考虑内部各"子机制"与外部系统间的资源交换与协调，保障运行机制对外部资源的需求。根据智库机构与外部协同创新各参与主体的环境和条件，以及不同的协同创新阶段与不同的合作环境会选择不同的协同创新模式。由于智库决策支持信息保障协同创新目标不同，协同创新情报服务的深度与广度自然也有所区别，因此与参与方的合作会有不同的方式与路径，从而形成多种协同创新情报服务模式。本研究从智库决策支持信息保障协同创新情报服务的深度与广度出发，按照协同创新情报服务内容从微观到宏观、合作程度从具体到全面、合作范围从小到大的、合作形式从项目合作到价值协同的分析思路，提出项目实施协同创新模式、合作联盟协同创新模式、知识整合协同创新模式以及价值创造协同创新模式四种协同创新模式[①]，如图 6-9 所示。

---

① 王洁，郑荣，鞠昕蓉，等. 图情机构与智库协同创新模式及其对比分析［J］. 情报科学，2019，37（4）：103-108，115.

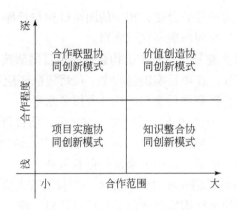

图 6-9　智库协同创新情报服务外部协同模式

1. 项目实施协同创新模式

在项目实施协同创新模式中，智库机构基于情报服务人才、资源或技术需求，以科研或服务项目为中心，以高质量、高效率完成项目为目的，由项目负责人牵头选择一个或多个相关机构建立协同合作关系，通过双方或多方合作来提供完成情报服务项目所需的人才、知识、技能、工具，从而弥补智库自身不足，提高团队能力，保证项目顺利完成。智库情报服务项目负责人在项目实施过程中起主导作用，在项目实施之后，项目负责人选择一个或多个图情机构或智库作为合作伙伴，抽调相应人员组建项目团队，将任务合理分解到合作机构，并负责激励监督整个团队，保障项目顺利实施，最终能够以高质量创新成果结项，如图 6-10 所示。

（1）组建项目团队。项目负责人在项目正式立项之后，选择合适的图情机构或智库作为合作伙伴，之后从各合作机构选择相关专业人员组成跨学科项目团队，由项目负责人负责课题或项目全过程。

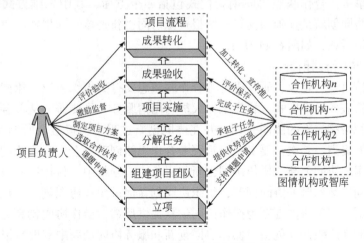

图 6-10　项目实施协同创新模式

（2）分解任务。在选定合作机构之后，项目负责人需要制定完成项目的方案，之后将一个系统的完整项目划分为子任务分配到相应的图情机构与智库，充分利用各机构优势情报资源，保证项目组在规定时间内顺利完成项目。

（3）项目实施。项目实施是由各合作机构组成的项目团队按照规划好的方案发挥各自优势，相互配合，完成任务。在项目实施过程中，项目团队还应重视情报服务创新技术的发展以及创新人才的培养，提高项目参与机构科研服务水平。

（4）成果验收与转化。在课题或项目顺利完成之后，项目负责人对项目成果进行评价验收，保证成果质量。项目成果还可以进一步被宣传推广，转化为咨询报告或其他形式，用于项目参与机构向政府、企业、社会公众提供创新服务。

（5）激励监督。为确保课题或项目顺利完成，项目负责人应当对团队成员进行有效的激励与监督，并通过合理的奖惩措施来敦促成员按时完成工作，对表现良好的人员不仅要进行表扬鼓励，还应当给予一定的物质奖赏。

2. 合作联盟协同创新模式

合作联盟协同创新模式是通过组织合作深化智库与其他情报信息服务机构之间合作的一种情报服务协同创新模式。智库和相关机构之间可以构建情报服务联盟，联盟构建的主要目标仍聚焦于决策支持信息保障情报服务，围绕决策支持情报服务展开运作，目的在于为智库决策提供信息保障。智库情报服务联盟是由多种类型智库、相关情报信息服务机构等各类组织按照某种约定构成的组织协同网络，以便实现智库机构与各组织机构间的情报信息资源共享、优势互补以及协同创新等。

智库情报服务合作联盟导向的协同创新模式根据用户需要，将空间上分散，且能力、资源互补的智库、图情机构、企业、研究机构通过一定的组织形式高效组织起来，形成一个没有界线的虚拟联盟，从而提高智库决策支持能力。在合作联盟中，智库与图情机构、企业、研究机构等可以实现多方面的融合创新，合作收集、分析、利用情报信息资源，联合完成情报信息分析，共同开展情报服务研究，联合培训情报工作人员及用户，以及情报信息同步与共享等。合作联盟协同创新模式包括四个方面，其中思维方式协同创新是前提，组织机构协同创新是基础和支撑，情报资源协同创新是核心和根本，服务内容协同创新是目标和价值所在，如图6-11所示。

（1）思维方式协同创新。

智库与图情机构、企业、研究机构等合作联盟想要打破组织界限，组建合作联盟，首先需要转变情报服务思维模式。智库工作人员与图情服务人员要摒弃从前各机构独立建设的惯性思维，积极接受新的协同方式，并在协同创新过程中积极融合所拥有的情报知识，相互学习，共同提高。其次，要实现情报服务合作思路创新。合作联盟协同创新主要体现在目标协同、组织协同创新、操作协同创新和服务协同创新中。目标协同决定着组织协同创新、操作协同创新和服务协同创新，组织协同创新促进操作协同创新，操作协同创新促进服务协同创新，服务协同创新为操作协同创新提供反馈，操作协同创新为组织协同创新提供反馈，同时在组织协同创新、操作协同创新和服务协同创新中实现情报服务目标。

（2）组织机构协同创新。

智库与图情机构、企业、研究机构等合作联盟在情报服务合作开展过程中，应当具备合理的组织机构来进行统筹安排情报服务协同工作，为协同创新提供良好的基础支撑。同

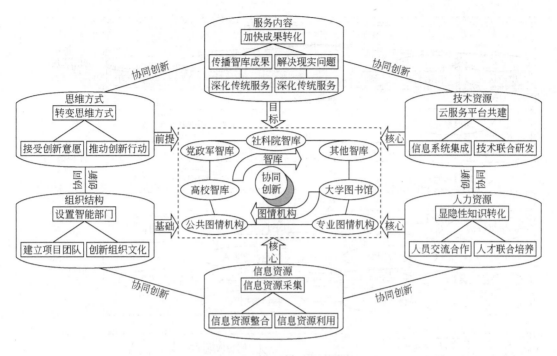

图 6-11　合作联盟协同创新模式

时应考虑各机构之间的差异和优势，保证智库及相关机构情报服务工作人员不仅能参与其中，而且能够根据特长各尽其能，相互配合。

（3）情报资源协同创新。

情报资源协同创新是智库与图情机构、企业、研究机构等之间组建合作联盟的关键所在，涉及情报信息资源、情报人力资源以及情报技术资源的整合，通过资源融合、技术融合提升合作联盟合作各方的实力，为智库开展业务、提升服务奠定雄厚的情报资源基础。

（4）服务内容协同创新。

智库与图情机构、企业、研究机构等合作联盟要提供高水平决策咨询服务、知识管理服务、竞争情报服务等，不仅能够提升合作各方的情报服务质量，还能扩展服务内容，将成果真正用于智库合作联盟决策支持。

3. 知识整合协同创新模式

知识整合协同创新模式是智库与图情机构、企业、研究机构等情报服务机构在知识层面的全方位整合。在知识整合协同创新模式中，智库与图情机构、企业、研究机构等情报服务机构以创新服务内容为目标进行协同，在各参与机构原有特色资源服务基础上为智库提供高水平专题性、集成性的特色知识服务，整合各机构所拥有的同类特色情报资源并提供统一的访问模式，实现精准、智慧的特色知识服务。智库知识整合导向的协同创新模型由 5 个层次组成，从最底层到最高层是协同创新程度逐层递进的关系。最高层为情报知识服务层，第二层为情报知识整合层，第三层为情报信息系统层，第四层为情报数据库层，最底层为情报信息资源层，如图 6-12 所示。

（1）情报信息资源。在情报信息资源整合的过程中，首先需要集合智库情报服务各方

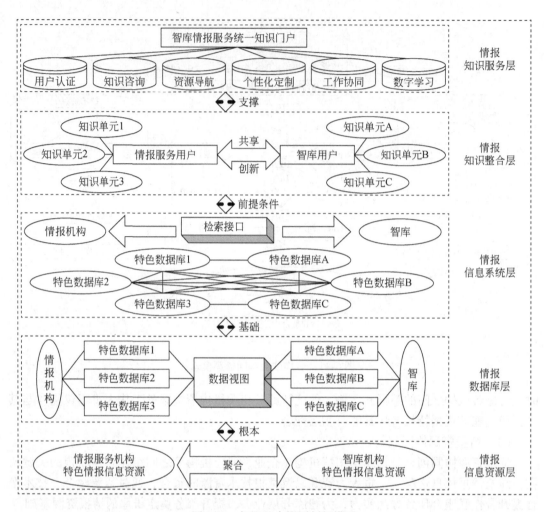

图 6-12 知识整合协同创新模型

的特色情报信息资源，包括智库和情报服务机构所拥有的特色图书、期刊，电子图书、期刊，音频资源，视频资源及组织的网络资源，当然包括各种大数据资源。

（2）情报数据库。智库和情报服务机构可以通过物理集成或逻辑集成的方式将不同来源的异构特色情报信息源进行重新组织并作为整体有效存储，形成有统一语义网数据表达格式的特色情报知识库，以便为用户提供统一的情报数据视图和检索接口。构建智库情报数据库需要在智库和情报服务机构协同创新联盟的基础上打造新型智库情报数据库联盟，以智库情报服务协同合作的方式联合构建和维护数据库。各智库首先依托本身特色情报资源数据，对这些数据进行加工、提纯和存储，根据实际需要，对近年来的专题特种数据，如气候、水文、经济、企业数据等数据进行梳理、归纳和存储。各个智库及情报服务机构数据库间相互取长补短，集成各个数据库的优势，打造数据共享联盟，支持智库联盟的长久发展。

（3）情报信息系统。智库情报信息资源整合的最终目标是将不同载体、不同来源的情报信息资源，依据一定的需要，进行评价、类聚、排序、建库等加工，重新组合成一个效能更高的情报信息资源体系。因此，智库可以联合构建统一的联机公共检索目录（OPAC）资源体系，以方便用户通过统一的 OPAC 检索界面查询特色情报资源库中的资源，实现广泛的资源共享。

（4）情报知识整合。情报知识整合，不仅包括显性知识的整合，即利用本体或语义网实现基于语义的知识组织和知识互操作，还包括隐性知识的整合，即通过人员的研究交流，将隐性知识显性化后加以分析融合，从而实现知识共享创新。智库协同创新特色情报知识整合的结果是形成合作各方特色知识网络与知识地图，从而不仅能够提供情报资源检索与情报知识发现的路径，还能形成情报知识获取、情报知识组织、情报知识增值、情报知识服务、情报知识创新的良性循环。

（5）情报知识服务。情报知识服务层在情报知识整合的基础上通过情报知识门户和 OPAC 资源体系提供一站式服务，此外，智库情报服务各主体在特色情报服务方面还应当加强个性化和用户参与度，并创新服务内容与形式，注重为用户提供有针对性的解决问题的思路和方案，通过门户网站认证或智慧化感知传感设备，收集分析用户个人信息和访问记录，以挖掘用户兴趣偏好，提高针对智库用户需求的应变能力与服务的智慧化程度。

4. 价值创造协同创新模式

随着创新协同化、价值创造系统化趋势日益增强，以全局性、整体性创新为主要特征的协同创新逐渐成为价值创造的主要来源，价值创造协同创新模式开始进入智库决策支持信息保障协同创新情报服务领域。价值创造协同创新模式是指智库决策支持信息保障协同创新参与主体之间基于价值链创造，在知识经济和信息技术条件下进行的全方位协同创新。价值创造协同创新模式能满足智库决策支持信息保障协同创新各参与主体深层次全方位的需要，创造出良性的价值增值系统，使系统里的各个情报服务参与主体都能得到回报。大数据和云计算为系统内部各参与主体之间基于价值链创造的协同创新提供了有效手段。价值创造协同创新服务模式下的情报信息资源建设整合了多个层次智库及其相关机构的信息资源，以云计算、大数据等技术来进行情报信息资源的共建共享，既可以避免情报信息资源重复性建设又保障情报信息资源收集的数量，通过技术驱动和价值，提高智库情报信息资源的建设质量，如图 6-13 所示。

（1）资源价值开发。数据资源是支撑智库研究的重要基础性资源，运用大数据共享方法和云计算技术，推动党政军智库、社科院智库、高校智库、其他智库以及大学图书馆、公共图情机构、专业图情机构协同合作共建情报资源库，设立智库情报信息联盟，主要承担创设各类数据库，推动数据开放共享，整合各机构数据口径，提供多向度无缝隙咨政数据对接全方位技术支持，实现大数据和云计算支撑下的"互联网+智库"运行模式，实现资源开放共享，满足智库资源价值开发需求。智库情报服务协同创新各主体可共建大数据中心，建立有效的数据资源共享机制，整合智库的研究优势与情报机构的资源优势，建设一批联合数据库。在资源开放共享、服务器共用、网络平台共建的基础上，以智库机构和情报机构信息资源作为资源支撑，加强资源整合与服务联合，合理分摊成本和任务，协同管理各协同创新情报服务主体用户与资源，推动信息保障协同创新。

（2）系统价值整合。改革智库治理模式，发挥系统优势，改变智库"单打独斗"的

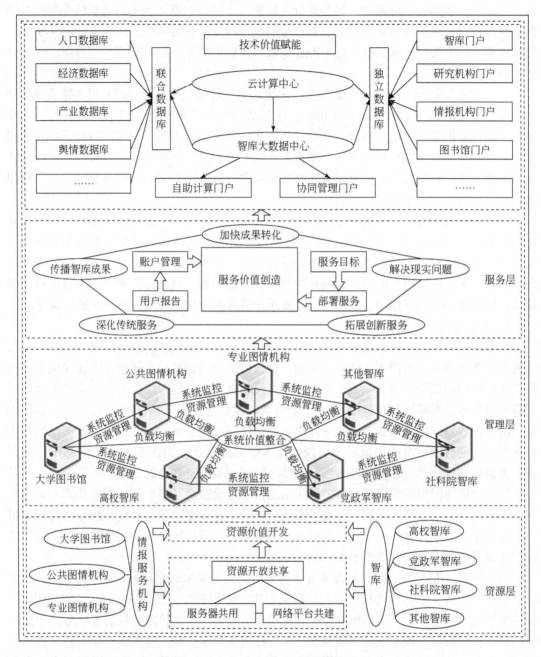

图 6-13　价值创造协同创新模式

不利局面。建立国家、区域、省份、城市四个层面智库与其他情报服务机构之间的带动和反馈互动机制，推动协同创新，建立多地联合智库或者各种虚拟情报服务组织，采用实体或非实体的组织形式，鼓励跨机构情报服务合作，凝聚情报服务团队。智库可借鉴2011协同创新中心模式，采用"总中心+分中心"架构：总中心设在某一个智库，配有专职人员、经费和设施，作为智库协同创新的情报服务主力、数据中心和协调机构，分中心则作为智库在各地和各机构的分支，承担项目申报、数据收集和成果转化工作，在总中心和各分中心之间开展实质性的分工合作。建设云计算数据中心，实现协同创新情报数据的长期保存和内容管理服务。各级智库、情报机构与云数据中心相连，资源开放获取、任务负载均衡，通过云数据中心门户获取服务，并促进用户之间的情报信息服务协作。

（3）服务价值创造。通过云计算数据中心整合多机构数据信息、创新资源与知识是为了惠及协同创新各参与主体情报服务活动，因此智库与情报机构可以通过云数据中心联合部署服务并向各级用户开放服务目录，通过用户认证收集用户信息，形成用户报告，提供精准情报服务。各智库机构、研究机构、图书情报信息服务机构、政府以及企业主体通过组建实体组织或虚拟组织，提供情报服务人才和技术支持、产品转化支持、政策支持、实验环境支持、资金支持以及整合和监督支持，推进各参与主体之间协同创新。在服务层中，智库情报服务机构面对本智库、智库联盟内各成员、政府及社会大众这四类服务对象，通过线上和线下双渠道的协同创新，提供问题解决类、信息服务类、项目研究类、人才培养类、宣传科普类、工作资料类以及发展预测类等各类情报服务，提升智库决策支持的整体水平和提升智库联盟内各成员的实力以及各成员之间的凝聚力，教育和舆论引导社会大众以及通过自我宣传实现品牌打造，提高智库协同创新情报服务联盟国内外知名度和影响力。

（4）技术价值赋能。大数据中心可以为智库情报服务信息资源共享提供平台，智库与情报机构可以通过合作搭建大数据平台实现资源服务的整合、共享与创新。智库和相关情报服务参与主体之间通过联合数据库建设，覆盖人口、经济、产业、政策、舆情等关键领域，利用大数据、人工智能等技术进行数据挖掘，将数据产品在合理范围内向各情报服务协同创新各参与主体开放。同时，对于已由各智库及相关情报服务机构独立建设的数据库，应通过云计算提升其共享度、开放度和利用率，降低"数据孤岛"效应。通过打造智库协同创新情报服务数据共享平台，以坚实的数据和可靠的技术提升智库辅助决策的科学性，以实证研究促进理论创新，使智库研究者与决策者共同受益。

5. 协同创新模式对比分析

上述四种协同创新模式，由于协同创新参与方式、内容、程度、范围不同，形成多种协同创新模式，不同的模式适应不同的情境。分析对比各种模式有助于了解各种模式的适用对象及局限性，从而根据实际情况选择合适的协同创新模式，优化业务流程，提高创新效率与质量，如表6-1所示。

表6-1　协同创新模式比较分析

项目	协同创新模式			
	项目实施	合作联盟	知识整合	价值创造
协同创新参与方式	根据协议确定	组织方式整合	相似资源整合	价值链整合
协同创新程度	较为具体	较为深入	有所深入	最为深入
协同创新范围	相关机构	较多机构	更多机构	最多机构
模式适用对象	合作初期阶段	合作中期阶段	合作中期阶段	合作高级阶段

项目	协同创新模式			
	项目实施	合作联盟	知识整合	价值创造
模式优势	对特定项目有优势	合作方式比较灵活	在合作内容方面比较深入	有利于深度合作
模式局限性	模式具有一定程度的排他性	协调难度较大，容易导致形同虚设	缺乏组织基础，对合作伙伴的专业要求高	对合作的专业要求高，对合作伙伴的认知程度高

随着智库决策支持信息保障情报服务协同创新程度不断加深，协同内容不断变化，协同认知不断深化，协同手段不断多样化，协同创新模式也在不断变化，因此智库及各参与主体不仅应该根据现实情况选择合适的协同创新模式，还要根据发展态势及时调整协同创新模式，以适应环境和用户需求的变化。

（三）智库协同创新情报服务集成模型

基于协同创新的智库情报服务模式就是利用"互联网+智库情报"的服务模式，将智库内外部协同创新资源进行集成，把"互联网+"的三大特征要素（生产要素、基础设施、服务模式）融入智库情报服务的整个活动过程中，以此推动情报服务的创新发展，如图 6-14 所示。在整个情报处理的过程中，"互联网+"的三大特征要素无处不在，情报根据竞争决策的需求，应用人工智能和云计算等技术手段，对大数据资源进行数据的采集筛选和分析研究，最终将情报产品通过创新的服务模式，传送到用户与决策者手中①。

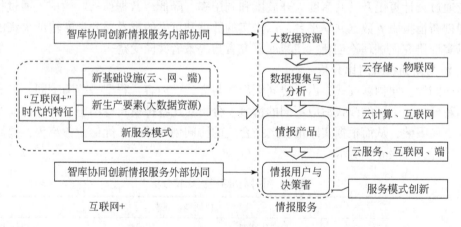

图 6-14　智库协同创新情报服务集成模型

①　张海涛，张念祥，王丹，等. 大数据背景下智库情报的服务创新——基于协同理论视角［J］. 现代情报，2018，38（9）：57-63.

大数据背景下，数据服务开始更多地直接面向用户，为用户提供各类数据分析的接口。目前 Web 和 App 的相关开发方法是构建数据服务的主要方法。除了 Web 对应的基本的构建技术外，云计算是大数据时代构建服务接口的主流技术，通过调用云端的服务，各协同创新参与主体用户可以通过电脑、手机等互联网终端随时调用数据分析服务。App 近年来主要的开发技术则以 iOS 和 Android 为主。

三、情报服务创新

在大数据环境下，协同创新成为趋势。现代智库亟须运用协同理论和技术对传统智库服务进行升级，实现智库情报服务的创新，建立能够适应现代智库决策支持信息保障需求的协同创新情报服务体系[①]。

（一）协同创新视角下智库用户需求分析

现代智库在了解政府、企业、社会等用户发展目标和发展需求时，不仅要解决用户眼前出现的实际问题和需求，更要协同考虑内外部因素、兼顾用户近期目标和远期目标，保证既能解决眼前的实际问题，又要有发展的持续性，如图 6-15 所示。同时依据协同理论，要使需求分析与用户战略目标协同相融合，以达到整体的放大效应，使智库决策支持情报服务真正解决用户的实际问题，这就离不开与智库用户之间的情报服务协同创新。

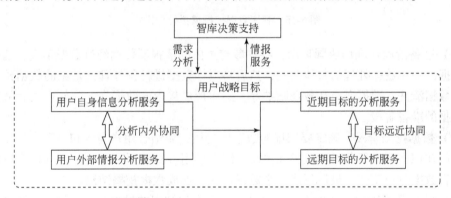

图 6-15　智库协同创新用户战略需求分析

（二）协同创新视角下智库情报处理模式

大数据的大量和多样分散的特性决定了现代智库对数据的分析不能局限于传统的人工处理方法，因而现代智库在数据信息分析上也要紧贴时代前沿，运用现代信息处理方法，并通过协同创新来提高信息分析效率和准确度。在数据处理过程中一般运用数据挖掘技术，同时为了提高效率和满足情报服务需要把协同创新运用到情报处理的全过程。在情报

---

① 张海涛，张念祥，王丹，等 . 大数据背景下智库情报的服务创新——基于协同理论视角 [J]. 现代情报，2018，38（9）：57-63.

信息分析过程当中，数据挖掘是其重要环节。数据挖掘（Data Mining，DM）就是利用各种分析工具从大量的、不完全的、有噪声的、模糊的、随机的实际应用数据中提取隐含在其中的，人们事先不知道的、有用的信息和知识的过程。智库情报处理过程包括很多阶段，但总体来说可以分为 3 个阶段：准备阶段、数据挖掘阶段和结果测评阶段，协同理念贯穿到智库情报处理的各个阶段如图 6-16 所示。

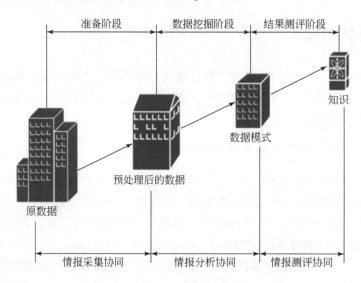

图 6-16　智库数据挖掘情报处理模式

（1）准备阶段：利用协同理念，将各参与主体的情报源数据经过数据集成、选择形成目标数据，缩小数据处理的总体范围，然后将目标数据进行预处理，常见的数据预处理方法包括数据清洗、数据变换和数据归纳等，最后形成集中的数据集。预处理之后就基本完成了数据的准备阶段。

（2）数据挖掘阶段：确定要挖掘的数据集之后，要结合用户需求和决策支持需要，根据挖掘的知识类型进行分类、聚类和关联，综合使用各种数据分析工具，选择合适的挖掘算法进行数据分析工作，最后形成一个数据模式，形成数据挖掘结论。

（3）结果测评阶段：数据挖掘本身就是一个发现知识的过程，这一阶段，经过对这些数据的整合、剔除等操作，形成知识以适合用户的需求。如果在测评过程中发现模式方法或者结果不符合用户需求，就要重复以上步骤。总而言之，数据挖掘是一个多角色协同循环往复的过程。

随着大数据技术的发展，"从数据密集架构中挖掘数据价值是未来情报学的研究方向"①，Golubtsov②指出对独立性数据碎片的分布式并行处理是大数据时代情报分析需要转

---

① Tempini N. Till data do us part：understanding data- based value creation in data- intensive infrastructures ［J］. Information and Organization，2017，27（4）：191-210.

② Golubtsov P V. The concept of information in big data processing ［J］. Automatic Documentation and Mathematical Linguistics，2018，52（1）：38-43.

换的方向。情报分析作为情报学研究的主要工作，是以用户需求为导向，对原始需求数据进行采集、组织、挖掘等一系列再加工，从而形成新的增值情报的过程①。大数据时代数据采集、组织和挖掘任务繁重复杂，这对传统关系型数据库为代表的集中式数据处理方法提出巨大的挑战。传统的数据集中处理技术难以支撑高要求的情报分析工作，导致无法产生有价值的情报，因此分布式计算相关方法和技术为大数据环境下情报分析提供技术支撑。目前用于大数据处理的主流分布式计算平台有 Hadoop、Hive、Storm 和 Spark。大数据技术的分布式计算模式也必须与情报资源协同管理理念相结合，才能有效发挥作用。因此，大数据背景下的情报流程一般包括数据采集、集成、分析和服务，在这一系列过程中，不论处于何种社会环境，数据依然是主要分析对象。只是大数据环境下数据独有的特征为上述每个过程的运作均造成了不同程度的困难。而这种困难是传统情报分析方法与技术并不能轻易克服的。为此，根据上述概念，结合情报服务协同创新、数据分布式处理的特点，大数据背景下的协同创新情报服务基本框架如图 6-17 所示②。

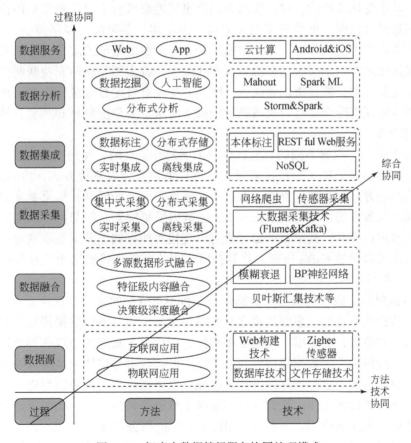

图 6-17　智库大数据情报服务协同处理模式

① 包昌火. 情报研究方法论［M］. 北京：科学技术文献出版社，1990.

② 高伟，薛梦瑶，于成成. 面向大数据的情报分析方法和技术体系研究［J］. 情报理论与实践，2019，42（12）：43-48.

（1）数据源。数据源是大数据情报服务体系的最底层，是情报分析的基石。在大数据环境下，互联网和物联网两类应用是主要的数据源。在运行过程中，这两类应用会源源不断地产生大量的数据，为情报分析提供大量数据的来源。应通过协同处理模式，在智库协同创新参与主体内部和协作单位范围内，尽可能通过协议或者购买形式把更多的数据源纳入到智库协同体情报服务采集范围内。

（2）数据融合。数据融合最早用于军事领域，即把来自许多传感器和信息源的数据进行联合（Association）、相关（Correlation）、组合（Combination）和估值（Estimation）的处理，以达到准确的位置估计（Position Estimation）与身份估计（Identity Estimation），以及对战场情况和威胁及其重要程度进行及时的完整评价。数据集成后的多源数据是数据融合的加工对象，协调优化和综合处理是数据融合的核心。比较常用的数据融合技术主要有表决法、模糊衰退、贝叶斯汇集技术、BP神经网络、卡尔曼滤波法、D-S理论等方法。针对大数据环境下情报分析数据源往往涉及协同部门众多、情报来源广泛、动态变化等特性，对数据融合提出更高的要求。不仅仅要求采用传统组织模式对数据信息进行组织，更要跨部门多阶段、多主体、多阶段、多层级融合多源数据，为有价值的情报产生提供保障。因此数据融合分为多源数据形式融合、特征级内容融合以及决策级深度融合三个层次。多源数据形式融合是将多源互联网和物联网数据进行统一化、规范化预处理；特征级内容融合从时间和空间对特定目标进行识别、跟踪、关联等分析；决策级深度融合是针对决策进行数据多层次、多角度分析和预测，是人与机器协同作用的结果。

（3）数据采集。根据不同的数据源以及不同的分析目的，使用网络爬虫技术和传感器技术，采用集中式采集、分布式采集、实时采集和离线采集等方式，协同采集数据，并通过云计算的方式解决数据存储、数据集成和数据分析的问题。如果是实时采集和分析，更需要参与各方的紧密协同，采用Flume数据采集框架，在与网络爬虫和传感器采集程序建立数据连接后，其采集的数据既可以直接离线存储至数据集群或单一的文件及数据库中，也可以通过Kafka框架，将数据以流式的方式直接输出至大数据实时计算框架Storm中，参与实时计算①。

（4）数据集成。数据集成是大数据情报分析不可缺少的环节，这也是由大数据的多源性和低价值密度决定的。多源数据来自各参与主体，通过不同的渠道汇集起来。从多个数据源采集到数据，其类型、结构各不相同，因此将其集成统一成一种数据，才能进入后续的数据分析工作。数据集成涉及的工作主要有数据异构性的消除以及数据存储两项。异构性消除一般通过数据标注方法来完成，当然在标注之前还需要进行去重、去冗余等数据清洗的预处理工作。数据存储则取决于数据采集的方式，实时集成对应于实时采集，直接应用至实时分析，一般使用RESTful Web服务技术来实现，通过这种技术可以实现数据轻量集成。而离线集成对应于离线采集，将数据存储集成后用于离线分析。两者均必须使用分布式存储方法。

---

① 唐明伟，苏新宁，张艳琼. 面向大数据的突发事件物联网情报采集［J］. 情报科学，2018，36（3）：46-50.

（5）数据分析。数据分析是情报分析的核心。如果不考虑海量数据的问题，前述数据挖掘的各种方法依然适用。而在当前的信息环境下，人工智能的相关方法也被应用于数据分析，如神经网络和机器学习等。但要处理大数据，这些方法均需要以分布式方式进行分析。分布式分析的关键在于构建一个分布式计算平台，相关的数据分析方法需按照平台规则进行实现。分布式分析根据业务目的，依然有实时和离线两类。

（三）协同创新视角下智库情报服务平台

智库作为公共政策共同体，在政治和政策制定过程中的影响力与日俱增，其性质、结构、运行机制、发展战略也在发生深刻变化。信息技术环境下，政府公共决策越来越依赖于智库所提供的咨询服务，如何从海量数据中提取有价值的信息与情报，加强智库决策支持能力建设成为智库建设中必须解决的一个现实问题。为了解决信息不对称的问题，智库机构必须通过专门的情报信息处理中心，同时加强智库与其他智库机构、研究机构、情报机构、企业等的协同创新情报服务，以弥补智库自身情报服务功能不足的问题。因此，智库必须在智库决策支持情报服务平台的支持下，解决智库与情报研究机构专业的情报资源渠道、科学的技术分析工具与方法、专家团队的集体智慧等方面的问题，为智库决策支持提供强有力的保障。智库建设中应该借鉴情报工作的基本原理与工作方法，有助于弥补智库信息不足的欠缺，将情报工作原理有机融入智库建设中，构建智库情报服务平台。

智库协同创新情报服务平台不仅仅是一个服务用户的平台，更是一个实现跨学科、跨领域、跨机构的情报信息服务平台，在此平台上能够实现信息资源的共享、情报信息的处理、情报信息的服务、决策支持的协同等，而且在智库与用户、智库与智库、智库与政府及相关协同创新服务机构之间能够实现沟通、监督和相互促进的作用[1]。在平台的建设过程当中需要注意的是要做好用户需求、智库情报服务和政府、企业、社会之间的情报资源统筹安排，能够实现情报信息的互联互通。其次，针对不同协同创新情报服务主体要实现个性化和可视化的服务，让平台的信息使不同的主体易于理解接受。在此平台下，官方智库、民间智库、互联网企业和用户等协同创新情报服务主体发挥各自的优势，满足彼此的需求，同时又能够找到共性的东西实现彼此之间的协同创新，以达到共赢的效果[2]。总之，智库协同创新情报服务平台能够实现各协同创新参与主体的资源的分工、整合和共享，反过来又能够促进各主体协作和各自领域的发展，提升平台的服务质量，使情报服务的发展走上良性循环的道路[3]（图6-18）。

① 李纲，李阳. 面向决策的智库协同创新情报服务：功能定位与体系构建 [J]. 图书与情报，2016 (1)：36-43.
② 郑荣，刘永涛，彭玉芳. 协同学视角下的竞争情报联盟构建研究 [J]. 情报科学，2013，31 (8)：27-31.
③ 张海涛，张念祥，王丹，等. 大数据背景下智库情报的服务创新——基于协同理论视角 [J]. 现代情报，2018，38 (9)：57-63.

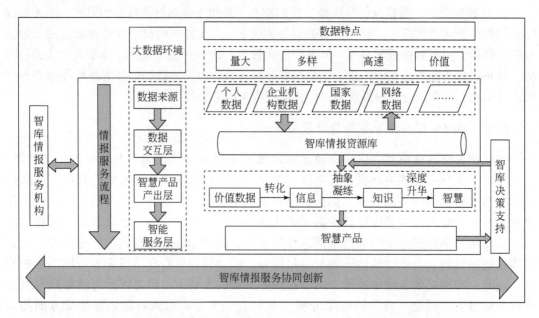

图 6-18　大数据环境下智库决策支持信息保障协同创新情报服务平台

第七章 智库决策支持信息保障协同创新技术服务体系

本章概要: 大数据环境下,智库决策支持信息保障必须基于协同创新理念,建立以数据为核心的技术服务体系。智库决策支持信息保障协同创新技术服务机制是在智库协同创新环境下,结合技术服务体系和数据技术,建立集数据采集、数据分析和数据展示于一体的完整智库决策支持信息保障协同创新技术服务过程。本章概述智库决策支持信息保障协同创新的技术服务机制和技术服务环境,并从数据采集、数据分析和数据展示三个过程探讨智库决策支持信息保障协同创新的技术服务机制。

第一节 智库决策支持信息保障协同创新技术服务体系概述

一、技术服务机制

技术服务体系在智库决策支持信息保障协同创新机制中发挥关键作用。大数据环境下,智库决策支持信息保障必须基于协同创新理念,建立以数据为核心的技术服务体系。该体系主要由决策支持信息系统、决策支持服务系统和决策支持管理系统三个部分构成。

在智库协同决策机制中,决策支持信息系统提供有效的数据并服务于决策支持服务系统,决策支持服务系统基于大数据进行决策支持分析并向决策支持信息系统反馈新的信息需求;决策支持信息系统和决策支持服务系统将信息情况和分析成果提供给决策支持管理系统,决策支持管理系统对决策支持信息系统和决策支持服务系统进行评价。总体上,三个系统之间通过相互协作运行,构成智库决策支持信息保障协同创新技术服务机制,如图7-1所示①。

(一)基于协同创新的智库决策支持信息系统

构建智库决策支持信息系统是为了充分发挥智库网络协同创新的作用,通过利用大数据技术进行智库网络信息资源开发,服务于智库创新主体。智库网络协同创新平台的重点在于智库网络大数据信息资源的开发和价值增值,该过程中产生的知识创新、技术创新也会带来极大的溢出效益。

---

① 孙鸿飞,彭丽,武慧娟,等. 基于协同创新理念的新型高校智库决策机制建设研究 [J]. 教育理论与实践,2017, 37 (33):7-9.

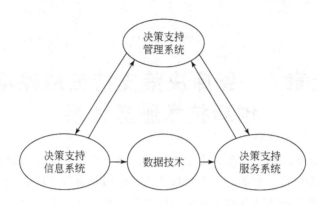

图 7-1　智库决策支持信息保障协同创新技术服务机制

　　智库网络大数据信息资源包含大量的非结构化信息，包括网络上的多模态信息，还包括用户使用网络生成的各类信息，如网络上的情绪反馈、网页之间的链接关系、网页的点击量，以及各网络主体所整理拥有的信息等。智库网络信息资源要经过加工成为新知识，尤其是成为符合智库协同创新组织所共享的知识，需要利用大数据处理技术，通过协同创新平台的进一步融汇。智库网络信息资源一方面要通过大数据分析技术加以提炼，另一方面通过各协作体组织内部知识积累形成。新知识生成后再一次成为可获取的知识，并为智库决策支持协同创新提供基础。在此过程中，知识创新和技术创新同步展开，知识创新为技术创新提供基础，技术创新为知识创新提供支撑，两者协同发展。要使协同创新系统高效运转，需要保证战略、协调、沟通、合作四个方面顺利进行。智库协同创新主体之间必须战略协同，主体之间的矛盾不可避免，如果战略不能达到一致，信息资源的积累、开发就有可能陷入僵局，利用价值将十分有限。通过协同创新的方式，既能有效减少创新主体之间的矛盾冲突，也能保障大数据网络信息资源的进一步处理。在创新主体之间发生矛盾冲突时，需要主体之间进行有效的、双向的沟通，当沟通无效时，有相应机制来协调创新主体。智库决策支持信息资源的分散性以及现实问题的复杂性要求智库必须充分整合资源、协同创新，构建组织协同，实现智库与政府之间、智库与企业之间、智库与高校之间、智库与情报机构之间的信息协同，形成长期而稳定的联盟式合作关系，并进行网络协同创新，促进智库决策支持信息保障协同创新健康高效发展。

　　第一，需要大力建设"智库联盟"，在各个智库之间建立起紧密的联系，从而扩大智库优势信息资源与人才的整合力度，组建跨部门、跨学科的研究团队，加强信息与技术协同合作，为地方政府和国家社会的政治、经济发展提供高水平的决策辅助建议。

　　第二，形成以政府主导、智库与企业等社会机构相互协作的"智库合作网络"，聚合具有各个学科背景的专家、官员、学者、企业家以及媒体平台等各方智慧，从而建立全面、持久、稳定的战略合作关系。建立智库合作网络是发挥智库协同创新作用的重要途径之一，其关键在于全面整合智库资源，并且根据需求合理配置资源，从而构建完善的决策咨询系统。

　　第三，智库必须注重与国际接轨，充分利用智库自身"二轨外交"优势，搭建国际论坛、召开国际报告会和培训班等，如全球智库高峰论坛、中国智库论坛等，与世界各国智库相互观摩、相互学习，信息交流共享，讨论并解决国际热点和难点问题，从而加强国与国智库之间的沟通，以便更好地建设我国新型智库。

第四，组建智库信息网络协同创新平台。使信息资源协同创新平台化，是开发智库网络信息资源的有效手段之一。构建平台的目的是实现创新资源投入产出效益最大化，确定应用路径应考虑创新平台的使命，创新主体的关联类型、关联程度、合作意愿，还要考虑对智库网络信息资源的开发利用的需求是同步还是渐进①，实时利用还是以数据库的形式。网络协同创新平台应面向智库决策支持应用，基于行业、地域和需求视角，结合自身优势，采取有效策略，促进智库网络协同创新平台健康发展。

（二）基于大数据驱动的智库决策支持服务系统

大数据使人们分析数据的思路发生了重大的转变，"要相关，不要因果"，从原来追求数据间的因果关系开始向寻求数据间的相关关系转变，数据分析也因此更加具有前瞻性和预测性。然而，如何针对现有的海量数据进行充分整合和利用，从而辅助科学决策，已经成为当前新型智库发展的方向和亟待解决的问题。

在此背景下，智库不仅需要利用大数据分析解决当前经济、社会发展所面临的问题，而且还需要利用大数据分析把握未来各领域的发展趋势，为政府作出高效、科学和准确的决策提供支持。这就要求智库加速建立数据驱动的决策支持系统，并以"信息互动系统观"② 指导建设跨领域数据网络，实现数据的高效整合和充分利用，以回答"将要发生什么"，而不仅仅只是涉及"为什么"，能够从海量的数据中寻找到有价值的信息资源支撑研究成果，从而使得智库的研究成果具有一定的前瞻性和洞察力，并且能够引导和指导社会未来的发展趋势。

随着大数据技术的发展，智库决策支持信息服务模式呈现新的变化趋势，由单一的信息服务转向专业化、集成化、智能化、协同化和个性化的新模式③。

1. 专业化服务

智库凭借其专业优势，为决策者提供政策咨询和建议，影响社会公众观点和舆论，引领政策方向。智库需要明确自身的功能定位，开展信息专业化服务，以现实问题为导向，有效识别和处理通过协同创新网络收集到的各种海量信息和数据，利用大数据技术深入挖掘信息中蕴含的运行规律和发展趋势，为用户提供专业、可信、易懂的咨询服务和对策建议。智库专业化信息服务协同创新可以从两方面开展：一是合作建立专题数据库。政策研究涉及经济、社会和产业发展的多个领域，智库应以用户信息需求为导向，逐步建立和完善各领域、产业及行业的专题数据库，通过数据采集、国家发展动态跟踪、决策项目成果积累等方法，形成具有丰富信息和数据资源的专题数据库，为研究人员和用户提供便利的

① 黄南霞，谢辉，王学东. 大数据环境下的网络协同创新平台及其应用研究 ［J］. 现代情报，2013，33（10）：75-79.

② 王莉，吴文清. 地方高校智库建设的逻辑分析——基于地方政府治理模式创新的探讨 ［J］. 清华大学教育研究，2013（6）：109-114.

③ 商丽媛，谭清美，夏后学. 大数据环境下科技智库信息服务模式研究 ［J］. 图书馆工作与研究，2017（7）：20-25.

数据信息服务。二是联合提供专业分析服务。目前智库的专业化技术服务能力尚比较薄弱，这就必须发挥合作的力量，解决智库技术力量不足的问题，智库的主要服务方式包括参与决策、出版内参、提交调研报告、组织研讨活动等。目前，第三方咨询服务日益受到政府重视，智库应根据用户对内容和形式的不同需求，运用专业化的方法和工具，为用户提供相关专业化服务。

2. 集成化服务

大数据时代，数据和信息具有多源异构、分布广泛、动态增长等特点，大数据应用需要信息的互联互通和共享适用，充分发挥协同的作用。智库应建立基于大数据技术的信息集成服务平台，对数据进行有效集成、整合和共享。智库需要注重数据采集的实时性和连续性，并将文献资料收集和动态信息跟踪相结合，通过大数据集成平台，丰富和完善数据信息。数据分析是智库形成信息服务成果的重要手段，智库应运用跨学科专业知识和科学工具，在大数据平台上实现数据处理和信息挖掘，支持智库决策研究。同时，智库大数据集成平台需要有良好的交互界面，以满足协同创新相关研究人员和用户的信息获取需求，并在信息服务过程中便于输入和管理。

3. 智能化服务

智库通过数据采集、数据分析、可视化等大数据技术的综合运用，面向研究人员和用户提供更加智能的信息服务。智库通过大数据技术对海量数据进行整合，向信息服务对象提供包括信息服务应用、工具、平台的智能化推荐服务，加强知识共享；在知识信息流通中实现隐性知识向显性知识的智能转化，使信息价值得以实现。智库还可以通过大数据技术开展综合管理，实现项目研究、资源分配、平台建设、成果展示和品牌传播的智能化。

4. 协同化服务

智库信息协同创新是指信息主体间在信息资源、人才、技术等方面的深度合作和创新发展，大数据背景下，需要有庞大的数据信息支撑大数据技术应用。目前，我国智库拥有的数据资源数量及其领域各不相同，相互之间合作和交流较少，影响了数据资源的整合利用和信息挖掘。智库之间以及智库与其他机构之间应加强交流合作，组建信息服务联盟，扩充和共享数据资源，实现优势互补和资源的优化配置。同时，智库还应注重与拥有大量数据资源的相关企业（如互联网企业、大数据技术服务公司、情报机构等）建立紧密联系，拓展协同创新网络，共同开发数据分析方法、工具与模型，协同为智库决策支持提供信息服务支撑。

5. 个性化服务

随着信息化技术的不断发展，数字信息服务、移动信息服务等形式使得研究人员、政策决策者和社会公众更加便捷地获取所需信息。大数据技术的应用可以促进用户研究与交互数据的利用，并通过对用户数据的分析，提升个性化服务水平。智库可以利用先进的大数据技术和工具，跟踪记录用户信息服务需求，通过对用户的数据模式、特征进行分析，根据用户关注内容的不同将其进行分类，针对用户类别实现信息的定期精准推送。面向用户的个性化信息服务模式将提高信息服务的精准度和影响力，有助于提升智库的品牌塑造能力和舆论引导能力。

（三）基于综合化的决策支持管理系统

根据智库决策支持信息保障协同创新发展现状和战略目标要求，智库应建立一种长效的、动态的、综合化的决策支持信息保障综合管理体制，对协同创新中技术服务的责、权、利进行规范，在智库和政府、行业、企业、社会信息管理的合作与"博弈"中，使协同创新的总体目标得以实现，同时又要使利益分配在协同体运行中不至于失衡。

首先要推动建立智库区域信息保障合作网络，其目的是面向区域内知识信息的产生、流动、更新和转化开展社会化服务。我国区域创新中的信息保障平台管理应由各级地方政府承担。在信息保障网络建设管理上，区域管理部门的职能是主导地方性信息保障平台的建设，以及对区域信息技术服务合作进行组织。各地应在国家总体战略目标引导下，组建区际创新信息服务协作平台，实现信息资源的高效流动，为信息平台的运行提供保证。

其次要大力建设智库行业信息系统和合作联盟。行业信息系统是以智库创新活动为核心的创新网络，在现行体制中，智库行业信息保障平台建设由各类智库信息联盟负责。智库信息联盟是智库与政府、企业、社会之间的桥梁与纽带，发挥着联系政府、服务智库、促进行业自律的作用。智库信息联盟主导着智库创新系统内部的信息资源配置，其管理职能主要表现为对行业信息保障平台建设的社会化协调，促进行业内信息资源共建共享，推进信息资源开发技术和服务技术的综合应用。在联盟活动中，信息保障平台建设将联盟创新与信息保障有机结合，既具有组织上的灵活性，又可带来服务的增值效益。[①]

另外，为了全面改善智库决策支持信息保障协同创新过程中存在的问题，需要建立多元化的决策评价系统。[②]

第一，要完善评价标准，建立区别于一般学术研究成果的智库成果评价体系，侧重其成果应用转化效率及可操作性程度。通过引入第三方评价机构，公平、公正地评估智库的研究成果，从而保障智库成果的质量，推进智库研究创新，并形成良性、有序的竞争氛围。

第二，有关国家政策研究机构应以其中心任务和重点工作为核心，定期发布有关决策需求信息，通过项目招标、政府采购、直接委托、课题合作等方式，引领智库开展相应的政策解读和研究、决策评价和评估，并建立以政府、企业、社会用户为主的评价机制，其核心标准是解决国家重大需求的实际贡献度，加强绩效评估力度，探索建立协议制管理、后期赎买式资助、动态流动等新机制。

第三，建立智库研究成果的市场定价机制，以便最终能够将其推向市场。政府相关部门应组织专家、学者进行实地调研，结合当地发展的实际状况和真实需求，尽快完善智库成果定价参考标准和制定相应的交易机制，从而通过市场调节进一步规范智库成果的价格与交易，避免权力寻租的存在。

---

① 胡昌平，瞿成雄.国家知识创新信息保障平台的协同建设［J］.山西大学学报（哲学社会科学版），2012，35（3）：240-246.

② 孙鸿飞，彭丽，武慧娟.基于协同创新理念的新型高校智库决策机制建设研究［J］.教育理论与实践，2017，37（33）：7-9.

二、技术服务环境

技术服务体系是智库决策支持信息保障协同创新系统的重要组成部分，包括技术环境构建和服务环境构建两个部分。

（一）技术环境构建

随着现代信息技术在知识服务领域中的广泛应用，智库在国家治理体系和治理能力现代化中发挥着越来越重要的作用，智库决策支持技术的实现成为可能。利用大数据、人工智能、云计算、语义网等技术，智库能够实现数据的语义连接和决策支持，促进智库决策支持信息服务走向更加智能化并实时感知用户的情境需求，借以提供个性化的信息服务，提升用户体验。智库决策支持技术的突出特点主要体现在智库数字化和情景感知服务。智库数字化集中反映信息基础设施、现代决策支持技术以及由这些基础设施和技术等带来的对传统智库基础设施的信息化改造与升级。现代决策支持技术、信息基础设施、基础设施信息化组成了新型智库数字化环境的三大核心要素。随着大数据、人工智能、云计算等新兴信息技术的迅速兴起，新型智库信息化水平得到长足的提高，并跨入新的发展阶段。新型大数据智库则反映了以大数据、云计算、人工智能等新兴信息技术及其发展应用对智库形态、结构及发展模式带来的影响。相较于传统智库形态，新型智库在信息基础设施、现代决策支持技术以及原有基础设施的信息化改造方面都呈现出新的形态。首先，在现代决策支持技术层面，新型智库集合了大数据、人工智能、移动互联网和云计算等新兴技术，相较于传统智库具有更高的技术优势。其次，在现代决策支持技术设施层面，新型智库对运行速率、响应速率、带宽和信息网络有更高、更可靠、更安全的要求。最后，在基础设施的信息化改造层面，得益于新型信息技术及信息基础设施在新型智库中的渗透及应用，智库的基础设施在感知能力、协作能力和自动反馈能力上实现了前所未有的突破。综上，新型智库的决策支持信息保障技术体系包括信息基础设施、现代决策支持和基础设施信息化，新型智库决策支持信息保障协同创新技术体系通过建设以高速、泛在、宽带、融合为特征的基础设施情境，为新型智库的数据、信息、知识、智慧服务提供有效支撑，为新型智库的语义化、关联化、网络化和现代决策支持提供信息保障和协同创新支撑。

现代决策支持技术、信息化基础设施和信息化辅助设施是智库决策支持信息保障技术环境的主要内容。智库决策支持信息服务平台以信息技术为技术支撑，以信息网络基础设施和基础设施的现代化建设为物质支持，为智库用户开展各类决策支持信息服务提供便利。智库决策支持信息服务平台的运作需要依托大数据技术、网络技术、感知技术、通信技术、应用技术和信息安全技术在技术层面上实现数据和信息的感应、识别、传输、存储、计算和分析，依托新型智库信息网络基础设施，以及数据资源和数据服务设施的信息化，在技术层面上实现智库大数据信息的采集、传输、分析和应用。智库决策支持信息服务平台依托各类新型信息技术实现智库协同创新领域数据的交换、整合与共享，是实现智库决策支持协同创新各个主体互联互通的核心与关键。

另外，元数据技术在智库决策支持信息保障协同创新技术服务体系中起着非常重要的作用，区块链技术作为正在兴起的新兴信息技术，未来会对协同创新技术产生根本性的影响。在大数据环境下，智库决策支持信息保障协同创新信息来源众多，数据量巨大，非常适合于大数据环境元数据平台的存储方式，满足数据分布式存储的需要。区块链技术是通过数据区块的顺序相连，结合密码学的技术，将数据按照先后顺序安全存储，具有去中心化、时序性、集体维护、可编程和安全性的特点。采用分布式系统结构，节点间使用纯数学方式建立，可以对系统中的所有分布式节点集体维护，因为其存储的数据具有时间戳，因此可以进行追溯，尤其是其采用的数据加密方式技术强大，因此保证了数据的安全性和不可篡改性，数据记录的唯一性得到保障，且保证了相关信息主体对于信息产品的所有权，这跟基于协同创新的智库信息保障非常具有契合性。

（二）服务环境构建

智库决策支持信息保障协同创新的终极目标是建设成为智库协同创新最理想的知识共享、知识创新与协同创造平台。这一目标的实现必须要切实贯彻智库决策支持系统协同创新的理念，把促进智库的决策支持能力提升作为根本宗旨，以促进智库与用户、资源与服务、创新空间与协同环境的可持续发展为根本着力点。因此，智库决策支持信息保障协同创新的发展目标与理念对其技术服务体系提出了更高的要求。现代新型智库决策支持信息保障协同创新以用户为中心，以"用户智慧的再生产"为核心，借助新兴信息技术在知识服务中的应用，实现新兴的网络社会形态与智库用户知识需要之间的有效整合与协同，为现代新型智库的全面发展创造良好的信息服务环境。

智库决策支持信息保障服务具有个性化、层次化、多元化、精准化的特征，这就使得智库决策支持信息保障服务平台的基础支撑作用更加凸显。现代智库决策支持信息保障服务平台一方面要能准确识别协同创新特定情境中特定用户的个性化需求，另一方面还要能对特定用户的个性化需求进行知识匹配并及时推送出具有适配性的信息服务内容，这一过程实质上体现了智库决策支持信息服务适配功能与智库激励性功能。而这些功能的实现依赖于智库决策支持信息保障协同创新流程的标准化与内容的个性化。其中标准化以稳定性、标准性、可移植和可整合为主导，为智库协同创新整体服务，个性化以适时性、针对性、适应性、适量性、友好便捷性和安全有效性为主导，为智库个体进行知识创新服务。因此智库决策支持信息保障服务主要包括标准化和个性化。有学者将情报服务的发展历程划分为 4 个阶段，分别是文献服务阶段、信息服务阶段、知识服务阶段以及智慧服务阶段[①]。其实在智库知识服务体系中，这四个阶段不是相互迭代的关系，而是同时存在的，不可偏废。为了更加明晰地分析智库决策支持信息保障协同创新服务平台在新一代信息技术影响下开展的服务所呈现的主要内容与新特点，可将知识服务划分为四大类：数据服务、信息服务、知识服务和智慧服务，其中数据服务和信息服务是走服务流程标准化路径；而知识服务和智慧服务则是走内容个性化路径。在新一代信息通信技术的渗透与影响作用下，智库决策支持信息保障技术服务的数据服务、信息服务、知识服务、智慧服务呈现出新的运行方式和发展趋势，为智库协同创新用户全面发展目标的实现提供了良好的技

---

① 罗立群，李广建．智慧情报服务与知识融合 ［J］．情报资料工作，2019，40（2）：87-94.

术服务环境。标准化中数据服务和信息服务随着大数据的到来，人工智能与互联技术的发展，信息化技术加速了用户在协同创新的广泛参与，推动了知识共享、协同创造的发展以及知识服务环境的泛在化。在智库进行的各类知识服务中，由于用户的社会身份等原因，各协同主体之间结成各种合作关系，这些合作关系之间相互交织并形成错综复杂的智库协同创新网络，非常广泛地贯穿于智库的决策支持信息服务中，影响、塑造、制约着智库各类决策支持服务的开展，是新时期智库知识共享、协同创造和智慧生成的基础。智慧服务主要反映智库决策支持技术服务模式呈现出新的发展趋势，综合体现网络社会新型智库决策支持信息保障服务变革与发展的主要特点和基本方向。具体如图 7-2 所示。

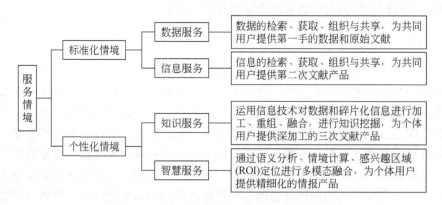

图 7-2　现代智库决策支持技术服务的要素与结构

第二节　智库决策支持信息保障协同创新 技术服务过程主要环节

　　智库决策支持信息保障协同创新技术服务机制是在协同创新环境下，结合技术服务体系和数据技术，建立集数据采集、数据分析和数据展示于一体的完整智库决策支持信息保障协同创新技术服务过程。下面结合智库决策支持信息保障协同创新技术服务过程的三个主要环节分别说明。

一、数据采集

　　智库是为研究、参与和辅助公共政策而设立的，智库通过决策支持信息分析结论实现参与公共政策制定、影响公共政策实施的目的，智库基础信息来源的数量、质量、内容等因素都将对智库决策支持信息的产生、改进等环节产生直接或间接的影响，智库决策支持信息的实时性、有效性、准确性需要足够多的高质量原始数据来加以保证。因此，数据在智库决策支持中起着核心作用（图 7-3）。在大数据时代，人们面对的不是数据缺乏带来的困扰，而是数据爆炸产生的困惑，选择变得特别重要，选择什么样的数据，选择怎样的获取方式是处理海量信息之前应该预先想好的问题。智库同样如此，要开展项目研究，就要从数据采集环节作好准备。在大数据环境下，互联网和物联网两类应用是主要的数据源。前者一般使用 Web 构建技术，而后者一般是通过无线传感器来构建，这两类应用会源源不断地产生大量的数据，为智库提供大量数据的来源。

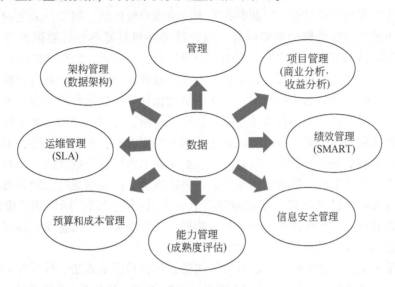

图 7-3　数据在智库决策支持中的核心作用

　　如何在茫茫的数据海洋中采集到足量的符合要求的各类数据，是一切数据应用行为的基本条件，采集的方法工具必须多样有效。当前的数据采集方式大体有以下几种类型：一是传感器、条形码、扫描仪等传感器技术，它们可以把外界的动作行为、标识特征、映像等数字化并传输保存。比如现代手机等设备自带 GPS 定位传感设备，能够获取位置、移动路线、速度等数据。条形码技术可以得到关于物品的性质、品质、运输、仓储等大量相关数据；二是网络数据采集方法，存在于互联网中的文档、视频、音频、图片等都可以采用网络爬虫技术进行采集和存储；三是从特定的拥有大量丰富信息资源的机构中获得，政府、高校、智库、科研院所和商业组织拥有大量覆盖社会、自然、科学、商业等领域的基础数据资源，这些资源当中蕴含的价值相比网络上的共享数据来说要大得多，可以通过合作、购买等方式获得。另外，根据不同的数据源以及不同的分析目的，数据采集的方法可分为集中式采集和分布式采集、实时采集和离线采集 4 类。前两者是按采集方式进行划分，后两者则是根据分析方式进行划分。集中式采集即从一个或多个数据源采集数据，并集中到一个文件或一个数据库中。而分布式采集则是从多个数据源同时采集数据，但采集到的数据并不是存储于一个单一的存储对象中，而是分散存储于由多个计算机组成的计算集群中，其内容的一致性和完整性则由集群中的控制服务器来维护。实时采集和离线采集则对应于实时分析和离线分析两种方式，这两种方式最大的区别在于，实时采集会将数据转换成流的方式直接参与实时分析，属于采集与分析同时进行，一般用于对时效性要求很高的实时监控场合。而离线采集则只将数据存储于计算机或集群中，这种存储既可以是集中式也可以是分布式，但其采集本身并不与离线分析进行直接对接，离线采集多用于案例分析、趋势分析等。

　　在进行智库决策支持信息保障协同创新数据采集时要特别注意以下几方面：第一，数据采集面要广。不同于过去社会中大量社会元素是独立存在或相互之间联系很弱，现代社会是一个具有高强度联系的社会，一个问题牵涉到的领域往往是意想不到的，加上社会分工细化，产生数据的领域过多，因此数据采集的范围非常广泛。第二，采集的数据类型要多。结构化数据是数据采集的重要内容，以往社会各界最基本统计数据大部分是结构化的，这些数据因其基础性，在研究和应用中的价值较大，并且其结构化的特性使得处理过程简单高效。结构化数据价值高、易处理，但在大数据之中结构化数据占比极小，占绝大多数的还是半结构化和非结构化数据，虽然半结构化和非结构化数据价值密度较低、处理起来需要消耗很多资源，但一旦成功挖掘出其中的价值，付出的努力将会得到超出预期的回报，所以智库决策支持信息保障协同创新数据采集应兼顾各种数据类型，不能出现采集盲区。第三，要有数据安全意识。信息技术、数字技术发展至今成就巨大，数据安全的问题也随之变大，过去篡改、盗窃数据难度大，易被察觉，而在信息时代很多数据丢失、篡改问题直到重大损失已经造成后才被发觉。进入大数据时代后，问题的严重程度变得更大，大量的恶意行为在大数据的掩护下日益猖獗，智库决策支持信息保障协同创新数据采集需要具备强烈的安全意识。

大数据采集的具体技术包括系统日志采集法、软件程序采集法、数据库采集法等。具体来说有 Facebook 的 Scribe、Apache 的 Chukwa、LinkedIn 的 Kafka 等开源日志系统，Grub Next Generation、Soukey、JSpider、Scrapy 等网络爬虫软件和一些网站提供的 API 应用程序接口。在现有的大数据技术中，Flume 是较为理想的离线数据采集框架。实时采集数据通过 Kafka 框架，以流式方式直接输出至大数据实时计算框架 Storm 中，参与实时计算①。当然，大数据的采集过程不仅仅包含采集数据，大数据的清洗、降噪等预处理过程和存储也应属于大数据采集阶段。因为从多个数据源采集到数据，其类型、结构各不相同，获得的数据规模太过庞大，大数据中存在大量不完整、含噪声、不一致等问题，因此无法直接进行数据挖掘，勉强挖掘往往费时费力，为了把高质量的原始数据用于接下来的分析挖掘，需要数据预处理技术预先整理数据。目前数据预处理技术主要包括四种：数据清理、数据集成、数据规约和数据变换②。它们的作用分别是：数据清理通过一些特定的规则方法来解决不一致的数据，主要包括数据去重、去冗余等数据预处理工作；数据集成过程把不同数据源的数据集中到固定区域，涉及的工作主要有数据异构性的消除以及数据存储两项；数据规约的目的是得到数据集的简化表示，数据规约也是为了消除数据的异构性，一般通过数据标注方法来完成；数据变换使用规范化、数据离散化和概念分层等方法使得数据的挖掘可以在多个抽象层上进行，数据变换操作是引导数据挖掘过程成功的附加预处理过程。经过预处理的数据要进行数据存储。数据存储的方式则取决于数据采集的方式，实时集成对应于实时采集，直接应用至实时分析，一般使用 RESTful Web 服务技术来实现，通过这种技术可以实现数据轻量集成，而离线集成对应于离线采集，将数据存储集成后用于离线分析，两者的区别取决于分析时效性的要求。不管是哪种集成方式，在海量数据的冲

① 唐明伟，苏新宁，张艳琼. 面向大数据的突发事件物联网情报采集 [J]. 情报科学，2018，36（3）：46-50.
② 沈睿芳，郭立甫，时希杰. 数据挖掘中的数据预处理模型与算法研究 [J]. 计算机系统应用，2005（7）：44-46，70.

击下，必须使用分布式存储方法，这种方式与分布式采集是属于一个体系的不同阶段。分布式存储的 No SQL 数据库不仅仅是用于数据存储，它也是后续能够使用大数据相关技术进行分析的前提，除实时采集外，其他最终数据均需要存储至这类数据库中。

智库协同创新数据采集应用过程如图 7-4 所示。

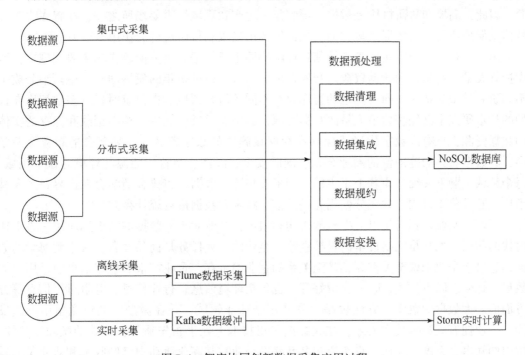

图 7-4　智库协同创新数据采集应用过程

智库决策支持信息保障协同创新数据采集主体可包括以下几类。

第一，政府。政府在智库决策支持信息保障协同创新数据采集方面的作用至关重要，主要表现在：政府拥有海量的社会治理方面的数据资源。大数据技术改变了社会的方方面面，对于推进政府公共管理和服务模式的创新、增强政府治理能力起到了不可估量的作用。正因为大数据对于社会治理有重要作用，政府有必要收集海量的社会信息，以了解社会现实情况、判断社会治理问题，进而为提出科学合理的解决方案提供切实的依据。同时，政府拥有广泛收集社会各方面信息的能力，政府强大的财力、人力以及组织体系能够保证政府收集到足够、全面的社会治理信息。因此，政府比任何个人或组织掌控的社会信息的总量都大得多。作为最大的数据拥有者的政府，收集的数据涵盖人口、农业、城市、气象、森林、海洋等与社会治理密切相关的方方面面的数据。大数据是一种可开发资源，可以被反复处理和应用，并不断产生价值增值。所以，积极开放、共享政府掌握的社会治理方面的庞大数据，并将这些数据纳入到智库决策支持信息保障的数据采集范围中，用以提高智库政策咨询的能力，是一个重要而亟待解决的问题。

第二，高校和科研机构。高校和科研机构在智库决策支持信息保障协同创新数据采集方面的作用主要表现在：高校和科研机构占有海量的学术文献方面的数据资源。进行科学研究是高校和科研机构的重要使命，高校和科研机构的图书馆等附属机构收藏了数量巨大的图书、论文等供学术研究的资料。作为高端学术科研人才高度聚集的机构，全国多数的两院院士等顶尖科研人才都在高校和科研机构中进行学术研究工作，大量的硕士、博士研究生为研究的展开提供充足的高端人才。高校和科研机构通过研究产生大量的学术论文、著作等，并且为了科研和教学的需要，高校和科研机构不断购入大量的图书、文献等资源。因此，高校和科研机构是数据资源收集、生产和积聚的重要场所之一，在智库决策支持信息保障协同创新数据采集方面，如何发挥出高校和科研机构的作用是至关重要的。

第三，智库。智库在决策支持信息保障协同创新数据采集方面的作用主要表现在：智库拥有大量专业领域的数据资源。智库自形成以来，通过多年的发展演化，逐渐细分成了不同研究类型的智库，同一类型的智库也有不同的研究领域。在传统时代，多数智库在长期的学术研究中已经积累了大量的数据资源，其中有以纸质文件、档案记载和保存的实体的数据资源，也有以数字化形式保存在存储设施中的数字资源。比如著名的布鲁金斯学会，其数据收集的范围包括商业金融、国防安全、经济、教育、能源与环境等数个领域，每个领域主题下又细分为若干子主题。为了收集这些数据，布鲁金斯学会在世界各主要城市广泛开设分支机构，并充分使用先进的信息技术对数据进行统计存储。

第四，企业。相对于以上提到的机构和组织，企业对于大数据的需求和应用一直走在时代的前列，尤其是网络技术高科技企业。企业的一大任务是商品经营，收集到海量的数据信息对于企业来说至关重要，甚至关系到企业的生存，企业需求的数据信息包括用户的数量、姓名、联系方式、收入、偏好等，也包括环境信息、行业信息、竞争对手信息等方方面面。大数据的概念、方法也是最先使用于商业领域，并在激烈的商业竞争中不断发展，企业拥有大数据技术人才，在大数据采集技术上处于领先地位，国外的微软、谷歌、国内的阿里、百度、腾讯、京东等知名互联网企业在其商业活动中已经收集和建立了大量的数据资源库。因此，在智库决策支持信息保障协同创新数据采集当中，企业会起到非常重要的作用。

在智库协同创新数据采集过程中，需要注意以下几点。

（1）进行统筹规划。智库决策支持信息保障协同创新数据采集是一项复杂的系统工程，涉及的主体较多、范围较广。在协同创新中需要进行统筹协调，以便智库能够得到准确、全面并且真实可靠的大数据资源，为智库顺利地开展研究活动提供保障。统筹规划时应注意以下几个方面：一要明确智库决策支持信息保障协同创新数据采集范围，对要采集的数据情况全面摸底，以保证采集到的数据是智库需要的，保证足够的数量，避免采集到无用的劣质数据。二要制定合理的大数据采集方法，规定特定的筛选规则来确保数据采集的数量和质量。大数据中的干扰数据、无意义的数据量巨大，要制定必要的采集规则，保证采集质量。智库决策支持信息保障协同创新数据采集各主体的相关人员需要密切协作，参与采集筛选规则的制定和修改，达成数据采集共识。三是要制定统一的标准。通过政府主导、多方协商的形式形成统一的数据采集处理标准和规范，每个主体都要依据规范对自己已有或采集的数据进行统一标准的处理和存储，以便各主体都能以统一的格式用于数据采集当中，并在不断的实践中完善标准规范。

（2）政策引导支持。对于不同的采集主体，其在数据采集中的作用应当有所不同，应根据各自的情况进行适当的任务分配。作为制定政策法规的主要力量，政府在协同创新数据采集方面中发挥着不可替代的作用，数据采集的政策保障和法律支持不可或缺。由于人们隐私保护意识的提高，以及根深蒂固的信息自利意识，不愿意贡献信息资源的情形普遍存在。政府本身可以利用其在社会治理中的主导地位，方便地收集到各类信息，但对于高校、企业等主体，收集数据的阻力是存在的，其中有收集能力的限制，也有社会民众不配合等因素，所以政府应该制定适当的政策法规，鼓励数据的开放共享，同时规范数据采集共享行为，规定收集的权限、范围等，使其能合法正当地去收集信息，同时保护社会大众的隐私、信息安全等权利。

（3）加强数据的开放共享。无论是政府掌握的数据资源、高校拥有的信息资源还是社会组织和企业积累的数据信息，想要使这些数据开放、共享并应用在智库决策支持信息保障当中，必须加大社会各界数据共享的力度。在大数据时代，智库能不能获得其他主体开放共享的数据，进而完成智库决策支持信息保障协同创新，与政府是否支持大数据开放共享的环境密切相关。智库决策支持信息保障协同创新需要政府、高校、科研机构、智库、企业都能充分开放和共享各自占有的各类数据，方便智库以及其他研究机构合理参考利用，产生更为科学全面的决策支持信息。在这些主体中，政府以其在政治、经济、文化等领域数据的最大拥有者，必须起到良好的带头示范作用，在此基础上采用多种方式引导规范其他各个主体数据的集中开放、全面共享，最终才能使智库决策支持信息实现协同共享。通过政府倡导的数据开放共享行为，不仅智库受益，政府与其他主体也将分享数据开放共享带来的收益，从而实现多方共赢的理想局面。为此，政府需要以身作则，率先打破各种数据孤岛和信息壁垒，共同推动大数据开放共享。要集中管理、统一规划，突破社会分工、行政分割、研究领域等限制，把条状、块状的分散数据有机地聚合起来，形成政府社会经济基本数据、高校及科研机构学术成果等智慧数据、企业生产经营数据、日常生活消费数据等，不同研究领域的智库也开放共享自己的专题数据库，从而有效地突破数据孤岛和数据垄断这两个难点，实现协同创新。

（4）开展多方协作采集。大数据的采集是一项十分耗费时间与资源的工作，单纯由某一个或几个主体独立去采集是低效率的，其中可能发生的问题包括单个主体采集能力不足，采集与需求的数据不匹配，重复采集现象严重等。因此在智库决策支持信息保障协同创新数据采集当中，应当开展由多个主体共同参与的数据采集。在采集数据之前各主体应共同协商包括不同主体数据采集的范围、采集数量、花费预算等内容，使采集到的数据覆盖全面，可利用性强，并且做到尽可能少地花费采集到高质量的数据。可以考虑由智库信息联盟牵头，成立数据采集工作小组，深入调查了解各主体的数据采集能力、数据采集需求等，重点需要了解各主体在数据采集方面的角色，分配好各主体的采集任务，在此基础上统筹资源的分配，使不同主体在数据采集协同创新当中发挥出各自最大的作用。

二、数据分析

大数据技术的关键是数据的处理方法。采用哪种技术手段和分析工具，怎样更高效地使用这些工具手段，从而发掘出具有高价值的数据信息，是智库决策支持信息保障协同创新的重要着力点。作为一种全新的理念和技术，大数据之所以被称为大数据，是因为其不能被传统数据开发方法所开发。传统方式分析数据的局限多着眼于结构性数据，发掘数据中呈现的规律并容易通过数学或统计的方法进行探索。然而，大数据中的数据内涵广阔、类型众多，需要更加有力的方法工具对大数据加以分析挖掘，因此必须采用新的思维和方法来分析大数据。大数据的数据分析方法、工具和手段是全新的，颠覆了传统数据分析的方法。这种新的数据处理方法通过将纷繁复杂的事物和抽象的数据建立一定的联系，找到实际问题产生、发展的规律和运行机制，从而达到实现预测未来发展趋势进而预防问题发生的效果。

从智库的角度来看，智库研究的问题以国内外的社会问题居多，智库专家要对国际形势、国际关系、国内民情、国家发展、全球自然生态等与人类社会有关的多个领域进行研究。当今很多问题已经不像过去一样界限分明，需要多方协作方能进行。因此采取大数据的思维和分析模式是一个好的选择，将社会科学问题与先进的信息技术相结合，加强定量化研究在社会问题方面的力度，发现过去看来相关度低的事物之间的联系，预测各类社会问题的发展趋势，生成未来公共政策的卓越识见。当前主流的大数据分析技术如下。

第一，语义搜索技术。随着人类信息化、数字化的进程加快，大数据日益增多，大数据与传统数据的差别越来越大，现在的大数据中结构化的数据本来就占少数，以后也只会越来越少，人们面对的将更多的是半结构化和非结构化数据，面对海量的该类数据，高速有效地从中寻找到所需信息变得更为困难。当前的信息搜索技术的效果正在减弱，搜索信息使用的手法是谷歌、百度等网络搜索引擎相关技术，通过输入对应的关键字来返回相关的结果，此方法的一个致命弱点是只根据字段的匹配与否来搜索信息，不考虑是否符合语法规范与具体语境，返回的结果很多是无效甚至荒谬的，如键入"化学"两个字，检索出现的内容会出现"智能化学习"或"呆板化学习"等无关结果。在传统时代，这种劣势还可以接受，但在大数据时代，这样的弱点会造成巨大的时间和资源浪费。为了消除传统搜索方法的劣势，一种不被搜索者输入的查询内容字面意思干扰，去准确地捕捉到查询者键入词句背后的真实含义，并以此来展开查询，从而返回查询者最想要的直接相关和间接相关的搜索结果的搜索技术正在发展当中，这就是语义搜索技术。语义搜索技术能够自主认识和判断搜索的内容，需要从模糊语境中移除无关内容，准确找到正确的关联内容。语义搜索技术的功能必须足够强大，要能解决搜索方输入错误、缺漏等问题。

语义搜索技术将会在智库决策支持信息保障中扮演重要的角色。智库在进行课题研究内容时搜索相关信息，利用语义搜索技术可以尽量避免无效内容的影响，精确直接地找到需要的信息，通过语义搜索技术的强大功能提供的分析能力，得出的关联搜索结果很有可能启发研究人员的研究活动。对于基于智库研究成果制定的公共政策，在执行和评估时充分利用语义搜索技术，可以得到全面准确的信息回馈，为完善公共政策，更好地解决公共问题提供帮助，同时也为智库的深入研究提供资料。

第二，云计算技术。云计算首先是一种思想，然后才是一种技术，其本质为一种廉价的计算服务。云计算是共享型的计算服务，通过大量联入网络的计算机计算经过精确分解过的大型计算程序，每台计算机高负载地承担能力范围内的计算，再汇总返回给计算发起方。因为计算发起方不用自己拥有大量的计算机，云计算服务器大量承担计算任务，充分节约了双方的资源投入，用户不用花费大量资源购买使用率低的大量计算机，大量用户根据需求购买云计算服务，云计算服务商的服务器也能得到高效利用，实现多赢。云计算技术具有规模化、低成本、虚拟化、便捷性高、可靠性强的特点。云计算作为一种强大的技术，是一种自助式的服务、一种无关地域的服务、一种服务可计量的服务。用户不必花费大量时间精力与服务商沟通协调就能简单地获取服务能力，只要接入互联网就可以使用，计算的难度和数量都能被轻易记录用于计算费用，可控性和透明度相当高。

大数据与云计算互相补充。根据软硬件的区分，云计算包括三种服务类型：一是基础设施即服务（Infrastructure as a Service，IaaS），指云计算提供方提供的服务器等硬件环境，通常提供对联网功能、计算机以及数据存储空间的访问；二是平台即服务（Platform as a Service，PaaS），是软件开放运行平台层，指云计算服务商已经搭建了操作系统、配置好了计算环境，用户不用花费精力在资源购置、容量规划、软件维护、补丁安装或与应用程序运行有关的任何无差别的繁重工作；三是软件即服务（Software as a Service，SaaS），人们通常所说的软件即服务指的是终端用户应用程序。云计算提供商直接向需求方出租软件，需求方不需要付出大量费用购买软件，有效降低了需求方的使用成本，这对小型组织如智库很有帮助，有了 SaaS 服务，智库只需要操作好 SaaS 提供的软件就能完成需求。云计算部署模型分为三种：公有云、私有云、混合云。公有云即为多个客户共享一个服务提供商提供的计算资源，客户按照自己的实际需要，通过租赁的方式来获取这些资源。私有云即为计算资源由一家企业专用并由该企业掌握，私有云一般部署在企业的数据中心，由企业的内部人员管理，实力雄厚的大公司趋向于构建自己的私有云。那么混合云即为公有云与私有云的混合，混合云的策略是在私有云部分保持那些相对隐私的操作，在公有云部分部署相对开放的运算，混合云可以兼顾两种云的优点。

云计算技术在智库决策支持信息保障中是主要应用的技术，可以大幅降低智库成本，对于资金来源紧张的智库比如很多小型民间智库很适合。智库可以通过建立混合云的方式获得计算服务能力。因此，智库决策支持信息保障协同创新需要多方协作，发挥云计算的无穷潜力，探索适合自身的云计算部署和架构方案，创新出智库决策支持信息保障的新方法、新思路。

第三，数据挖掘技术。不同于语义搜索技术和云计算技术要依靠先进信息技术中的软件或硬件技术，数据挖掘技术属于完全抽象的技术。数据挖掘是指从大量的数据中，提炼出隐藏其中的、通过传统方法分析不出来的、但存在有潜在巨大价值的信息，以期解决现实问题的过程。完整的数据挖掘过程包括从有效数据的获取到生成新的高价值信息的全过程，数据挖掘的一般过程大体包括以下 6 个步骤：①定义挖掘目标，首先要规定从哪些数据中进行挖掘，才能避免挖掘的盲目性；②采样数据，从大量数据中采集部分数据才能有效挖掘；③预处理数据，在数据采集阶段数据处理的基础上进一步处理，使其便于被探索；④探索数据，使用数据分析手段对数据进行深度挖掘；⑤建立模型，建立合理的解决问题模型并实验其效度如何；⑥评估模型，根据模型运行情况评价模型，进行改进或重建模型。数据挖掘技术中聚集了不同类型的数据挖掘具体方法，包括神经网络方法、聚类分析法、遗传算法、决策树方法、关联分析法、粗集方法、覆盖正例排斥反例方法、时序分析法、统计分析方法、偏差分析法、模糊集方法、分类分析法等，它们很多是根据其他学科中的方法发展而来，如统计学的抽样、估计和假设检验、信息论、信号处理等。

数据挖掘技术是大数据在智库决策支持信息保障中的核心应用。大数据应用的核心不是看到存在海量的可能具有价值的数据，而是必须想方设法寻找数据与数据、数据与现实问题之间的关联，找出隐藏在数据背后的相关规律，用这些发现的规律去支撑研究结论，使智库的研究科学有据，能切实解决社会问题。

第四，机器学习技术。简单说来，机器学习是赋予计算机类似人类的学习知识的能力，让它自己去实现通过人工编程无法有效实现的功能的一种方法。从另一方面看，机器学习是一种用巨量的数据和计算机强大的计算性能来训练解决问题的模型，通过不断的学习改进，完成问题预测的方法。从范围上来说，机器学习跟模式识别、统计学习、数据挖掘是类似的，同时，机器学习与其他领域的分析处理技术的结合，形成了计算机视觉、语音识别、自然语言处理等交叉学科。机器学习与大数据的关系紧密，大量的结构化数据、半结构化数据和非结构化数据为机器学习提供了数据上的支持。机器学习强大的学习能力正在显现出来，如在2016年智能机器人AlphaGo战胜世界顶尖的人类围棋选手，实现了人类发展史上的一次超越，一个人类希望看到的结果出现了，能产生高级智能的不仅仅是人类这一唯一的物种，无生命的机器只要有足够多的数据支撑和足够高深的算法支持，就可以通过学习无限地产生智能。

机器学习是多学科交叉的复杂性科学。机器学习流程大致由6个部分组成：①应用场合分析。场合分析是把欲解决的问题逻辑理清，然后匹配适合的算法。②数据预处理。根据具体需要对数据采集阶段处理过的数据再精细处理。③特征工程。特征工程是机器学习中最重要的一个步骤，算法相同的模型因为特征选择的不同会产生完全不同的效果。④模型训练，即用处理过的数据去训练模型。⑤模型评估。评估模型的好坏优劣。⑥离线/在线服务。通过合理调度开启或关闭离线/在线服务，离线时训练模型，在线时进行预测，返回结果。

机器学习技术会在智库决策支持信息保障技术服务中得到极大的应用。未来的智库决策支持信息不仅要解释过去发生的问题和解决当前正在产生的问题，预测未来将要发生问题的能力是将大数据应用智库决策支持信息保障协同创新中的重要方面，通过机器学习技术，智库把各主体拥有的数据去训练问题模型，在投入少量资源消耗的情况下产生出更多更好的成果。

第五，实时分析技术。实时分析技术是大数据一项重要的技术。在大数据中，很多数据长期保有价值，它们在中长期研究中可以发挥巨大作用，但是大部分数据的价值具有时效性，特定的时间过后它们的价值大幅降低甚至失去价值，因此必须尽快针对实时发生的问题对它们进行处理，最好是立即处理，不是存储起来集中处理，否则会失去宝贵的时机。大数据时代的数据产生数量和速度极快，所以要有对应的数据处理速度加以配合。现在无论是在公共治理还是商业竞争或者其他领域，都在追求期望及时处理数据并且快速得到反馈。目前的大数据处理技术可以分为批处理技术与流处理技术两种。实时分析技术的基础技术是流式数据处理技术。批处理技术虽然具备处理效果好等特点，但它无法实时处理数据，等到把数据集中成为特定大小的数据块进行处理之时，其中的很多数据可能已经过时了，因此对处理精度要求不是太高但能实时处理数据的流式数据处理技术是必要的。目前主流的实时流处理框架有IBM的StreamBase、Yahoo的S42、Twitter的Storm和

Rainbird、Facebook 的 Puma、阿里巴巴的 JStorm 等，其中 Storm 最为流行。实时分析一般以 Storm 框架为代表，其计算数据实时采集至内存中，通过 Storm 框架分配集群资源进行计算。而离线分析则以 Spark 平台为代表，Spark 目前支持大部分 NoSQL 数据库，只需要简单地配置就可以建立与 NoSQL 数据库的数据关系，再根据不同的业务需求，执行相应的数据分析程序，调用集群资源进行计算①。智库决策支持中实时分析技术在选择和开发时必须要注意流式数据处理技术的延迟性、吞吐量、扩展性、容错性等表现如何，在这些性能上表现良好才能满足智库的实时决策支持。现今世界的不确定程度严重，突发事件层出不穷，人们对政府及时处理公共问题特别是爆发公共危机时的及时处理能力要求越来越高，实时分析技术正好能解决这方面的问题。

第六，数据融合技术。数据融合技术是指利用计算机对按时序获得的若干观测信息，在一定准则下加以自动分析、综合，以完成所需的决策和评估任务而进行的信息处理技术。数据融合最早用于军事领域，即把来自许多传感器和信息源的数据进行联合（Association）、相关（Correlation）、组合（Combination）和估值的处理，以达到准确的位置估计（Position Estimation）与身份估计（Identity Estimation），以及对战场情况、威胁及其重要程度进行及时的完整评价。数据集成后的多源数据是数据融合的加工对象，协调优化和综合处理是数据融合的核心。比较常用的数据融合技术主要有表决法、模糊衰退、贝叶斯汇集技术、BP 神经网络、卡尔曼滤波法、D-S 理论等方法②。针对大数据环境下决策支持数据源涉及部门众多、信息来源广泛、动态变化等特性，对数据融合提出更高的要求。不仅仅要求采用传统组织模式对数据信息进行组织，更要跨部门、多主体、多阶段、多层级融合多源数据，为有价值的数据分析业务提供保障。因此数据融合分为多源数据形式融合、特征级内容融合以及决策级深度融合三个层次。多源数据形式融合是将多源互联网和物联网数据进行统一化、规范化预处理；特征级内容融合从时间和空间对特定目标进行识别、跟踪、关联等分析；决策级深度融合是针对决策进行数据多层次、多角度分析和预测，是人与机器协同作用的结果。

智库协同创新数据分析应用框架如图 7-5 所示。

三、数据展示

数据展示，又叫数据可视化，是指将智库的研究内容、成果等以可视化的方式展示给需要的人。数据可视化主要借助于图形化手段，清晰有效地传达与沟通信息。智库的研究内容、成果包含智库的研究报告、具体分析数据的展示、智库对外交流宣传的内容等，由于智库的研究具有专业性，很多研究方法和研究内容深奥难懂，加之外部人员也不需要了解智库研究的具体内容、方法与过程，因此，通过可视化的方式把结果清晰地展示出来，

---

① 高伟，薛梦瑶，于成成. 面向大数据的情报分析方法和技术体系研究［J］. 情报理论与实践，2019，42（12）：43-48，35.

② 郑淏，薛惠锋，李养养，等. 数据融合技术在环境监测网络中的应用与思考［J］. 中国环境监测，2018，34（5）：144-155.

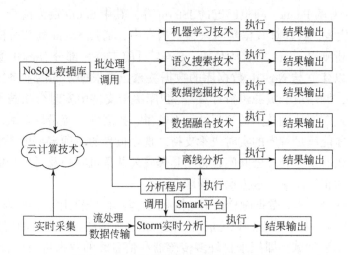

图 7-5 智库协同创新数据分析应用框架

有利于智库研究成果的传播交流。

　　早在 20 世纪 60 年代，数据表现方法复杂，给人们研究和使用带来不便，于是人们思考如何将复杂的数据以形象化的、易于人们观察理解的形式表现出来。随着计算机软硬件技术飞速发展，其对于图形图像处理的能力不断增强，对于数据的认识和处理能力进一步提高，数据可视化技术相应得到了很大的发展。数据可视化技术是利用计算机图形学及图像处理技术，将数据转换为图形或图像形式显示到屏幕上，并进行交互处理的理论、方法和技术，有利于人们快速检索信息和增强认知能力。数据可视化是一项复杂的技术，需要多门学科交叉融合，甚至是科学、技术与艺术的结合产物。它涉及计算机视觉、交互、图像处理、信息技术、计算机辅助设计、自然科学、计算机图形学等多个领域，要用图形图像表达出数据包含的内容，因此，构造相应的图形图像才能实现数据的可视化呈现。所以要从三个层次来理解数据可视化，一是计算机相关技术，包括软件和硬件的技术；二是对数据的处理，涉及高等数学、统计学的内容；三是图形的绘制方法，工程制图、动画技术、图形设计等与绘图甚至美术有关的内容。数据可视化是将视觉艺术、计算机技术、数字科学与美感相结合，实现了科技与美学的相互渗透，是人类理性与感性完美结合的成果之一。可视化技术与数据内在具有相辅相成的特性，从数据来说，可视化要以数据为基础来进行可视化，数据是赋予可视化以具体内容的一方，没有实际的数据作为支撑，可视化的意义并不大。从可视化来说，可视化给数据提供了丰富多样的表达形式，以直观的形象揭示出数据背后的含义的同时降低人们的理解难度，可视化技术与数据互相成就。目前数据可视化与人机交互、人工智能等领域的联系密切，成为一项研究数据表示、数据处理、决策分析等问题的综合技术。

　　对于智库决策支持，大数据可视化技术提供了很大的便利，既增强了智库决策支持信息的可读性，也增强了智库决策支持结果输出的说服力，使之变得更加具有观感，提高了理解和相互间交流的效率。智库决策支持信息的目的是为决策者进行决策而服务，决策支持信息的具体表达形式会对决策者是否采纳智库成果产生一定的影响。智库之间互相交流，智库与高校、智库与科研机构、智库与企业乃至于智库与社会大众之间的交流也离不开可视化表达，比起具体的数据报表、方法技术，人们更关心看到的东西是否美观、是否易于理解。况且，在大数据时代，智库面对的数据已经超越传统意义上的数据，巨量的、多种结构类型的数据必须通过特殊的可视化技术才能展示和理解，这些数据在借助数据可视化技术表现时，会具有更大的展示难度，因此智库决策支持信息保障协同创新要加强对数据展示技术方面的创新。

数据可视化技术起源于计算机图形学，其发展是从科学计算可视化技术开始的，可分为四类：①科学计算可视化。科学计算可视化是指利用图形学的理论和技术，将科学与工程计算等产生的大规模数据转换为直观形象的图形、图像，以直观的视觉化形式表达出来。②数据可视化技术。数据可视化是指运用图形学的理论和图像处理技术，将各种数据转化为屏幕上显示出的图标图像，并进行人机交互处理的技术和方法。③信息可视化。信息可视化是将计算机和人的大脑这两个功能强大的信息处理系统连接起来，借助计算机强大的数据加工处理能力将数据转化为一种视觉化形式，然后利用人类对视觉对象的快速辨别能力，使人们在这种新型高效的视觉化界面的帮助下，快速识别出数据背后事物之间的关系及其发展趋势。④知识可视化。知识可视化指的是所有可以用来建构和传达复杂知识的图解手段。除了传达事实信息之外，知识可视化的目标在于传输见解、经验、态度、价值观、期望、观点、意见和预测等，并以这种方式帮助他人正确地重构、记忆和应用这些知识①。

大数据可视化技术的具体实现过程主要分为四步：①需求分析。需求分析是大数据可视化具体实现的基础，要描述项目背景与目的、达成目标、实现范围和性能需求等内容，明确可视化需求对象对可视化实现的要求和期望。②建设数据仓库模型。数据仓库模型是以对需求的分析为前提建立起来的。包括分析哪些维度对主题阐释有用，用什么指标来"度量"主题，如何使用现有数据实现等。③数据预处理。即对数据进行 ETL（抽取、转换、加载）操作，目的是保证原数据的质量。④建立可视化分析场景。建立可视化分析场景是对数据仓库中的数据进行分析处理的成果，需求方能够从这里看出实际的展示结果，依据不同的主题和方式查看核心数据，从而进一步优化可视化方案。

随着对数据可视化技术的重视度提高，相关技术不断地出现和发展，出现了很多实用性强的数据可视化的工具。人们最常见到的数据可视化工具是办公软件 EXCEL，它属于入门级的数据可视化工具，可以用报表、统计图表等表达数据，优点是便捷、易操作，缺点是作为初级可视化工具，可视化功能有限。比较高级的数据可视化工具有：以其高度的灵活性和动态性著称的 Tableau，可用于任何网页的脚本语言的 FusionCharts，可当作地图制作 API 的 Modest Maps，提供了多种多样的图表样式的 jqPlot，当前最受欢迎的可视化数据库 D3（Data-Driven Documents），开源的 PHP 图表生成库 JpGraph，全球许多大型企业都在使用的纯 JavaScript 图表库 Highcharts，可视化云服务工具 iCharts，适合于编程进阶的可视化工具 Processing，开源的可视化网络分析软件 Gephi 等等。这些可视化工具各具特点，服务的方向不同，但都能提供强大的数据可视化功能。可视化工具提供的图表丰富多样、类型众多，包括简单数据可视化矢量图，如条柱图、直方图、散点图、饼图、线图、面积图、茎叶图等。数据分析图形，例如箱线图、P_P 图、Q_Q 图、误差分析图、残差分析

---

① 贺全兵. 可视化技术的发展及应用［J］. 中国西部科技，2008（4）：4-7.

图、概率分布图、等高线图等。其他可视化图表，如标签云、雷达图、百分比圆环盘、南丁格尔玫瑰图、气泡图等。逻辑分析导图，如鱼骨图、树状图、思维导图、流程图等。可视化技术形式多样的图表可以针对不同任务的需求进行适当的选择和使用。

数据可视化技术是智库决策支持信息保障协同创新的重要手段，其未来发展方向包括：①可视化技术与数据分析的联系会越来越紧密。数据可视化可以使人们直观看出经过数据分析之后结果输出背后的规律与联系，提高数据分析成果的效用，因此数据分析与数据可视化技术是未来的一个重点研究方向。②可视化技术与人机交互的联系会越来越紧密。随着科技的发展，很多电子信息设备越来越重视与人的交互功能，人机交互包括声音、动作的交互，大部分需要良好的视觉交互模块来接受机器的反馈，因此，在未来的人工智能领域会高度重视可视化技术与人机交互的融合。③可视化技术与大规模、高维度、非结构化数据的联系会越来越紧密。大数据时代的海量数据具有大规模、高纬度、非结构化的特点，要将这样的数据以可视化形式完美地展示出来，过去的技术处理起来难度越来越大，需要新的技术来支撑大数据可视化技术的发展。比如高分辨率高清大屏幕拼接可视化技术因其具有超大画面、纯真彩色、高亮度、高分辨率等显示优势，结合数据实时渲染技术、GIS 空间数据可视化技术，实现数据实时图形可视化、场景化以及实时交互，让使用者更加方便地进行数据的理解和空间知识的呈现，可应用于指挥监控、视景仿真及三维交互等众多决策支持服务领域①。

智库协同创新数据展示应用框架如图 7-6 所示。

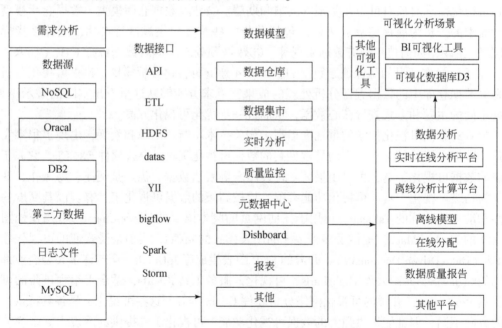

图 7-6　智库协同创新数据展示应用框架

---

① 张繁，王章野，吴侃侃，等. 大屏幕拼接可视化技术的研究进展［J］. 计算机辅助设计与图形学学报，2016，28（1）：9-15.

第八章 智库决策支持信息保障协同创新保障服务体系

本章概要: 良好的智库决策支持信息保障协同创新服务环境,起到保障各方面协同创新因素高效协同的作用。优质高效的信息保障服务机制是智库高水平建设与高效能运行的强力支撑,更是智库高品质成果产出及高影响力作用发挥的重要前提与基础,并贯穿整个智库决策支持协同创新发展的全过程。本章论述智库决策支持信息保障协同创新的政策法规、人力资本、创新思想、信息生态、信息安全、中介服务、人文环境等保障服务环境,以及综合评价、沟通信任、协同管理、想法协同、资源共享和集成运行等保障服务机制。

第一节 智库决策支持信息保障协同创新保障服务环境

智库决策支持信息保障协同创新保障服务体系需要各方面的因素协同作用,完成这一复杂过程不仅需要体系内各智库协同体加强协作和创新,更需要外部运行环境来保障整个过程的顺利完成。由于智库协同创新的各个主体具有跨界的特点,信息资源壁垒高,资源分布零散,"信息孤岛"现象干扰着智库协同创新构建中的信息大跨度整合。要使智库组织服务体系、情报服务体系、技术服务体系顺利运行,就必须建立起良好的智库决策支持信息保障协同创新保障服务环境,起到保障各方面的因素高效协同的作用。

一、政策法规保障

智库决策支持信息保障协同创新体系要顺利运行,党和国家的政策是体系支撑的基础。而在政策的制定方面,政府起到关键作用,智库协同创新联盟内部则起到辅助作用。政府在智库决策支持信息保障协同创新服务体系中不仅仅扮演用户的角色,在此体系中,政府也拥有引导、监督和推动智库协同创新发展的重要作用。政府的各种引导政策,能够推动智库协同服务体系的完善,深化各智库间的合作,政府鼓励创新也在一定程度上推动了各智库个体的发展和协同创新服务体系的构建。法律法规能够起到保护和监管的作用,保护各方的合法权益和智力成果,监督各种不法行为,防范出现侵权和利益分配不均等问题。因此,政府政策法规是智库协同创新服务模式正常运行的重要保障,只有政府加强引导和监督,智库协同服务体系才能顺利运行,更好地为用户服务。目前我国相关的政策法规体系比较零散,已有法律形式也较为单一,对于大部分的需求还不能很好地满足。智库协同创新联盟内部应根据相关政策法规,充分发挥政策法规的指导调节作用,结合自身的实际情况,制定内部合作章程,规范智库信息服务联盟的发展。智库的此类权益可以与国家相关法律进行结合，对智库协同创新各参与方的权益进行全面保护。因此，根据发达国家的智库相关经验，应该建立健全相关法律体系，保障智库决策支持信息保障协同创新。

（一）民法

民法是规定并调整平等主体的公民间、法人间及其他非法人组织之间的财产关系和人身关系的法律规范。智库决策支持信息保障协同创新保障服务中，涉及各个主体和方方面面的资源与利益，解决协同问题，实现协同创新，更需要诸多因素的共同作用，因此，协调各参与主体之间的关系适用于民法。在信息保障协同创新中，要重点解决好法人单位和创新平台之间的关系。因为各参与成员是法人组织，而协同创新平台如智库信息联盟本身却是非法人组织，其不能承担法人组织所能承担的责任和义务，联盟的运作以具有法律约束力的联盟协议为基础。根据我国目前对社会组织相关法律的规定，就智库协同创新体如智库联盟而言，行政性法规应允许智库联盟登记为"社团法人"或"事业法人"，并按照组织的性质制定相应管理办法。《中华人民共和国民法通则》允许企业之间或者企业、事业单位之间组成新的经济实体，经主管机关核准登记取得法人资格。现行管理条例对设立社团法人和事业法人管制太严格，智库联盟无法登记，建议适当放松有关法人设立的管制。另外，协同创新过程中的信用问题非常重要，规范协同创新行为，必须严厉打击合作失信行为，协同创新信息产权交易过程中，由于失信行为造成损失时，应依照民法、合同法或某些知识产权法的规定裁定赔偿数量。因此，大数据环境下智库决策支持信息保障协同创新应依据专门针对信用行为的法规条例，有力打击合作失信行为，保障合作方权益。

（二）知识产权法

智库决策支持协同创新与知识产权（法）关系密切，协同创新团体的各主体在知识产权（专利权）归属和相关利益分配方面难免会产生问题。知识产权的竞争也容易导致各创新主体间的壁垒隔阂，势必影响协同创新工作的开展，因此，如何科学、合理、有效地进行知识产权共享及利益分配是持续推进实施协同创新计划的关键环节。我国的知识产权法由《中华人民共和国著作权法》《中华人民共和国商标法》《中华人民共和国专利法》三部法律构成。一方面，在智库决策支持信息保障协同创新过程中，会产生大量的研究成果，这些成果是协同创新活动的产物，只有建立严格的技术与知识成果保护制度，才能最大限度地保护智库决策支持信息保障协同创新的积极性。因此，在对成果管理中，对知识产权产品的开发、管理与利用等所有的操作应遵照知识产权法的相关规定。另一方面，在信息收集、组织、加工、信息服务等智库决策支持信息保障的每个环节都有可能涉及知识产权问题，应遵守知识产权法，根据相关知识产权条款和合同权利责任义务契约，确保不产生纠纷；如果有了纠纷，能够得到妥善解决。

（三）政府信息公开法

政府信息是智库决策支持的重要信息来源。由于政府在社会治理中所处的特殊地位，作为大规模社会信息的原始采集者，政府积累和掌控了大量信息资源，这些信息资源是智库决策支持的重要保障。我国在 2008 年正式颁布《中华人民共和国政府信息公开条例》

（以下简称条例），这是我国在法规上保障人民知情权的一个里程碑，其作用不可低估。现代科学技术的发展为政府信息公开提供了技术条件，建设现代国家治理机制的进程更形成了政府信息公开的强烈要求和愿望。条例最为重要的意义在于它确立了"公开为原则，不公开为例外"的理念，使之成为全社会的共识。条例为智库决策支持信息保障协同创新提供了更多的知情权和重要信息来源，为信息保障和协同创新提供了更多的契机。但是目前政府信息的公开情况还不是很理想，还没有成为政府的自觉行为，智库、企业、研究机构等社会机构利用政府信息还不是特别便捷和全面，需要进一步深化政府信息公开，为智库利用政府信息提供更多更方便的渠道。

（四）数据保护法

大数据环境下，智库决策支持信息保障协同创新中会涉及大量的大数据应用。大数据应用会涉及法律问题、隐私问题、技术问题、责任问题、信任问题，是一个前所未有且极其复杂的过程。2016 年，时任国家卫生和计划生育委员会副主任金小桃（现任中国卫生信息与健康医疗大数据学会会长）曾指出："健康医疗大数据的应用发展，最基础的在安全……对于健康医疗大数据的安全和个人健康医疗数据相关的隐私保护，必须予以高度重视，甚至于它决定着我们大数据应用发展的未来[1]。"英国 care. data 就因为数据隐私、数据权益保护问题，发展一波三折[2]。欧盟已于 2018 年 5 月 25 日施行《一般数据保护法案》（General Data Protection Regulation，GDPR），GDPR 对众多制度进行了革新，将个人数据的保护力度提至前所未有的高度，也对数据处理企业等主体施加了严苛的保护义务和法律责任。美国也在酝酿推出《数据保护法案》（Data Care Act），该法旨在保护用户个人信息，防止用户数据滥用，解决美国隐私泄露问题[3]。2022 年 6 月 3 日，美国参议院和众议院发布了《美国数据隐私和保护法》（American Data Privacy and Protection Act，以下简称 ADPPA 草案）[4]。我国"数据保护法"尚没有提上立法议程，目前最接近数据保护的法律一是 2021 年 11 月 1 日起施行的《中华人民共和国个人信息保护法》，二是 2021 年 9 月 1 日起施行的《中华人民共和国国家数据安全法》。值得注意的是，要加强相关法规之间的衔接，强化数据权益保护。我国需要继续完善我国数据保护法律法规，深入剖析国内外案例，研究制定协同创新中数据的全方位保障体系和方案，以预防实施过程中的各类风险，避免出现类似英国的情形。

（五）侵权责任法

智库信息保障协同创新过程中应尽可能避免出现侵权行为，尤其是知识成果和信息侵

---

① 国家卫计委：健康医疗大数据应用发展的基础在于安全［EB/OL］.［2017-12-27］. https：//www. sohu. com/a/212996993_357893.

② 洪延青，何延哲. 英国健康医疗大数据平台 care. data 为何停摆？［J］. 中国经济周刊，2016（29）：77-79.

③ 美国参议院提出《数据保护法案》［EB/OL］.［2016-08-10］. https：//new. qq. com/omn/20190104/20190104B07IQK. html.

④ 美国数据隐私和保护法（ADPPA）内容简析［EB/OL］.［2022-08-26］. https：//new. qq. com/rain/a/20220826A04B7100.

权行为。在合作联盟内部，信息合作和利用过程等一切协同创新行为都要在相关法规和合约框架内进行，一方面要促进知识产权共享，另一方面要加强知识产权保护意识。对外要积极打击侵权盗版，规范知识成果利用行为。我国2009年12月26日通过了《中华人民共和国侵权责任法》，其第二条明确规定，侵害民事权益，应当依照本法承担侵权责任。本法所称民事权益，包括生命权、健康权、姓名权、名誉权、荣誉权、肖像权、隐私权、婚姻自主权、监护权、所有权、用益物权、担保物权、著作权、专利权、商标专用权、发现权、股权、继承权等人身、财产权益。智库信息保障协同创新过程中应尽可能避免出现诸如上述的成果和信息侵权问题，注意保障相关主体和专家学者们的知识产权，推动智库决策支持信息保障协同创新的持续健康发展。

（六）信息安全法

智库决策支持信息保障协同创新中的信息安全问题非常重要。信息保障工作全程参与智库、高校、企业、情报机构和研究机构的协同创新活动，由于智库、高校、科研机构均是知识密集型机构，在决策过程中会存储大量的数据信息等，有的可能还涉及一定量的保密性信息，尤其是涉及国防、高精尖技术等知识和情报，因此信息安全法律法规将成为智库信息保障体系的重要构成要素，信息保障体系在确保正常的信息传播、交流与共享的同时，应按照信息数据的保密和安全要求，确保信息安全存储、管理和利用。

二、人力资本保障

人才是智库发展的关键因素与核心资源。智库作为知识服务性行业，人力资本起着非常关键的作用，信息保障协同创新对人力资本的要求更高，人力资本可以更好地保障智库协同创新。

（一）充分保障智库人力资本的供给

智库的组成部分中最关键最核心的要素是人才，智库只有提高自身能力，尤其是人才方面的优势，才能增强有效供给，保持人力资本优势。智库协同创新服务模式发展过程中，要对智库创新服务所需要的专业化人才着重培养，制定专门的专业培养方案，并且为参与智库创新服务体系的专业化人才提供更多的多模式、实战化的实践机会，鼓励他们作为访问学者进入国际知名智库或情报服务机构学习国外智库服务的先进经验，以便获得智库发展的前沿理论与科学技术，提升智库科研创新的国际竞争力。国家作为智库创新服务资金的主要投入者，应在增加科研投入的同时，更注重对智库科研人才引进、吸收和培养的资助，通过社会广泛招募、国外引进、聘请等方式，为智库工作者提供必要的经济补助，尽最大努力保证智库创新服务的人才需求。通过政府、智库、企业、高校和科研机构的共同努力，建设一批有远见、有能力、有层次、有格局、负责任、敢担当的智库人才队伍，这是提高智库协同创新的必要保障。团队是人才成长的熔炉。智库的发展壮大必须要凝聚一批专业能力强，学术造诣深的研究团队。智库由于受自身属性和社会文化的影响，在人才的集聚与吸引方面与政府或企业相比差距还比较明显。人才缺失是制约智库建设的主要障碍，完善人才结构是亟须解决的问题。从运行实践看，智库所需人才大体可分为如下三类：一是高端人才，这类人才往往拥有自己的参政渠道，应吸引此类人才加入智库。二是独立型人才，这类人才往往是某一领域的权威专家，对这类人才的引进，需要智库的研究领域与其契合，智库也可邀请其兼职。三是国际化人才，研究的国际视野是智库进一步发展的趋势，需要符合要求的国际化人才，可聘请前政府外交官、驻外大使以及大型企业的国外负责人等。

（二）构建长效的智库人才选拔机制

在智库决策支持信息保障协同创新系统中，应该采取措施使系统内部各个要素实现优势互补，从而更好地发挥整体效益。选拔优秀的"创新型人才"作为组织的领导者，要求其具备跨学科的知识背景与协调文化差异、组织文化差异的能力，组织领导能力以及个人魅力。建立以领导者为核心的管理委员会，负责协调组织内外部成员之间的关系与利益分配，确保跨组织研究协同创新的顺利发展。按照自愿、公正的原则选拔不同专业和部门的专业人员组成项目团队，要求其具备扎实的专业知识、熟练的专业技能、端正的科研态度、积极的合作思维、良好的人际沟通能力和团队意识。在"创新型人才"的领导下，针对协同创新组织的特点和定位以及研究合作项目的要求，形成有效的决策支持机制。积极推进"旋转门"机制，鼓励智库和政府之间的人才流动。在智库人才选拔方面，政府智库之间的人才自由流动已成为国际惯例。要在知识共同体与政治共同体之间架设桥梁，使知识与权力建立起牢固的联系，在学界与政界之间建立起顺畅的沟通渠道，在政府智库之间建立起人才共享机制，促进智库学者与政府官员的沟通交流，促进党政机关与智库人才的有序流动，最终使智库决策支持工作得到优化。党政机关要为智库人员提供挂职锻炼的机会，使之充分了解决策需求并熟悉政策制定过程，以增强智库研究的针对性与研究成果的可操作性。有效的人才选拔机制构成智库协同创新的人才保障。

（三）优化智库的人才结构

智库决策支持信息保障协同创新需要专业人才之间的对接和配合，想要实现高质量成果产出，优化人才结构是必要举措。智库需要充足的各类研究专家、信息专家、管理专家等各类专业人才资源。同时，应注重内部专家的培养和外部的交流，通过定期培训和考察交流，提升智库现有人才的合作能力、服务能力和科研能力，形成强大可持续的专家资源库。研究专家是智库的核心资源，智库需要结合自己的研究领域配置适量的专业研究人员，以保证项目研究工作的开展。信息专家在智库会发挥越来越大的作用。智库信息专家包括信息技术专家和信息服务专家，负责保障智库与智库协同创新体的信息安全以及技术的开发和更新。在大数据环境下，信息服务专家是智库决策支持信息保障协同创新的骨干力量，不仅要努力提高服务质量，还需要发挥业务引领作用。智库管理专家也必不可少。智库决策支持信息保障协同创新想要运转良好，还需要能够管理整个协同创新体系的管理人员，这不仅要求管理人员具有统筹全局的能力，还要求其具有前瞻性的眼光。

（四）加强智库人才的信息能力培养

信息人才是智库决策支持信息保障协同创新的核心资源，智库人员的信息服务能力关系到智库信息服务的水平和协同创新的质量。大数据相关的采集、存储、分析处理、信息挖掘、可视化等技术不断发展，对智库研究人员和管理人员的信息技术能力提出了更高要求。智库研究人员应具备针对专门问题和用户需求，从海量数据中选取所需信息，运用大数据分析决策工具对这些数据和信息进行处理，并形成思想产品的专业知识和技术技能。智库管理人员应能够熟练运用信息网络和大数据技术，通过大数据信息集成服务平台，整合智库决策支持信息资源，实现信息资源的交互和共享，为智库研究人员和用户提供准确、便利、灵活的信息管理服务。大数据环境还对智库信息传播相关人员提出了新要求，智库信息传播要顺应大数据技术发展潮流，结合新型媒体形式，建设智库运营特色媒体，如具有新型智库特点的网站、微信公众号和出版刊物，并同具有品牌影响力的主流媒体加强信息、技术和服务合作，在成果创新领域引领社会公众舆论。

（五）建立智库人才发展的良好平台

人才平台是智库协同创新高效能作用发挥的长效机制，要确保人尽其才、才尽其用，强化配套信息支持，搭建智库协同创新高效能作用发挥的良好平台。综合运用情报分析手段，做好智库的人才储备工作。开展智库决策机制研究，分析智库协同创新运行中不同阶段的差异化决策支持信息需求，从而有针对性地进行信息协同保障服务。发挥合力，深化合作，做好信息资源的增值开发利用，为智库协同创新提供发展原动力。要充分借助政府服务需求，围绕党和国家关注的重大现实问题、人民群众关心的热点及难点问题开展不同领域、不同层面的大样本数据调研与系统分析，推动决策支持信息可视化进程。广泛开展决策咨询活动，深层次解读影响地方经济社会发展的全局性重大问题，凝聚协同创新智慧，服务地方经济社会发展。

三、创新思想保障

当今智库面临日趋复杂的决策支持环境，依靠专家个人或者单一智库，已经很难应对这种复杂局面，必须发挥协同创新作用。智库应该把建立信息保障协同创新服务体系作为自己的战略发展途径，把"协同创新"作为未来发展的动力和源泉，谋求更广、更深层次的合作，有效整合各自的优势资源，强化协同创新发展特色，克服协同创新阻碍因素，完善内部管理和评价机制，创新思想应该从理论创新、知识创新、内容创新和管理创新来努力使协同创新的整体合力得以充分汇聚，切实提升智库协同能力，从而推动智库决策支持信息保障协同创新的发展。

（一）加强智库决策支持信息保障协同理论创新

党的十六大报告中强调："实践基础上的理论创新是社会发展和变革的先导。通过理论创新推动制度创新、科技创新、文化创新以及其他各方面的创新，不断在实践中探索前进，永不自满，永不懈怠，这是我们要长期坚持的治党治国之道①。"习近平总书记在哲学社会科学工作座谈会上的重要讲话中指出："理论思维的起点决定着理论创新的结果。理论创新只能从问题开始。从某种意义上说，理论创新的过程就是发现问题、筛选问题、研究问题、解决问题的过程②。"可见，理论创新是构建智库决策支持信息保障协同创新体系的首要任务。理论创新必须基于我国社会主义现代化建设的伟大实践，立足于智库应用问题研究的前沿领域，以问题意识为导向，以解决问题为根本。只有明确的问题意识或研究对象，才能保证智库协同创新始终站在时代和社会需要的前沿，促进智库参与社会治理体系和治理能力现代化的发展与繁荣。在智库决策支持信息保障协同创新体系建设上，应加强协同创新理论研究，探讨智库、研究机构、大学、企业、政府、情报服务机构之间的关系，整合协同主体的优势资源，在政府、中介机构、情报服务机构等相关主体的支持下，协同推进智库决策支持咨询服务活动。智库决策支持信息保障协同创新的过程就是在各主体之间知识共享、知识协同与知识创造进而形成知识优势的过程。

（二）明确智库决策支持信息保障协同知识创新的本质

智库决策支持信息保障协同创新的本质是推动知识创新。知识创新体系的主体包括智库、研究机构、高校和图书情报服务机构等知识服务机构，其功能在于知识的生产、扩散、传播和管理，其作用在于把基础和应用研究中获取的知识扩散和传播到技术创新和社会管理系统中去，推动经济社会发展。社会科学知识创新是对客观世界的探索，是对社会发展规律的揭示，是一种独立的思考和知识创造的过程。智库研究作为社会科学研究的典型领域，必须通过知识整合推动知识创造，发挥知识创新价值。这种创新的本质特征对智库决策支持信息保障协同创新信息资源的开发利用提出了更高的要求，对各参与主体资源的充分利用是智库知识创新的基本保障。智库决策支持信息保障协同创新体系建设，离不开知识创新。知识创新作为一种复杂的精神性生产活动，是智库决策支持信息保障协同创新的智慧之源，同时也是智库创新驱动发展战略的关键要素。近年来协同创新受到政府、高等院校等相关部门的重视。在信息化程度越来越高的现代社会，随着计算机的应用越来越广泛，信息资源成为推动社会发展前进的最重要的资源，智库研究也逐渐呈现出对信息资源的依赖性。过去大量的信息存在缺乏有效分析、信息爆炸、信息泛滥、信息污染等问题，在大数据环境下有了新的解决方案，这就为以信息整合和知识创新作为智库决策支持信息保障协同创新的本质特征提供了理论依据，为智库决策支持信息保障奠定了基础。

（三）紧紧围绕智库决策支持信息保障协同创新内容创新的目的

智库决策支持信息保障协同创新的最终目的是内容创新，因此，内容创新是智库研究的核心功能和价值定位。内容创新首先要明确智库研究选题的方向判断、论题叙述方式，要围绕智库内容创新组织专家资源和协同对象，以有效提升智库研究成果质量。其次，内

---

① 江泽民. 全面建设小康社会，开创中国特色社会主义事业新局面——在中国共产党第十六次全国代表大会上的报告[EB/OL].[2002-11-18]. http://zqb. cyol. com/content/2002-11/18/content_565474. htm.

② 习近平. 在哲学社会科学工作座谈会上的讲话 [N]. 人民日报，2016-05-19 (2).

容创新源于观念更新，源于研究者的知识结构、研究视野、教育背景以及实践经验等，体现的是研究的范围和深度，只有通过协同创新，才能有效突破智库研究个体和集体的瓶颈，达到新的研究高度。最后，在社会大变革时代，智库决策支持内容创新要以我国治理体系和治理能力现代化建设为导向，紧紧围绕党和国家急需解决和回答的重大理论问题和实践问题，在协调推进"五位一体"总体布局以及"四个全面"战略布局的指引下，全面系统地、有针对性地开展研究，推出有影响力的研究成果和有建设性的对策措施，不断提高智库话语体系建设水平，在内容创新方面不断达到新的高度。

（四）通过管理创新保障智库决策支持信息保障协同创新

习近平总书记在哲学社会科学工作座谈会上的重要讲话指出："要创新科研经费分配、资助、管理体制，更好发挥国家社科基金作用，把财政拨款和专项资助结合起来，把普遍性经费资助和竞争性经费资助结合起来，把政府资助和社会捐赠结合起来，加大科研投入，提高经费使用效率。要建立科学权威、公开透明的哲学社会科学成果评价体系，建立优秀成果推介制度，把优秀研究成果真正评出来、推广开。""要深化管理体制改革，形成既能把握正确方向又能激发科研活力的体制机制，统筹管理好重要人才、重要阵地、重大研究规划、重大研究项目、重大资金分配、重大评价评奖活动。要统筹国家层面研究和地方层面研究，优化科研布局，合理配置资源，处理好投入和效益、数量和质量、规模和结构的关系，增强哲学社会科学发展能力①。"由此可见，管理在哲学社会科学研究中起重要作用。管理创新如科研经费和运营经费的科学管理是智库决策支持信息保障协同创新的重要保障和物质基础，而科研成果评价机制的建立和评价方法的运用，有利于实现智库成果价值的最大化，同时这也是推动智库研究和智库建设的重要激励机制。另外，智库管理信息化、规范化、制度化建设是推动智库知识信息服务创新的重要内容。可以说，不断探索符合中国特色新型智库发展规律的智库管理机制和模式，是智库决策支持信息保障协同创新的当务之急。在大数据和云计算环境下，智库决策支持信息保障协同创新管理体系建设不仅要充分考虑各因素的影响，而且要兼顾柔性、系统、动态、开放、创新和协同等特点，才能适应智库决策支持信息保障协同创新管理的新环境。

四、信息生态保障

信息生态主要是指信息参与人与信息环境之间的作用和影响，主要的研究要素是人、信息环境和基础设施及法规。在智库决策支持信息保障协同创新过程中，知识协同主体为达到其目的，在环境、知识客体、合作模式等因素的影响下，与各种资源、人员、组织、环境形成匹配关系，产生协同效应。智库决策支持信息保障协同创新各参与主体可以类比为信息生产者、信息传递者、信息使用者和信息分解者。环境影响因素可以用信息生态中的信息环境因素来解释，信息环境包括应用工具、应用平台、支撑技术等物质技术硬环境，也包括社会人文软环境等，上述形成知识优势的演化过程即信息生态的演化过程，如

---

① 习近平. 在哲学社会科学工作座谈会上的讲话 [N]. 人民日报, 2016-05-19 (2).

图 8-1 所示[①]。

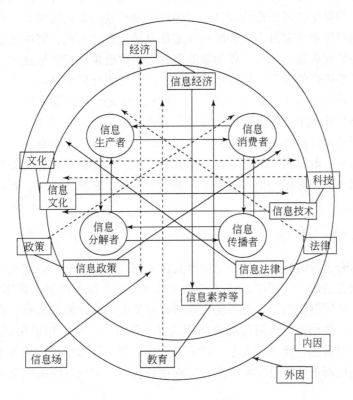

图 8-1　信息生态系统模型

（一）信息生态架构

（1）外部因子。外部因子包含政策、法律、经济、科技、文化和教育等方面，如图 8-1 所示。在政策方面，国家治理政策需求越高，智库的研究热情就越高，进而研究成果的数量也会相应增加，总体呈正例关系；在教育方面，国家越来越重视教育工作，一方面可以培养高素质的智库研究人才，另一方面随着全民素质的提高，智库决策支持信息保障协同创新过程中产生的信息质量可以得到保证。

（2）信息生态系统内部影响因子。内部因子包含信息政策、信息法律、信息经济、信息文化、信息技术和信息教育等方面，其中信息政策、信息法律、信息文化、信息教育与外部因子相似，是外部宏观因子的具体化、信息化，经济方面包括信息价值和信息经济，体现为使用价值、潜在价值、信息成本、信息价格、贡献率，技术方面有大数据技术以及基础设施、信息构建和信息处理技术等。

（3）信息生态个体因素，包含信息生产者、信息组织者、信息传递者和信息转化者（信息分解者）。映射到智库协同创新各主体，则政府、企业、情报机构、科研院所和大学

---

① 潘郁，陆书星，潘芳. 大数据环境下产学研协同创新网络生态系统架构［J］. 科技进步与对策，2014，31（8）：1-4.

等是信息生产者，产生智库需要的大数据信息。协同创新平台担任着信息组织者和信息传递者的角色，把信息生产者创造的信息技术通过合理有效的方式组织在一起，传递给需要这些信息技术的智库和研究机构。智库担任着信息转化者的角色，智库将信息技术和信息资源投入转化为研究成果，同时可以为政府和社会提供成果支持，从这方面来讲，智库也担任着部分信息生产者的角色，这就形成图 8-1 所示的闭合循环结构。传统的信息生态具有刚性、机械、静态、封闭、孤立等特点①，智库决策支持信息保障创新协同对接常常难以适应内外环境变化和用户需求变化，特别是在大数据、云计算环境下，系统内其他成员提供不同的知识从而持续动态地支持协同知识创新。同时，对于信息，也不再是单一需求方和单一任务需求，取而代之的是柔性、集成甚至全新的任务需求，更加趋于完备化、复杂化以及定制化，协同对接的信息生态逐渐被赋予柔性、系统、动态、开放、创新和协同等特点。

（二）信息运行机制

该模型有两套运行机制：①智库之间及其智库与政府、高校、研究机构和社会中介体系之间的协同创新机制；②智库之间互利共生形成的核心服务机制。智库依据服务需求、协同治理需要向协同创新网络生态系统内的所有相关主体发布需求信息，在宏观环境和内部环境的影响下，各创新主体通过综合运用人才、信息、技术、知识和资金等各种资源，以协同为手段，以信息、技术、人才、政策、资金、服务等为形式，在各个层面系统、全面地为智库协同创新进行信息保障供给，实现信息转化，形成智库决策支持信息保障协同创新的新格局。

（三）信息生态特点

智库通过改善传统信息保障对接方式，优化信息传播渠道，建立协同创新平台，把数据信息和技术需求信息集中整理到技术创新平台中，提高智库信息传播服务质量。其有以下几个方面的特点。

（1）采用智能方法，把智能推荐引入到智库协同创新信息对接过程中。大数据环境下的协同创新系统要从整体上实时把握外部环境、内部环境和以用户为中心的需求变化，利用智能方法实现对环境的动态自适应，针对信息需求方的集成化、个性化需求，智能地匹配到信息拥有方，准确简便地优化对接过程。同时，针对大数据带来的信息爆炸、信息泛滥、信息污染、信息侵犯、信息垄断和信息使用者素质不高等信息失衡问题，在信息生态学的指导下，以螺旋周期模型实现动态反馈循环，通过系统自身的调节作用和自适应，优化信息对接过程，抵御信息污染的负反馈效应。

（2）立足于大数据环境。虽然目前初步存在一些开展智库协同创新对接工作的网络平台，但是其提供的服务还只是一些基础类工作。面对大数据时代数据量大、缺乏数据挖掘手段等问题，协同创新平台要嵌入智能挖掘模块，对对接各方的数据利用、数据挖掘方法

---

① 黄兰秋，吴礼龙. 云时代基于信息生态视阈的竞争情报系统范式分析［J］. 情报科学，2012，10（10）：1456-1460.

进行深入分析，发掘潜在客户需求，发掘信息生产者和信息转化者，指导协同创新工作下一步的方向。也可以针对已有的交易进行合作行为分析和满意度调查，这对于维护信息生态个体因素的互利共生关系，延长客户生命周期等都有裨益。

（3）从立法和行政角度，普及信息生态意识。法律是信息生态环境中较为敏感的因素，对维护智库信息保障协同创新平台生态系统的平衡起着至关重要的作用，虽然我国已经开始重视这方面的问题，但是离智库决策支持协同创新的实际需要还相差甚远，需要进一步完善已有的法律法规以更加适应大数据时代的要求，包括信息资源管理、人才管理、信息合作交流以及信息污染控制等。

五、信息安全保障

智库决策支持协同创新信息安全保障体系，是建立在系统内部的信息资源建设与服务保障和系统安全保障基础之上的整个安全技术系统。探讨保障体系的构成要素、结构以及作用，有助于突出信息保障体系构建中的这项重点工作，查找智库决策支持信息保障协同创新系统内部以及外部信息保障所存在的问题和漏洞，更好地促进信息安全保护和防御体系的建设，保障智库决策支持信息保障协同创新活动的开展。

大数据时代，信息安全保障是智库决策支持信息保障协同创新中非常关注的重要问题。智库协同创新服务平台的数据库中包含着大量采集的研究信息和相关资料，还有大量不宜公开的数据。如何保证这些信息的安全性，避免造成信息外泄和数据滥用，是智库建设与信息服务中必须解决的问题。由于大数据分布式处理的需要，大数据在传输共享过程中潜藏着巨大的安全风险。大数据在数据采集、存储、挖掘、应用等环节都有可能出现安全与隐私问题，这些隐患贯穿整个大数据使用链的全过程。目前我国关于大数据安全保障的政策法规、制度等方面存在较为严重的缺失，这使得各数据拥有主体在采集、共享大数据时的风险变得巨大，严重影响智库决策支持信息保障协同创新服务的开展。智库决策支持信息保障协同创新体系应制定并完善信息使用的权限和规范，采用专业数据安全技术手段，加强对数据使用的监管，提高信息安全风险意识，制定安全保障预案，在信息安全保障下开展决策科学研究。

随着对信息系统的攻击日趋频繁，安全的概念也发生了一些变化：安全不再局限于信息的保护，人们需要的是对整个信息和信息系统的保护和防御，包括防御、发现、应急、对抗能力。信息安全保障是指在信息系统的整个生命周期中，通过分析信息系统的风险，制定并执行相应的安全保障策略，从技术、管理、工程和人员等方面提出的安全保障要求，确保信息系统的可用性、完整性、机密性、真实性、不可否认性、可靠性、可控性等，降低安全风险到可接受的程度，保障信息系统能够实现组织机构的使命。

（1）可用性。在《信息技术 信息安全管理实施规则》（ISO 17799—2000）标准中将可用性定义为"确保授权的用户在需要时可以获取信息和相应的资产"。可用性要求包括信息、信息系统和系统服务都可以被授权实体在适合的时间，以要求的方式，及时、可靠地访问，甚至是在信息系统部分受损或需要降级使用时，仍能为授权用户提供有效服务。需要指出的是，可用性针对不同级别的用户提供相应级别的服务。对于信息访问的具体级别及形式，由信息系统依据系统安全策略，通过访问控制机制执行。

（2）完整性。在《信息技术信息安全管理实施规则》（ISO 17799—2000）中把完整性定义为"确保信息和处理方法的准确性和完善性"。完整性的破坏来自三个方面的因素：未授权、非预期、无意。信息技术发展迅速，在技术的应用过程中，除了人为恶意的破坏外，还存在由于能力素质达不到要求可能出现的误操作，以及没有预期的系统程序漏洞造成的误动作。它们同样影响完整性，同样需要采取完整性保护措施来加以防范。

（3）机密性。《在信息技术信息安全管理实施规则》（ISO 17799—2000）中把机密性定义为"确保信息仅让经授权访问的人士访问"。随着人们认识的深化，机密性首先意味着信息不要泄漏，因而要对其实施保护。机密性还涉及授权问题，即确保信息仅被授权者访问。此外，机密性要求存在等级的不同。不同机密性等级的信息访问由信息系统的访问控制部件依据系统安全策略及访问控制模型执行控制。随着信息技术的发展，信息系统的组成是人和机器的结合体，其实体对象不仅包括用户，同时也涉及代表或被用户使用的自动化机器和软件逻辑实施的过程。

（4）真实性。ISO/IEC 的相关标准 [《信息技术–安全技术–信息和通信技术安全的管理》（ISO/IEC 13335–1）；《信息技术–系统安全工程–能力成熟度模型》（ISO/IEC 21827）] 中指出，真实性是"保证主体或资源确系其所声称的身份的特性。真实性应用于诸如用户、过程、系统和信息等的实体"。真实性包含了对传输、消息和消息源的真实性进行核实。它不仅是对技术保证的要求，也是对人员责任的要求。真实性要求对用户身份进行鉴别，对信息的来源进行验证。而这些功能都离不开密码学的支持。随着人类社会步入信息时代，信息的真实性安全属性更加得到人们的重视。

（5）不可否认性。美国国家标准与技术研究院（NIST）发布的《联邦信息系统风险管理框架应用指南：安全生命周期方法》（NIST SP 800–37）（2004 版）中指出，不可否认性是保证信息的发送者提供的交付证据和接受者提供的发送者证据一致，使其以后不能否认信息传输过程。不可否认性也称为抗抵赖或不可抵赖性，即所有参与者都不可能否认或抵赖曾经完成的操作和承诺。发送方不能否认已发送的信息，接收方也不能否认已收到的信息。在当今各类业务信息系统迅猛发展的信息时代，信息不可否认性的安全属性基于信息系统的各类业务得以正常开展的保障。

（6）其他属性。除可用性、完整性、机密性、真实性和不可否认性以外，应关注的还有信息的可靠性和可控性。可靠性是指与预想的行为和结果相一致的特性。可控性是指对信息的传播及内容具有控制能力的特性，授权机构可以随时控制信息的机密性，能够对信息实施安全监控。

信息安全保障的直接对象是信息，利用针对信息、载体及信息环境的相关安全技术，实现对信息安全的保障，而信息安全保障的最终目的是提高智库协同创新组织业务的连续性。信息安全保障利用与信息、载体和环境相关的安全技术来保障信息的安全。这些技术包括密码学及应用技术、网络安全技术、平台安全技术、应用安全技术、数据安全技术和物理安全技术等。

信息安全保障体系要求加强对信息和信息系统的保护，加强对信息安全事件和各种脆弱性的检测，提高应急反应能力和系统恢复能力。要使智库协同创新信息安全保障综合能力达到高水平，就必须强化信息安全保障体系建设。它是实施信息安全保障的技术体系、组织管理体系和人才体系的有机结合的整体，是一个复杂的社会系统工程。

六、中介服务保障

中介组织在智库信息保障协同创新过程中起沟通协调作用，为智库和相关主体的信息合作搭建更多的桥梁。通过与双方签订具有约束力的法律文件，对智库和相关主体的行为进行约束，使智库、合作方之间的协作机制更为顺畅，因此，中介组织对于未来智库信息生态的深度构建与信息社会化开发有着特别重要的意义。在智库领域中，中介组织一般具体表现为信息协会、信息服务和信息咨询公司等。我国智库信息保障协同创新要顺利发展，就必须保证信息服务中介组织的服务质量。政府应当在宏观层面鼓励建立专口面向智库信息协同的信息服务机构和信息咨询公司，通过相关法律法规，鼓励和支持智库中介服务组织的发展，同时对中介组织的市场行为和竞争作出严格的规范。智库对中介组织的发展也应该作出自己相应的努力，以实现合作共赢。此外，劳动或法律部门还应调解好智库与中介组织间可能存在的纠纷，保证智库、信息服务机构、信息咨询公司和其他协同创新主体之间的多向协作，促进智库信息保障协同创新的良性发展。

鼓励和引导中介组织有序发展，应进一步完善智库成果和信息转化机制。在成熟的商品经济中，中介组织作为链条中最关键的一环，有着不可取代的地位。由于我国发展市场经济的起步比较晚，很多机制还未完全完善，加之我国智库多为独立式发展，形成了若干"信息孤岛"，中介组织作为智库知识成果转化体系中最关键的一环一直被社会各界忽略和轻视，我国智库发展格局中很少看到中介组织的身影，为数不多的中介组织也很难与智库展开深度合作。缺乏中介组织参与的智库协同创新是不完整的，一方面来说，中介组织会帮助外界信息主体，如企业、情报机构、数据服务商等寻找到最适合的智库作为满足其需求，共同进步的合作伙伴；另一方面，中介组织作为智库成果的对外展示窗口，帮助智库掌握外界主体的热点信息需求，建言献策，及时推广智库知识和信息成果。中介组织根据多年在智库市场的运作经验，能对智库的成果价值作出预判，对智库的研究过程进行监督，对智库需要的信息和数据进行估值评价，保障智库信息生态交易链的顺畅，在某种程度上还能够保障智库研究成果的质量，降低智库的信息搜寻成本和风险。

七、人文环境保障

智库决策支持信息保障协同创新也需要良好的人文环境。人文环境主要包括组织文化和人际互动。人文环境与知识管理一样，是一个三维管理模式，受技术、经济、人文因素的共同影响。一个组织的文化具有唯一性，是某种思想、信念、目标、价值观的集中反映，其核心内容是在管理者和员工之间培育一种共同遵循的准则、价值标准和行为范式。这种"上层建筑"势必会对组织和个人的行为产生指示性作用。组织文化影响人们对待协同创新的态度，选择开放还是保守，接受还是排斥，进而影响到智库决策支持信息保障协同创新的合理利用。其次是人际互动。协同创新组织业务强调团队之间和团队内部的合作，需要联盟及各合作主体之间的联系，通过传递知识，共享知识，进而再造知识。但在实际操作中，各合作主体由于子目标的不同或资源的配置不一而导致表面上的合作，但内心却表现为各自为政、相互提防。人际互动的障碍会成为组织协同创新的隐性屏障，阻碍信息保障协同创新。

（1）要塑造乐于共享知识的组织文化。组织文化是组织内部共同塑造形成的价值观和基本信念，由它们形成的行为准则指导组织成员的一切活动，优秀的组织文化能够为组织成员创造积极氛围，提高组织成员士气，提升工作效率。组织文化氛围影响成员间的共享意愿，同时组织间的合作关系客体通过社会规则进行调节。每个组织的成长发展轨迹不同，形成的组织文化就会不同，接受多元组织文化是建立合作和进行合作创新的前提。大型跨国公司都非常重视通过组织知识共享文化培育和引导员工行为。在跨组织合作的背景下，想要通过合作共享彼此的知识实现创新的共同收益，应该尊重合作伙伴的成长和知识积累过程，包容合作伙伴不同的价值理念和行为准则，在求同存异的基本原则指导下，融合共享知识和保护知识的双元文化，塑造共同的价值理念。

（2）建立合作绩效考核制度。在跨组织合作联盟形成初期，共同的组织合作文化需要通过不断建立完善制度来融合和塑造，合作各方可以一起制定定期交流制度和与之对应的绩效考核制度引导成员的行为。定期交流制度规定合作组织每隔一段时间进行交流研讨，促进组织成员之间共享信息，相互分享观点和经验，探讨合作项目实际进展情况、是否需要彼此提供信息和技术支持以及下一步工作部署等。合作绩效考核制度则针对合作情况，给予那些推动合作进展、促进知识有效共享的组织成员奖励，给予合作中不配合、无作为的组织成员惩罚，以此达到激励约束成员信息合作行为，逐渐形成积极共享注重保护的跨组织文化氛围。这种组织文化一旦在实践中形成并达到习俗化程度，那么合作各方的组织成员行为就会被公认的价值衡量标准约束，能够产生比规章制度更具有效的规范作用。

（3）不断优化跨组织文化结构。跨组织研究的成员来自不同的机构和部门，不免带有各自领域内的文化特征，这是各个成员的优势，也同样会给协同合作带来障碍。因此，需要健全的组织文化来协调这种差异，构建智库-政府-协作机构三螺旋创新模式，促使三方在保持自身优势的同时，融合互动，求同存异，共同发展。此外，在智库内部管理体制上要优化组织建设，创造有利于跨组织研究协同创新的环境保障，激发创新活力，建立合理的激励与约束机制。根据研究项目的内容与性质以及成员的学科归属与部门归属，合理分配任务，并建立风险承担与责任机制，按照各主体承担风险的大小与任务完成程度来分配收益，奖励有突出贡献的个体，充分调动组织成员参与协同创新的积极性。

第二节　智库决策支持信息保障协同创新保障服务机制

优质高效的信息保障服务机制是智库决策支持协同创新高水平建设与高效能运行的强力支撑，更是智库高品质成果产出及高影响力作用发挥的重要前提与基础，并贯穿整个智库决策支持协同创新发展的全过程。随着互联网和大数据的发展，社会资源开放共享进程加快，智库应创新体制机制，开展协同创新，不断提升智库决策支持信息服务能力。智库信息保障协同创新主要包括内部协同创新和外部协同创新，内部协同创新只针对特定主题，旨在打破智库内部学科和研究部门壁垒，通过现代信息技术整合智库内部资源，实现项目研究协同创新；外部协同创新则指智库与外部的信息资源共享以及形成科学决策的信息合作。总体来看，智库决策支持信息保障协同创新保障服务机制包括综合评价机制、沟通信任机制、协同管理机制、想法协同机制、资源共享机制和集成运行机制等。

一、综合评价机制

综合评价机制是推动智库决策支持信息保障协同创新的重要手段，应该引入科学方法提升智库决策支持信息保障的工作成效。我国智库长期以来多呈现"孤岛式"的发展，研究人员的团队意识和智库研究的合作意识不强。导致智库所产生的知识成果的可操作性不强，脱离实际，应用性较差等缺点，经常被合作方（政府或企业）所诟病。此外，我国对智库每年发展情况的考核大多由智库本身进行，甚至部分智库从未进行过考核，而考核的指标也大多是以项目成果数量、研究人员出勤率、接待外宾来访数、与政府的合作项目数、项目完结数等浅表性指标为主，这些评价指标中最核心的部分仍然是以发表的论文和出版的专著数量及立项结项数量为主，论文著作和项目按照国家、省、市、县进行不同权重的加分，定量化严重，考核指标比较单一偏狭。同时，研究成果偏向学术化和理论化，弱化了成果的实操性和应用性。智库专家学者缺乏对相关领域现实情况的深度掌握，又缺乏合作与协同创新的意识和机制，这制约了智库的发展潜力。

在国外智库的考核评价体系中，盈利能力、组织凝聚力、团队协作能力、个人价值贡献率及智库成果转化率等被作为智库的重要考核指标。而在我国，由于智库多处于一个封闭发展的地位，缺乏市场建设和社会化合作，因此忽视了对上述指标重要性的理解与考核。缺乏客观且专业的评价体系约束的智库，很难主动走上协同创新从而良性发展的轨道。我国智库界也忽视了对具有专业意识的智库研究人员团队协同意识的开发与培养。因此，亟须构建出具有开放创新特质的新型智库综合评价体系。

（1）构建智库决策支持信息服务成效评估指标体系。以前瞻性、规范化、可控性为基础，构建适宜的智库决策支持信息服务成效评估指标体系，为智库决策支持信息服务可持续健康发展提供客观依据，鼓励智库信息保障协同创新，通过加强信息协作，推动智库决策建议的价值增值，确保智库决策支持信息服务成效的实质性提升。科学引入定标比超分析方法，强化智库决策支持信息保障研究的横向比较与纵向延伸。合理运用 TAP-IN[①] 等竞争情报运作机制，科学协调决策支持信息保障建设中涉及的诸如团队建设、资源配置、规划过程、互动对话和情报网络等要素，为智库科学决策建议的提出提供整合协调战略与战术情报的科学方法，实现智库信息保障服务战略和战术情报概念层面与操作层面的整合与协调[②]。

---

① 即团队（Teams），竞争情报人力资源配置（CI Human Resources Allocation），计划过程（Planning Process），交互（Interaction），网络（Networks）五种协调机制。

② 廉立军. 特色智库决策支持信息保障协同创新机制研究［J］. 图书馆学研究，2014（7）：62-65.

（2）加强智库决策支持信息保障协同创新成果考核。鼓励智库与其他相关知识信息服务机构形成联合体，创新协同机制，考核协同创新效果及创新产出，并对协同过程进行管理评价，考察双方在思维、资源、组织结构等方面的协同创新紧密程度、融合程度、团队合作程度，以及科研服务与成果的优化提升程度，以成效提升促协同创新，从而推动智库协同创新效果的最大化，不断提升智库协同创新联合体的整体竞争优势。同时，建立健全适合智库协同创新特点的智库考核评价标准，以综合影响力、质量创新、实际贡献和社会效益为主要标准，建立一套涵盖决策影响力、学术影响力、社会影响力、国际影响力等内容的协同创新综合评价指标体系。

（3）建设多元评价机制，关注协同力与创新力。改变智库评价主体，建立多元化的智库评价主体，优化评价视角。建立智库外部咨询委员会，由来自行业、学术界、政府和非营利组织的专家组成，每年从科学研究、教育、知识转移、多样性、合作等方面对智库的运营情况进行数据收集与分析评估工作，为智库的可持续发展提供独立、客观、专业的意见与建议。在设计评价机制时要着重对"协同力"和"创新力"两个维度的考评，细化牵头单位与协同单位的不同指标，这样有利于智库协同创新联合体在深度协同创新的进程中更好地发现问题、改进问题、寻求最合适的发展模式。同时加强智库评估结果的反馈工作，有效的评价反馈机制能促进智库协作组织的良好发展。同时，通过第三方咨询委员会对智库科研、教育、合作等协同创新行为进行评估，有利于保障评估的独立性、客观性和系统性[①]。

二、沟通信任机制

智库决策支持信息保障协同创新服务体系的成功运行需要在各合作主体间建立沟通信任保障。在智库协同创新服务体系运行过程中，经常出现由于信息不对称、资源分配不均等原因导致的资源浪费和合作破裂。多方合作难免出现某些个体自私、"搭便车"的行为，这不仅会影响合作的进一步深化，还会导致信息泄露，严重影响智库的信息服务保障质量。目前我国仍有很多智库缺乏长远的战略目标和合作意识，尤其是中小型智库，过于保守，不愿意分享资源，共享利益，往往停留在已经取得的一些小成就和空泛的量化指标上，缺乏切实行动以及主动出击布局市场的动力和积极性。外部资源利用率低，智库与其他知识服务机构的合作还没有形成战略伙伴等具有战略联盟性质的关系，传统的管理思想、运作机制、以我为主的"山头主义"思想仍然在许多智库存在，跨地区、跨国界的智库信息服务联盟为数不多。因此，在智库和合作机构间建立沟通信任机制非常关键。

（1）强化沟通信任意识。智库决策支持信息保障之间的协同创新关系是一种基于对未来行为的承诺。只有各成员之间相互信任，信守诺言，才能将承诺转化为可靠的计划和前进的动力，并成功地加以实现。沟通信任机制是智库决策支持信息保障协同创新开展知识整合的一个基本机制和关键机制，不仅是各方互惠互利的需要，也是智库决策支持信息保

① 邱雯婕. 美国高校智库协同创新运行机制的经验与启示——以加州大学伯克利分校泛在安全技术研究中心为例 [J]. 世界教育信息，2018，31（4）：39-43.

障合作健康发展的需要。因此必须强化智库及其相关机构的沟通信任意识，保证在各智库之间建立起沟通信任关系，企业、情报机构、政府和高校等主体之间都需要及时沟通，形成良好的信任关系。只有在智库协同创新服务体系的运行中，彼此具备较高诚信水平，才可以使得合作各方实现信息共享，从而更愿意与其他合作伙伴进行信息沟通和共享，通过知识共享和信息转移不断推进协同创新，进而推动智库行业整体服务水平的提升。

（2）建立沟通信任机制。智库决策支持信息保障协同创新是一个共同协作的过程，各方之间的信任是协同创新能否达到预期目标的重要因素。智库决策支持信息保障协同创新要求各方彼此信任，因为信任能使各方加强沟通，进而产生协同效应。智库决策支持信息保障协同创新主要是以项目为依托，智库负责成果的研发和转化，其他协同体则负责信息、数据的提供以及成果的推广。虽然智库决策支持信息保障合作各方是为了进行知识创新，实现资源优势互补，但不可否认的是智库决策支持信息保障协同创新各方来自不同行业，具有不同的文化背景及社会背景，各自追求的价值目标也迥乎不同，因而对于实现合作缺乏互相信任，进而致使沟通不顺畅，为协同创新埋下隐患。所以，在协同过程中，信任是合作最坚实的基石，良好的协同创新信任机制可以防止创新过程中出现的失德和失信，而且规范的信息披露制度，及时准确地披露组织相关信息，可提高各方的信任度，有效防止"逆向选择"。另外，随着协作的深入，利益分配问题会日益突出，各方定期沟通交流，有助于保证信息保障各方利益的取向最大限度一致，实现多赢。此外，政府参与也有助于促进智库决策支持信息保障沟通。政府不仅仅是智库服务产品的需求者，也可以担当各方沟通的组织和协调者，筹办一些集体活动，如智库交流会议、行业服务联盟等，增加各方人员沟通熟悉的机会，增进各方互相信任，建立积极协同创新的氛围，实现互信共赢。

（3）加强信息协同的预判沟通。预判对决策来说非常重要，进而对信息需求产生决定性的影响。预判是否合理取决于获取信息的数量与能力。智库研究必须建立在掌握充足而翔实信息的基础之上，只有这样，才能提出比较合理的解决方案。在信息平台建设方面，智库和研究机构、情报服务机构、企业、政府之间要加强合作，努力实现数据资源共享，不断增加智库信息储备与数据积累。一是实现信息渠道的对接。当前，智库工作中存在研用脱节现象。究其原因，主要在于智库不了解党政需求，闭门造车。而智库不了解党政需求，很大一部分原因在于党政信息渠道形成了闭合，智政之间不能实现信息共享。基于此，智政之间要建立有效的信息沟通机制，实现信息交流的常态化。智库应积极主动地与政府决策部门进行交流，及时了解党政决策需求，增强研究选题的针对性，同时，也让党政部门了解智库的研究动态，争取获得党政机构的支持与认可。二是推动信息开放。党政部门是公共信息最大的生产者，也是智库信息数据的主要来源。党政部门要定期向智库推送信息，在公共数据平台上建立可供智库进入的便捷绿色通道，使公共数据成为智库研究的有力支撑，避免重复调查造成资源浪费。三是积极利用大数据技术支持。当今社会已进入大数据时代，数据已从处理对象变为战略资源。能否及时获取并有效处理大数据，成为智库能否获得战略性优势的关键。智库要充分认识大数据技术对自身发展的重要意义，大力实施"智库+互联网"战略，推动智库技术能力和决策咨询水平上台阶。

三、协同管理机制

根据协同论的观点，协同管理可以组织的知识管理活动消除组织隐患，实现知识管理的效益最大化[①~⑤]。智库决策支持信息保障协同创新就是要打破条块分割、各自为政的多元化行政管理体制，建立有机联系并制定统一的协调方案进行统筹规划，建立协同管理机制。具体来说，宏观上应按照标准规范完善自身建设，整合资源、统一行动；微观上应建立针对协同创新体的人事管理、绩效考核、经费管理、风险控制等管理制度来组织协调资源的分配利用、任务的分割协作。管理体制内还需建立通畅有效的线上线下沟通渠道，以便各个协同体成员就信息、资源、项目、日常管理等问题进行交流。

（1）决策管理协同机制。决策支持的科学化是智库组织存续的保障。但智库决策支持团队人员结构比较单一是当前智库的基本状态，而实现人员的多样与流动，促进团队成员专业研究领域多样化则是优化决策的关键。第一，在与外部主体协同时要打破智库内人员流动的行政障碍，削弱智库创立者或者主要领导在决策中的权重。为保障决策选题的科学性，决策过程中应吸纳外部主体参与，形成知识结构合理的决策团队。第二，及时跟进政府与社会动态，增加基层和一线研究人员在决策中的权重。智库决策支持信息保障协同创新必须及时了解社会动态与政府最新的关注焦点。而一线研究人员对社会问题的调研与政策的关注往往能及时捕捉当前社会热点与政府最急需解决的问题。

（2）研创管理协同机制。专业化的研究团队是提升智库竞争力的关键，也是智库得以开展研究的核心载体。因此，在外部协同主体的支持下，形成结构合理的研究团队是智库协同创新的第一要务。第一，保障研究团队的人才无断层，老、中、青合理搭配，形成人才的合理梯队，以确保研究的政治正确与团队的活力高效。第二，研究团队的知识和技能组合应是合理的多元化结构，随着研究项目的复杂化和数据分析的科学化，需要研究人员、技术人员、信息情报人员的紧密配合。第三，研究团队既要注重专家的多元学术背景，又要强调研究人员的实践经验与社会经历，团队中既要有专家与官员，也要有从事具体工作的基层人员。第四，在合作中应吸纳合作主体中的专家参与智库决策支持信息保障协同创新的研究课题，或邀请他们作为智库的兼职研究人员。也可采取将退休官员或退休学者纳入智库决策支持信息保障协同创新的"旋转门"机制。

（3）知识管理协同机制。知识管理协同即通过组织成员之间的有效交流来加强员工之

---

① Jones P M. Collaborative knowledge management, social networks, and organizational learning [EB/OL]. [2023-07-31]. https://human-factors. arc. nasa. gov/publications/collab_know_paper. pdf.

② Garner B J. Collaborative knowledge management requirements for experiential learning [C]. Proceedings of the IEEE International Conference, IEEE Computer Society, 2001, Madison, WI, USA.

③ Vequist D G, Teachout M S A conceptual system approach for the relationship between collaborative knowledge management (ckm) and human capital management (HCM) [C]. Las Vegas. Proceedings of the International Symposium. IEEE Computer Society, 2006.

④ 胡昌平，晏浩. 知识管理活动创新性研究之协同知识管理 [J]. 中国图书馆学报，2007（3）：95-97.

⑤ 熊励，孙友霞. 协同知识管理研究进展 [J]. 科技进步与对策，2010, 27（4）：156-160.

间、部门之间、组织之间的合作。知识管理的根本目标就是在组织内部和组织之间最大限度地扩散和交流知识，实现知识资产的价值。组织内的"信息孤岛"所造成的分割局面无疑会增加知识流动和转化的难度。知识管理协同提倡合作，崇尚联系，摒弃孤立，对组织的知识管理提出了新要求。这种要求一旦形成制度，各级人员和合作部门必须遵守，在"强制"之中消除孤岛效应。通过重塑企业文化来创建高效、敏捷的工作环境。协同知识管理所追求的是合作、共享的精神，这种思想、精神逐渐成熟就形成一种全新的文化，即激励、创新、合作。此时，员工受先进文化影响，会在彼此之间形成强大的凝聚力，提高工作积极性和效率。在友好、和谐的环境中不断工作，员工获得更多的交流与学习机会，扩大个人的知识储备，增强了知识（信息）意识，对组织内的任何知识现象变得更为敏感，能在最短的时间内作出反应，提高了知识管理效率。

（4）构建"矩阵式"协同管理体系。构建以领军人才、领衔专家和战略科学家为引领，以政府、高校、科研院所、科协、企业和民间等领域广泛参与的智库决策支持信息保障协同创新格局，以公共基础资料库、专题数据库和案例库为支撑，通过"项目+团队""专职+兼职""战略科学家+科研工作者"和"固定学者+访问学者"等人员动态组合，形成智政对话平台、资源共享平台、成果转化平台和学术交流平台的互联互通，从而构建广覆盖、多层次、跨学科的"矩阵式"协同管理体系，有效发挥领衔专家资源的统筹能力、科研凝聚力与大局把控能力，在最大程度上对多方力量进行整合，并且有效释放人才、资源等创新要素的活力。

（5）协同管理环境构建机制。为了为智库知识管理提供良好的协同管理环境，应创设交流与共享平台，在这个平台上，目标、技术、资源高度统一，方便地开展知识的发现、传递、利用、再造等活动。协同管理环境让员工在和谐气氛中自愿地将隐性知识贡献出来，并将它们保存好以供他人利用，这是共享过程；员工在该环境中通过学习、消化来接受集体知识，在他们获得新知识后，在原有的知识结构上进行加工，又会生成新的个人知识，这就是学习过程。通过知识的外溢和学习，化作新的集体知识，逐渐形成了"生成-共享-创新-再生成-再共享-再创新……"这样一个良性循环模式，不仅增加智库组织知识的存量，还为智库知识管理协同创新提供指导作用①。

四、想法协同机制

当下社会，解决一个实际问题越来越需要围绕这一问题的相关不同领域的知识及见解，形成一体化解决方案。因此，智库信息保障协同创新也应围绕这一需要而汇集各参与机构的"想法"，在数据支撑基础上构建想法协同机制，促成各领域专家针对某一问题的想法交互与融合，以期形成对研究问题全方位的认识与解决方案。诺贝尔经济学奖得主埃德蒙·费尔普斯曾经提到：真正的创新并不发现一种机会，而是取决于对新产品或新方法

---

① 胡昌平，晏浩. 知识管理活动创新性研究之协同知识管理［J］. 中国图书馆学报，2007（3）：95-97.

的"设想"①。而想法协同是指通过集体认知活动求解问题的过程产生决策②。因此，想法协同本质上是集体想法的融汇，将来自不同个体的智慧经过交互协作与思维碰撞形成集体智慧的过程，想法协同是推动智库创新的源泉。

1. 智库"想法协同"机制

智库服务的过程本身就是发挥集体认知的协同过程。智库的生产方大多是科研机构与人员，应用方的主体是政府部门和企业集团。而生产方为使用方提供决策支持服务并不是一个单向的过程，而是一个循环往复的模式③。在此过程中，智库产品的生产方和使用方进行多次交互，生产方在充分了解客户的实际需求后不断探索，依靠情报资源，寻找并筛选出好想法，进而获取可以用于决策过程的想法提供给客户，并以此完善自身建设。想法流不仅仅是想法的简单汇集，依托于数据资源搭建的智库平台，能够更好地提升想法流的规模，促进智库成果生产方和应用方的合作互动，并进而影响到集体中的个人行为，从而构建高创意、高智慧的智库，提供高质量的智库服务。以数据流为基础结合智慧思想交互构建的新型智库，可以促进更快速的想法流动，让"智库机构-政府部门-协同部门"三者在智库问题研究中通过发挥更大的思想价值来达到一致的目标。数据驱动下的智库的"想法协同"主要体现在，在数据流的支持及三方互动模式下，智库机构通过政府部门获取社会管理中的矛盾问题及最新政策走向；同时，协同部门可以了解清楚智库机构面临的发展需求、市场风向等动向；而政府部门能够从智库部门获取最新理论与实验成果，以及问题的基本解决思路与初步想法。而且，三方互动交流的过程也是对社会问题不同侧面的解剖，以及各方关于问题解决想法的不断流动和迭代过程，有助于最后形成一个融合各方智慧和利益的较为全面的解决方案。

2. 智库"想法协同"能力构建

在海量数据分析的支撑下，智库的服务方式由智力密集型向数据密集型结合想法协同的方式转变，运转的重心转向想法协同，目的是通过想法流产生高质量并且具有创新价值的问题解决方案。要想促成想法流的高效运转，获得高效的智慧服务能力，需要在分析对象、分析主体各阶段融入智慧，使得数据和想法得以激活和流动，最终得到实现智库运转机制的全面革新。数据驱动下智库的"想法协同"思想，主要体现在以下三个方面。

（1）数据流融汇价值。大数据环境下，解决某一实际社会问题越来越需要围绕该问题的全数据。例如，若要解决污染问题，既需要环境、资源、生态方面的基本知识，还需要考虑如何形成绿色生产、循环经济，实现可持续发展。所以，数据驱动下的智库在资源对象处理阶段融入智慧，就是要获取尽可能丰富的数据作为基础支持，并且借助先进的数据处理技术，如物联网技术、语义网技术、智能分析技术等来获取、组织、分析、计算和呈现数据的逻辑及隐含在数据背后的规律，实现对数据价值的全方位描述与抽取，在数据持久流动中融汇价值，为创新发现及想法协同提供支持。数据流阶段主要有以下四个处理

---

① 孙芙蓉. 从商业经济到现代经济——访诺贝尔经济学奖得主埃德蒙·菲尔普斯教授 [J]. 中国金融, 2015 (23)：12-15.

② 王业东，敬石开，魏振达. 基于共享心智模型的设计智力协同过程研究 [J]. 计算机辅助设计与图形学学报, 2016, 28 (11)：1940-1948.

③ 李纯，张冬荣. 科技智库数据信息服务模式研究 [J]. 情报理论与实践, 2016, 39 (6)：32-37.

步骤。

第一，数据共享与整合。数据流的基础是获取来源广泛的多元化数据，一方面，需要利用物联网技术感知信息，获取实时数据；另一方面，通过网络爬虫技术访问各种互联网上的数据，获取全媒介数据；还要通过第三方合作方，获取各种智库研究中需要的数据。在此基础上，与现有数据库的数据进行统一整合。

第二，语义组织。要实现对不同来源数据的深度利用，就需要借助语义技术实现数据的序化和关联。首先要对已有数据进行语义描述，定义数据内容的详细类别与含义，并用 RDF 三元组表示；其次对具有相关性、相似性的数据构建映射关系，通过链接关系实现数据外部描述及数据深层内容的自由关联；最后即形成全面覆盖的关联数据网络。

第三，智能分析。借助智能分析技术可以从表面上看起来似乎毫无联系的数据中挖掘出其内在关联。通过机器学习、迁移学习、认知计算等智能分析技术的运作，可以帮助研究人员减轻分析压力，自动形成潜在的知识发现结果，全面揭示数据的隐含价值。

第四，可视化呈现。可视化呈现有助于使分析结果易于理解，减轻分析主体的认知负担，借助时空可视化、立体现实和增强现实等可视化技术全面呈现数据的内在本质和规律，提高分析主体的判读能力。

（2）想法流凝聚智慧。诸多技术集成运用下的数据流过程，不仅可以提高数据的利用程度，而且通过先进的分析手段使智库专家、政府工作者和企业人员从低价值的劳动中解放出来，将个人的思想置于更加有效的思考中，并通过交流促成想法到智慧的升级。而互联网的发展改变了个体、群体及组织的交流方式，同时也改变了组织的协同结构，使其趋向于通过开放网络去寻找兴趣或目标一致的伙伴。所以，智库模式可以借助社交网络技术构建三方主体自由交互的平台环境，最大化激发想法的流转。具体而言，主要有以下两个层次。

第一，辅助个体想法孵化。数据流阶段为个体想法的孵化创建了良好的基础条件，无论是智库专家、政府工作者，还是企业人员都可以借助依托数据流从枯燥烦琐的数据运算、模型构建等常规且重复性高的工作中抽身，取得在多元化世界探索的基础条件，开始寻觅个人最佳想法。个体用户从智库数据平台获取信息和资源后，与个人已有知识体系发生碰撞，通过人脑反复加工，运用逻辑抽象的能力进行全方位的系统思考，在觉知、感受与体验的沉浸过程中产生独立想法。

第二，加速集体想法转为智慧产出。智库旨在为推动社会发展的主力军——学界、商界和政府搭建相互交流的平台，科研人员、政府工作者和企业管理者是智库的生产者与使用者，也是协同创新服务模式的主体。首先，智库可以运用数据流平台为三者进行精准的需求匹配，专家可以通过现场指导、技术转让或担任顾问的方式为客户提供决策服务；其次，实现需求对接后鼓励密集互动，个体在个体情境中产生的想法，在集体情境下相互作用，相互论证，相互转化，而产生更有价值的想法；最后，大量智慧成果在开放、交流的平台上源涌而出，"想法工厂"诞生诸多高创意集成团队。

（3）智慧流凸显创新。智库协同创新服务模式是以数据流、想法流和智慧流为核心构建的三层体系结构，数据流是智慧能力产生的基础，想法流是智慧能力实现的必经渠道，而智慧流是智慧能力应用的实践平台。智慧流的主要实践路径是横向的知识创新与传播和纵向以问题为导向的智慧求解。

第一，知识创新与传播。数据驱动下的知识创新更趋向于不同领域知识的整合、交叉与融合应用，无论是数据流产出的知识发现还是想法流凝聚成新的智慧，科研人员、企业机构、政府部门以及社会公众都将成为新型智库服务体制下的参与者和获益群体，使得想法交流不再局限于拥有某一领域顶尖智慧的小众，而是将走向更广阔的社会，实现大数据驱动下的大智慧。科研人员将获得精准数据支持，突破狭小学术圈层寻求更广泛的合作；政府部门将获得有力的决策支持，以实现更好的行业调控；企业机构将获得智能技术支持，根据行业动态制定前景战略；社会公众将获得权威知识，了解多领域发展动态。新型智库模式面向整个社会的想法协同，用想法驱动社会的进步。

第二，以问题为导向的智慧求解。智库内部将形成以问题导向下的想法汇聚与智慧求解，将运用高密度高价值的集成数据并结合多方社会创新主体的想法协同，通过想法交互的方式获取问题的最优解答。从问题分析到数据结构，再到方法协同的新型智库流程，所产生的智慧产品，如分析报告、解决方案和战略规划，不仅是具有直接应用价值的服务成果，也是融合现有知识与人类智慧活动的产物，又将为新的社会问题贡献经验和数据[1]。

五、资源共享机制

资源共享最重要的作用在于集中协同创新各参与主体的优势办大事，提高协作效率。建立智库决策支持信息保障协同创新组织的目的之一就是实现内部资源以及外部资源的集聚、融合，利用各方优势资源，提升智库协同创新能力。智库的优势是掌握政府需求，能够把信息资源转化为知识成果，实现信息增值。通过各主体之间的协同，可以互取所长，共享优势资源，提高智库共同体的综合竞争力。智库决策支持信息保障协同创新共享资源主要包括信息资源、人力资源、技术资源等。其中，信息资源的共享包括国内外项目相关数据信息、行业信息、政策信息、需求信息等情报信息资源的共享；人力资源共享包括人力资本、知识、技能的共享；技术资源的共享包括软硬件、技术工具、分析手段、信息平台等的共享。但是，资源共享往往涉及各方的利益问题，要注意协调好各方利益，使资源共享实现效益最大化，智库协同创新才能获得可持续发展动力。

1. 构建信息共享的基础条件

信息共享机制是为智库决策支持信息保障协同创新运行所建立的信息搜集、处理、筛选与共享的辅助系统。单个智库信息的有限性、政府信息公开的有限以及社会数据获取的困难对智库的研究形成了阻碍，因此，智库必须加强与政府、情报机构以及企业的合作，利用合作主体的信息资源，提升自身信息获取能力。通过建立信息数据资源共享机制，建设公共基础资料库、专题数据库和案例库的集成平台，形成有效支持智库决策支持信息保障协同创新的服务支撑体系，最大程度避免协同创新共同体资源的消耗，充分发挥资源的整体效能。数据驱动下的智库协同创新服务模式虽然已经具备一些理论和成熟技术的支

---

① 白阳，张心怡. 汇聚想法：数据驱动下的智库协同创新服务模式研究 [J]. 情报科学，2018，36（7）：23-29.

撑，但要在大数据条件下形成大规模应用仍然需要构建一定的基础条件。例如，在数据流环节需要大量不同来源的数据，虽然政府正在积极推进政府信息和社会数据的开放与共享，但现实中仍有很多数据难以顺利获取。因此必须加强智库数据流构建，继续推进和完善数据开放与获取的政策与协调机制。此外，新型智库需要进行海量数据整合及智能分析的基础设施条件来进行数据价值的抽取、集成和发现。一旦诸多阻碍因素逐渐破解，新型智库模式将集成整合资源及人脑的最优智慧，输出有益于各方利益及社会发展的最大价值。智库多方主体在协同融合的过程中，由共同目标和利益构成智库共同体，不断推进社会问题解决与政策创新步伐。

2. 加强人才资源的共享

人才资源是协同创新的核心资源。政府需求和治理理念在不断变化，需要智库具备新的能力，而人才会成为智库发展的制约因素，利用人才资源的共享机制，可以使这个问题得到有效缓解。在智库决策支持信息保障协同创新中，将各参与机构的人力资源进行有效共享，可充分利用协同创新各方的优势资源，发挥人才资源的最大效用，充分发挥其潜在效率，降低智库运营成本，同时促使资源向利用率高的领域转移，产生协同效应。智库信息保障决策支持跨机构研究应在协同体范围内协同各方人才，全力攻关，并以平台优势，利用"旋转门"机制，吸引企业和政府人才加入智库项目研究团队。由于智库和企业、高校、研究机构之间的协同创新的目标以及根本利益的一致性，故可形成优势互补、资源共享的机制。同时，应在智库协同创新共同体中建立起相关的人才资源数据库，将各自的专业技术人才队伍纳入到智库合作网络中，建立智库人才数据库。通过人才数据的"人才三维定位模型"①，数据中将存在三方面的数据体系，X 轴表示基于科研人才生命周期的五个要素（人才专业方向、专业能力的评测、未来专业发展构想、预期的科研项目收益、对专业科研项目的忠诚度即敬业程度信用体系），Y 轴表示四个关键绩效指标（科研方向、科研组织领导可信度、已有的人才构成、科研成果未来的目标人群），Z 轴表示智库发展战略的关注点（专业的继承体系、未来的承载机构、创新的方向目标、科研成果的质量、科研成果出现后的社会效率）。当确立好科研的方向后，就可以从以上三个角度的数据中得到大数据中人才和科研要求的符合度，进而聚焦关键问题和关键人才进行进一步的数据选取。各智库就可通过合作网络和数据库搜寻、分配人才资源，使人才资源达到充分共享，处理智库协同创新过程中面临的各种人才短缺问题，构建合理的项目人才组合。通过人力资源管理网络，围绕智库研究项目进行人才数据的提取和数据分析，通过"分析科研专业方向问题–分析筛选专业人才数据–建立人才需求的逻辑联系–提出人才组合的解决方案"四个环节，使智库合作联盟人力资源实现动态重组。实现科研项目和人才资源的合理匹配②。

3. 通过技术共享补充智库短板

现代智库对技术能力的要求越来越高，"专家人才+技术能力+情报信息"成为新型智

---

① 人才三维定位模型指人才定位和评价的三个维度——科研人才生命周期、关键绩效指标和高校科研战略的关注点。

② 岳玲. 谈大数据时代下高校新型智库人力资源管理趋势及价值提升［J］. 辽宁师专学报（社会科学版），2016（1）：132-133.

库的标配。可是目前我国智库"重人才轻技术"的传统路径依赖还没有根本改变，多数智库的技术资源和能力非常欠缺。如何利用有限的技术资源，服务智库决策支持信息保障协同创新，是个急需解决的课题。值得庆幸的是，现代技术提供了技术便捷共享的可能性。随着互联网、云计算、人工智能、分布式处理技术的发展，推动着个性化与规模化技术服务相结合的新生产方式。移动技术改变了信息获取、处理和传播的方式，使得以知识为基础的创新活动也变得无所不在。以智能分析、自动控制、高速通信以及信息化等技术手段支撑全球智库创新共性技术资源共享云平台的建立，构建面向智库等知识服务行业创新的大数据工程研究平台，为智库等知识服务机构提供行业大数据分析和监测服务，帮助智库提升数据分析服务能力和数据洞察力。通过智库协同创新共同体，共同投资建设技术共享系统和服务平台，通过协同创新来打造智库技术能力，帮助智库共同体分享和扩散知识和创新。可分享的技术创新生态将大大推动和补充单个智库技术能力的不足，将多个智库及其协作机构个性化可分享的产品、系统乃至服务吸纳到智库决策支持协同创新过程中。同时，可分享的技术共享趋势引发了众包、众筹以及创客等新兴的智库服务业态，可分享的集成带来了崭新的技术服务机会、研究模式和发展机遇，可分享的集聚创造了跨时空跨地域的资源整合与利用。通过搭建技术资源共享平台，推动资源平台向中小型智库开放扩散，实现技术共享、平台共享、成果共享，调动智库协同创新积极性，减少冲突，增强合作。通过组建智库技术合作战略联盟，促进技术能力由智库个体层面向技术资源共享转移，开展多对多的关键技术研发，推动智库与智库之间、智库与其他知识服务机构之间更深、更广层次的合作。

六、集成运行机制

协同创新是创新资源和要素的有效汇聚，通过突破创新主体间的壁垒，充分释放彼此间人才、资本、信息、技术等创新要素活力而实现的深度合作，具有创新资源易获性、创新效率高、共享创新成果、保持创新连续性等特征。智库决策支持信息保障协同创新的核心特征是将信息资源作为重要生产要素推动智库决策支持能力提升，打造发展新优势。协同创新的开展为智库能力构建提供了良好的发展机遇，中国特色新型智库应围绕智库决策支持信息保障协同创新机制的顶层设计，建立集成运行机制，系统整合管理平台、服务体系、研究经费等管理资源，借助科学的分析工具与分析方法，形成符合未来发展趋势的客观准确的服务产品，为智库决策支持提供高质量的信息参考依据，保障政府决策的科学性。

1. 汇聚决策支持资源，形成协同创新优势

通过各相关要素高效汇集与协同创新，构建面向智库决策支持信息保障协同创新的集群式信息服务体系，优化资源配置，加速推动智库决策支持信息保障协同创新进程，营造适合智库决策支持信息保障协同创新发展的机制，为党和政府科学决策保驾护航。智库决策支持信息保障协同创新将实现不同智库及机构之间的数据融合与业务协同，而大数据则是智库决策支持信息保障协同创新的智慧引擎，可为智库决策支持信息保障协同创新提供新的手段。通过科学引入大数据，贯通智库信息流、数据流，深入开展不同形式、不同层

次的协同创新，以智库合作建设为基础，实现多领域的深度融合，充分彰显协同创新的协同聚合效应，稳步保持创新的可持续发展。

2. 提高资金保障能力，完善多元化经费投入机制

智库的建设需要稳定的经费保障，稳定的资金供给是保障智库运行的"血液"。智库的可持续协同创新同样需要有充足的资金支持和多渠道的资金来源，这是协同创新体稳定发展的良好保障。智库及其协同机构的资金来源主要包括三个方面的来源：政府拨款、服务创收、社会募捐。智库仅靠政府拨款远不能满足其发展需求，而非营利性质使得智库无法依靠商业模式进行创收。因此智库应建立政府拨款、基金会捐助、企业捐赠、个人捐赠、委托研究经费等多种形式的多元化经费投入机制，筹资对象的多元化既保障了在筹资对象间的平衡，避免了利益集团的制约，又能保证智库资金来源的多样性。同时，智库需注重与外部协作主体的深度合作，如与外部主体合作申报政府项目，承接外部主体的研究子课题，与外部主体间建立项目合作关系，从而获取研究所需的资金。2013年，《国务院办公厅关于政府向社会力量购买服务的指导意见》对进一步转变政府职能、改善公共服务作出重大部署，明确要求在公共服务领域更多利用社会力量，加大政府购买服务力度[①]，目前政府项目一般鼓励跨机构申报，这为智库决策支持信息保障协同创新创造了更好的发展环境。对于尚不允许联合申报的项目，一方面国家要进一步出台相关政策，禁止招标项目设置该类门槛，另一方面申报单位也可积极采用其他协同创新可行方式，加强协同创新力度，增强自身力量和优势。同时，协同创新体应按照市场机制建立资源的交易制度，明确项目交易明细，确保经费使用合理透明，并受协同体和第三方的共同监督。

3. 明确角色定位，发挥引导带动作用

为了发挥优势互补作用，协同创新需要在差异化的环境中进行。应建立智库的异质化发展机制，智库建设应着力发挥比较优势，在长期研究中凸显自身特色，实现异质化发展。通过明确自身目标定位，避免追求"大而全"，努力建设具有自身特色的智库决策支持信息保障优势。通过建立健全科学合理的重大选题机制，充分发挥院士、战略科学家的领头雁作用，凝练各类智库的方向与任务，主动设计路径，避免因盲目追逐热点而造成的资源浪费。通过"新型智库创新能力提升计划"，依托各智库优势资源，促进不同层次、不同范围的智库开展协同创新与深度融合，瞄准社会发展重大问题，为国家和地方政策的制定提供优质的咨询服务和决策建议。作为国家治理体系现代化建设的中国特色新型智库，要加快高素质信息服务团队培养，着力推进决策支持信息保障协同服务深化发展，实现服务从信息服务到知识服务、智慧服务的稳步推进，为智库决策支持提供强大保障。

4. 健全智库成果转化机制，构建多元化的传播渠道

智库决策支持信息保障协同创新的成效主要体现在成果上，影响力在于成果转化。应健全智库成果转化机制，提升智库研究成果的供给数量和质量。依托专家和研究人员的专业优势，延伸研究深度，优化智库产品和服务供给。建立"政府-智库""智库-社会""知识-创新"间的稳定的交流反馈机制，有效对接现实需求，提供有针对性、有应用价

---

① 国务院办公厅关于政府向社会力量购买服务的指导意见［EB/OL］．［2023-07-31］．https：//www.gov.cn/zwgk/2013-09/30/content_2498186.htm.

值的智库产品和服务。健全智库成果发布体系，除了传统的研究报告、学术论文，应充分利用新媒体以及高端论坛、学术交流、科普活动等形式传播智库研究成果，搭建多形式、多层次、多载体的转化平台，增强智库成果对政府和大众的引导力、影响力。为确保研究成果的有效转化，需构建多元化的传播渠道。第一，在充分利用报纸、电视这些传统媒体的同时，加强对互联网与新媒体的应用，有效提高传播力，微信、博客、论坛等方式更有利于实现研究成果的扩散式传播。第二，完善"旋转门"机制，借助智库权威专家的影响力和人际关系，扩大传播效果。第三，期刊、杂志因其存续时间长和专注于特定人群而被智库作为思想传播的重要载体，要借助期刊、杂志的影响力，做好智库研究成果的深度传播。第四，借助外部协同主体的力量，组织国际研讨会、高端论坛、成果发布会、名家座谈会等，对接各类社会资源，提升传播效率。

后　记

  信息技术进入大规模应用发展到现在不过 30 多年的时间，但是在这 30 多年时间里，技术潮流一浪高过一浪，不断推动社会进步，互联网、移动互联网、云计算、物联网、人工智能、大数据、区块链、元宇宙……直到把整个世界都卷入到信息技术的浪潮里，"第三次浪潮"（托夫勒语）为信息时代作了准确概括。

  信息技术最早进入决策支持领域是从管理信息系统开始的。管理信息系统的创始人，明尼苏达大学的管理学教授 Gordon B. Davis 给了管理信息系统一个较完整的定义，即"管理信息系统是一个利用计算机软硬件资源，手工作业，分析、计划、控制和决策模型以及数据库人-机系统。它能提供信息支持企业或组织的运行管理和决策功能。"这个定义全面地说明了管理信息系统的目标、功能和组成，而且反映了管理信息系统在当时达到的水平。信息是管理上的一项极为重要的资源，管理工作的成败取决于能否做出有效的决策，而决策的正确程度则在很大程度上取决于信息的质量。随着管理信息系统应用概念的继续深化，在管理信息系统基础上发展起来了决策支持系统。20 世纪 80 年代末 90 年代初，决策支持系统又开始与专家系统相结合，在一般决策支持系统基础上增加了 OR/MS 深度知识库，形成智能决策支持系统。智能决策支持系统充分发挥了专家系统以知识推理形式解决定性分析问题的特点，又发挥了决策支持系统以模型计算为核心的解决定量分析问题的特点，充分做到了定性分析和定量分析的有机结合，使得解决问题的能力和范围得到了一个大的发展，推动决策支持系统发展到一个新阶段。20 世纪 90 年代中期开始出现数据仓库、联机分析处理和数据挖掘新技术，新决策支持系统把数据仓库、联机分析处理、数据挖掘、模型库、数据库、知识库结合起来，形成更高级形式的决策支持系统，成为综合决策支持系统。综合决策支持系统发挥了传统决策支持系统和新决策支持系统的辅助决策优势，实现了更有效的辅助决策。随着云计算、人工智能、大数据等技术的进一步发展和人们对决策认识的深化，决策支持技术开始向群决策支持系统、分布式决策支持系统、智能-交互-集成化决策支持系统转化，一个更为广阔的决策支持技术手段开始进入人们的视野。

  但是，相比于决策支持科学的进步，智库却没有很好地跟上技术发展的步伐，除了极个别的智库，如兰德公司，对决策技术的发展予以充分重视，并尽力采用相关决策支持技术进行辅助决策外，绝大部分智库对决策支持技术无动于衷甚至不屑一顾，他们更愿意依靠杰出的专家体系，利用他们的知识和洞见，以及分析调研能力，得出可资借鉴的结论。但因为事情变化的速度往往超出专家的预想，专家的信息来源总是有限和滞后的。而智库因为缺乏更好的手段，还不得不依靠他们。为什么不去依靠技术，在数据和信息的海洋里寻找事情发展的真相呢？技术已经提供了这种可能，过去不可能的事情日益成为当下可以试用的手段。越来越多的智库开始关注决策支持系统、大数据以及知识库建设，在传统的图书、期刊、报纸、报告、公共数据库等数据信息资源外，更多地关注实时信息的获取和专题数据库的建设，当他们意识到这将是它们的短板，为了更快地提升自己的数据分析能力，它们在自有能力的基础上，愿意通过合作、协同、联盟的方式去获取这种独特的资源和能力，决策支持领域的协同创新就成为它们的必然选择。

难以避免的是，大数据驱动下的智库协同创新服务模式虽然已经具备一些理论和成熟技术的支撑，但若要走向实践和大规模应用仍然需要构建一定的基础条件。例如，在数据流环节需要大量不同来源的数据，虽然现在世界范围内社会环境正在推进数据的开放与共享，但仍有很多数据不能够顺利获取，如记录科研一线研究过程的科技灰色文献，其加入对智库构建数据流具有重要意义。所以在数据开放与获取的政策与协调机制方面还需要不断推进和完善。此外，新型智库需要进行海量数据整合及智能分析的基础设施条件来进行数据价值的抽取、集成和发现。另外，合作系统、合作意识、合作环境和合作机制的形成，正如前文所言，还有很长的路要走。但可以想见的是，一旦诸多阻碍因素逐渐破解，新型智库决策支持信息保障协同创新模式将集成整合资源及人脑的最优智慧，输出有益于各方利益及社会发展的最大价值。智库多方主体在协同融合的过程中，由共同目标和利益构成智库共同体，不断推进社会问题的解决以及整个行业的创新步伐。

总之，智库决策支持信息保障协同创新的过程中存在基本理论建构的问题，技术移植和发展的问题，也存在大量的应用问题需要去解决。本研究解决了一部分问题，如智库决策支持的基本理论问题、决策支持信息保障体系建设问题、协同创新体系基本理论问题以及组织服务、情报服务、技术服务、保障服务等问题，但也仅是对大数据背景下智库决策支持信息保障协同创新机制进行了粗线条的勾勒，还远远达不到精雕细琢、臻于止境的程度，而且，鉴于中国新型智库目前的发展需要和技术发展的实际水平，其不能专注于最新的前沿技术，而是要考虑到技术的接受性和发展的连续性，对相关的信息保障技术和技术服务能力统筹进行，以期接近智库目前的实际需要，这也是本研究在论述过程中难免会涉及智库技术应用中更为宽广的信息技术的原因。

当然，本书中存在的其他问题及还没有得到更好解决的问题，仍然需要作者和行业同仁一起努力。在此对本书中作出直接和间接贡献的专家学者，表示深深的感谢。作为一项比较前沿的探索性成果，本书如果有一点建树的话，完全是站在他们肩膀上的缘故。

本书的出版有幸得到陕西师范大学优秀著作出版基金的资助，陕西师范大学曾经的哲学与政府管理学院，以及国家安全学院（政法与公共管理学院）和学科建设处也创造条件资助了本书，在此一并致谢。

赵豪迈

2023 年 2 月 5 日